쉽게 풀어 쓴

국어사 개론

쉽게 풀어 쓴 국어사 개론

신승용 지음

집문당

저자 **신승용**
영남대학교 사범대학 국어교육과 교수

주요 저서
학교문법산책(2010), 국어음운론(2013), 국어학개론(2013), 문법하고 싶은 문법(2020, 공저), 더 문법하고 싶은 문법(2021, 공저), 맞춤법하고 싶은 맞춤법(2022, 공저) 외 논저 다수

쉽게 풀어 쓴
국어사 개론

2022년 7월 10일 1판 1쇄
2024년 8월 20일 1판 4쇄

저자 | 신승용
발행인 | 임동규
발행처 | **(주)집문당**
등록 | 1971. 3. 23. 제2012-000069호
주소 | 03134 서울시 종로구 돈화문로 82, 5층
전화 | +82-1811-7567
이메일 | sale@jipmoon.com
홈페이지 | www.jipmoon.com

ISBN 978-89-303-1929-4 93700

가격 28,000원

(주)집문당 이순신돋움체B (저작권자 아산시, 무료글꼴)

머리말

막상 내 전공이 음운사이기는 하지만 국어사 책을 쓰게 될 거라는 생각은 오랜 시간 동안 감히 하지 않았다. 그런데 국어사 강의를 하게 되면서 학생들이 그래도 한걸음이라도 더 쉽게 읽을 수 있는 교재가 있으면 좋겠다는 생각이 들었다. 학생들은 국어사 책을 읽는 것부터 어려워하였고, 국어사 책에 있는 한자 때문에 더 국어사를 가까이하기 어려운 과목으로 인식하였다. 그래서 우선은 내 강의를 위해서라도 조금이라도 더 쉬운 교재를 써야겠다는 생각에까지 이르게 되었다.

하지만 막상 책을 쓰려고 하니까, 기왕에 나온 책들보다 쉽게 써야 한다는 게 무척이나 어렵고 또 부담스러웠다. 현대국어를 대상으로 한 국어학 개론서와 달리 문헌자료를 뒤져서 필요한 예문을 찾아야 하는 작업이다 보니, 예문 찾는 데만도 많은 시간과 노력이 투입되어야 하는 현실적인 문제도 있었다. 또한 음운사만 쓰면 되는 것이 아니라, 형태사, 통사사도 아울러야 한다는 부담도 무척 컸다. 형태사와 통사사와 관련된 부분은 추가로 공부도 하고, 논문도 찾아보고 하느라 시간이 더 많이 걸렸다.

국어사는 국어사라는 이유만으로도 학생들은 일단 어렵다는 생각으로 시작한다. 내가 학부 때 처음 국어사를 배울 당시에도 국어사는 참 어려웠는데, 지금 학생들은 그때의 나보다도 몇 배는 더 어려워하는 것 같다. 지금 나와 있는 국어사 책들이 훌륭하지만, 학생들이 이 책들을 너무 어려워한다는 게 문제였다. 내용이 학부 수준보다 높아서, 문체가 너무 낯설어서, 모르는 어휘가 너무 많아서 등 어려워하는 이유도 여러 가지였다. 여기에 결정적인 것은 한자가 너무 많아서 가까이하기에 너무 멀다고 하였다. 본문과 예문에 있는 한자는 요즘 학생들에게는 거의 암호 수준이 되어서 한자가 국어사를 멀리하게 하는 주된 원인이기도 하였다. 강의 시간에 한자의 독음을 다느라 정신이 없어서 오히려 설명을 듣지 않는 학생들을 보면서, 본말이 전도된 씁쓸한 느낌을 받았던 적이 한두 번이 아니다.

그래서 일단 이 책에서는 한자 때문에 국어사를 포기하는 학생은 생기지 말았으면 하는 마음으로 한자에 독음을 모두 달아 주었다. 국어사가 한자를 배우는 과목도 아니고, 국어사 강의의 목표가 학생들이 원문에 있는 한자를 익히게 하는 것도 아니다. 그리고 내가 가르치는 국어교육과 학생들은 물론이고 국어사 강의를 듣는 국문학과 학생들 대다수가 국어사를 연구하는 학자가 될 사람들도 아니다. 그렇기에 이 책에서는 가능한 개론 수준에서 내용을 선정하고, 쉽게 접근할 수 있게 노력하였다.

책을 쓰기 시작할 때는 어떻게든 의미 있는 책이 될 수 있게 써야지 하는 의욕도 있었지만, 막상 책을 내는 시점이 되니까 앞서 나온 국어사 책들에 누가 되지는 말아야 할 텐데 하고 작아지기도 한다. 앞서 여러 권의 개론서도 쓰고, 전공서도 썼는데, 이 책을 쓰는 게 제일 힘이 들었다. 힘도 들었지만, 시간도 제일 많이 걸렸다. 적절한 예문 한두 개 찾는 것으로 하룻저녁 시간을 다 보낸 날도 적지 않다. 중간에 수업 자료로만 쓰고, 책으로 내지는 말까 하고 몇 번 멈춘 적도 있지만, 다행히 여기까지 왔다.

학부를 마치고 대학원에 진학해서 공부를 시작한 지 이제 30년이 다 되어 간다. 그때에 비하면 알고 있는 지식의 양이 늘어난 것은 맞는데, 그때에 비해 모르는 게 줄어든 것 같지는 않다. 새로이 알게 되면 그에 비례해서 모르는 게 늘어나는 상황이 30년 가까이 반복된 것 같은 느낌이다. 그래서 공부는 끝이 없는, 늘 진행형인 과정이라고 하는가 보다. 이 책은 단지 지금까지의 공부를 정리한 것이라 생각하면서, 부족한 부분에 대한 미련과 마음 한구석의 부담을 내려놓는다.

2022년 7월
저자

차 례

문헌자료 약호

15세기

<구간> : 구급간이방언해(1489년)
<구급방> : 구급방언해(1466년)
<권공> : 진언권공(1496년)
<금강> : 금강경언해(1464년)
<금삼> : 금강경삼가해(1482년)
<남명> : 남명집언해(1482년)
<내훈> : 내훈(1474년)
<능엄> : 능엄경언해(1461년)
<두시> : 두시언해(1481년)
<목우자> : 목우자수심결언해(1467년)
<몽산> : 몽산법어(1467년)
<법화> : 법화경언해(1463년)
<삼강런던> : 삼강행실도(1481년)
<석상> : 석보상절(1447년)
<아미> : 아미타경언해(1464년)
<영가> : 선종영가집언해(1464년)
<용가> : 용비어천가(1447년)
<원각> : 원각경언해(1465년)
<월석> : 월인석보(1459년)
<월천> : 월인천강지곡(1447년)
<해례> : 훈민정음해례(1447년)
<훈언> : 훈민정음언해(1447년)
<악학> : 악학궤범(1493년)

16세기

<광천> : 천자문(광주판)(1575년)
<논어> : 논어언해(1590년)
<대학> : 대학언해(1590년)
<백련> : 백련초해(1576년)
<번노> : 번역노걸대(1517년)
<번박> : 번역박통사(1517년)
<번소> : 번역소학(1518년)
<삼강 동경> : 삼강행실도<동경대본> (1500년대)
<소학> : 소학언해(1588년)
<순천> : 순천김씨언간(1500년대)
<신증유합> : 신증유합(1576년)
<여씨 존경> 여씨향약언해(존경각본) (1518년)
<온역> : 분문온역이해방(1542년)
<우마> : 우마양저염역병치료방(1541년)
<육자> : 육자선정(1560년)
<은중> : 부모은중경(1563년)
<정속> : 정속언해(1518년)

17세기	
<노걸> : 노걸대언해(1670년)	<송강가사> : 송강가사(성주본)(1687년)
<동신> : 동국신속삼강행실도(1617년)	<악장> : 악장가사(1600년대)
<두경> : 두창경험방(1600년대)	<역어> : 역어유해(1690년)
<두중> : 두시언해중간본(1632년)	<첩해초> : 초간첩해신어(1676년)
<박통> : 박통사언해(1677년)	<태산> : 태산집요(1608년)
<서궁> : 서궁일기(1600년대)	

18세기	
<개첩> : 개수첩해신어(1748년)	<박신> : 박통사신석언해(1765년)
<경민음> : 어제경민음언해(1762년)	<방언> : 방언유석(1778년)
<경신> : 경신록언석(1796년)	<사략> : 십구사략언해(1772년)
<노걸중> : 중간노걸대언해(1795년)	<삼역> : 삼역총해(1703년)
<논율> : 논어율곡언해(1749년)	<여사> : 여사서언해(1736년)
<맹율> : 맹자율곡언해(1749년)	<역어> : 역어유해(1775년)
<명의> : 명의록언해(1777년)	<오륜> : 오륜행실도(1797년)
<몽노> : 몽어노걸대(1790년)	<왜유> : 왜어유해(1781년)
<몽류> : 몽어유해(1790년)	<인어> : 인어대방(1790년)
<무원록> : 중수무원록(1792년)	<천자(영장)> : 천자문(영자사판)(1700년)

19세기	
<과화> : 과화존신(1880년)	<명성경> : 관성제군명성경언해(1883년)
<광재물보> : 광재물보(1800년대)	<여소학> : 여소학(1800년대)
<국민소학> : 국민소학독본(1895년)	<연사> : 연사일록(1800년대)
<국한> : 국한회어(1895년)	<예수> : 예수성교전서(1887년)
<규합> : 규합총서(1869년)	<죠군> : 조군영적지(1881년)

1장.
국어사 시대 구분과 연구 방법

1.1. 국어사 시대 구분

언어가 특정 시기를 전후해서 갑작스럽게 변화하는 것은 아니다. 언어는 긴 시간을 두고 세대를 거쳐 점진적으로 변화한다. 그래서 정확히 몇 년을 기점으로 국어사의 시대가 구분되는 것은 아니다. 그렇지만 언어가 변화하는 것은 명백한 사실이다. 그래서 어떤 시기를 기점으로 전후 시기의 언어가 꽤 많이 달라진 경우 그 시기를 기준으로 언어의 시간을 구분할 수 있다.

국어의 모습을 그나마 온전히 파악할 수 있는 자료는 훈민정음이 창제된 후 한글로 기록된 자료를 통해서이다. 한글로 기록되기 이전의, 차자로 표기된 자료를 통해서는 국어의 모습을 온전히 파악하는 데 한계가 있다. 한글로 기록된 자료에서 보면, 임진왜란(1592년)을 기점으로 언어의 변화가 두드러지게 나타난다. 특히 음운사적인 면에서 임진왜란을 전후해서 /ㅸ/, /ㅿ/의 소멸, 구개음화 및 움라우트의 생성 등 많은 변화가 일어났다. 그래서 임진왜란이 국어사의 시대 구분을 하는 중요한 분기점인데, 임진왜란을 기점으로 이전을 중세국어, 이후를 근대국어로 구분한다.

(1)은 이기문(1972a)의 국어사 시대 구분이다.

(1)

구분 기점	시기
↓	고대국어
고려 건국(918년)	
↓	전기 중세국어
훈민정음 창제(1443년)	
↓	후기 중세국어
임진왜란(1592년)	
↓	근대국어
갑오경장(1894년)	

이기문(1972a)에서 고대국어와 전기 중세국어의 구분 기점은 고려 건국이다. 그런데 이는 언어적 차이에 의한 시대 구분이 아니라 정치적 사건에 따른 구분이다. 고려의 건국으로 통일신라시대 경주 중심의 언어에서 개경 중심의 언어로 언어의 중심이 이동했다고 보는 것이다. 이렇게 언어의 중심이 이동하는 사건은 언어에 많은 변화를 야기하였을 것이라는 추론에 의한 구분이다. 그래서 박병채(1989)는 이러한 문제점을 비판하면서 훈민정음의 창제를 기점으로 고대국어와 중세국어를 구분하였다.[1] 이기문(1972a) 역시 훈민정음 창제가 시대 구분의 기점이긴 하지만, 이기문(1972a)에서는 훈민정음 창제가 전기 중세국어와 후기 중세국어를 가르는 기점이다.

훈민정음의 창제로 한자를 빌려서 사용하던 문자 생활에 변화가 생긴 것은 분명하지만, 훈민정음의 창제로 창제 전과 후의 언어가 갑자기 달라질 수는 없다. 그럼에도 훈민정음 창제 시기를 시대 구분의 기점으로 보는 것은 훈민정음의 창제로 인해 우리말을 우리 문자로 적게 되었고, 그럼으로 인해 언어생활에도 많은 변화가 있었을 것으로 가정하기 때문이다. 훈민정음 창제 이전에는 말은 우리말을 사용하였지만, 글은 한자를 빌려서 표현하거나 한문으로 표현하였다. 훈민정음의 창제는 이러한 언문불일치의 상황을 언문일치의 상황으로 변화시키는 계기가 되는데, 이러한 변화가 실제

1. 박병채(1989)는 고대국어를 전기 고대국어와 후기 고대국어로 구분하였다. 구분 기점은 송나라 손목이 지은 『鷄林類事』(1103)이다. 『계림유사』에는 고려인들이 사용한 어휘 353개를 한자의 음과 훈을 빌려 실어 놓았다. 비록 어휘로 한정되어 있긴 하지만 당시 우리말의 실상을 파악할 수 있는 중요한 자료라는 점에서 이를 기점으로 이전과 이후를 구분한 것이다. 이 역시 실제 언어적 차이에 따른 구분이라기보다는 추론에 의한 시대 구분이다.

언어생활에 많은 영향을 끼쳤을 것으로 보는 것이다.

중세국어와 근대국어를 가르는 기준이 되는 사건은 임진왜란이다. 역사의 시대 구분에서도 임진왜란은 중대한 사건인데, 임진왜란을 겪으면서 서민 의식이 급격히 성장했기 때문이다. 이러한 서민 의식의 성장은 언어에서도 많은 변화를 일으켰다. 모음체계 및 자음체계의 변화가 있었고, 구개음화, 원순모음화, 움라우트와 같은 발음의 편의를 도모하는 음운 현상들이 생겨났다. 이밖에도 성조가 소멸되었고, 경어법 체계가 이전 시기에 비해 단순화되는 등 임진왜란을 기점으로 언어에 상당히 많은 변화가 일어났다.

이 책이 국어사 책이기는 하지만 고대국어에서부터 출발하지 않는다. 시기적으로 훈민정음 창제 이후부터 출발한다. 그래서 이 책에서 중세국어라고 할 때는 훈민정음 창제(1443년)인 15세기 초부터 임진왜란(1592년)까지의 시기, 대체로 16세기 말까지의 시기를 이른다.[2] 그리고 근대국어는 임진왜란 이후부터 갑오경장이 일어난 19세기 말까지의 시기를 이른다.

중세국어 : 훈민정음 창제(1443)~임진왜란(16세기 말)
근대국어 : 임진왜란 이후~19세기 말(갑오경장)

연구 방법론적 측면에서 보면, (1)의 시대 구분에서 전기 중세국어는 차자 표기를 통해서만 부분적으로 파악할 수 있다는 점에서 고대국어에 더 가깝다. 그래서 (1)에서처럼 전기 중세국어와 후기 중세국어로 구분하는 것이 이 책에서는 딱히 의미가 없다. 이러한 이유와, 용어 사용의 편의성이라는 측면에서 중세국어라고 할 때 중세국어는 훈민정음 창제에서부터 임진왜란까지의 언어를 이른다.

2. 그러니까 이 책에서는 이기문(1972a)의 전기 중세국어를 중세국어 이전 시기의 언어로 본다.

1.2. 내적 재구와 비교 방법

훈민정음이 창제되기 이전의 국어사는 모두 한자의 음과 훈을 빌려서 우리말을 표기한 차자 표기 자료를 통해서 연구된다. 차자 표기 자료에는 이두 자료도 있고, 구결 자료도 있고, 향찰 자료도 있다. 이두 자료는 시기마다 약간씩 차이가 있고, 구결 자료도 석독 구결 자료가 있고 음독 구결 자료가 있다. 이처럼 차자 표기 자료라고 해서 다 같은 차자 표기 자료는 아니다. 하지만 큰 틀에서 보면 이들은 모두 한자의 음과 훈을 빌려서 우리말을 표기했다는 점에서 차자 표기라는 상위 범주로 묶을 수 있다.

이두나 구결 자료를 통해 당시의 국어의 모습을 연구하는 데는 제약이 있다. 형태사 차원에서 어휘나 어미, 조사와 같은 형태소 단위의 연구는 차자 표기 자료를 통해서도 당시의 모습을 어느 정도 파악할 수 있다. 그러나 차자 표기를 해독하고, 해독된 자료를 통해 연구를 해야 하기 때문에 처음부터 한글로 기록된 자료를 대상으로 한 연구에 비해 제약이 있을 수밖에 없다.

기록 이전의 언어의 모습을 연구하는 방법은 크게 두 가지이다. 하나는 내적 재구이고, 다른 하나는 비교 방법이다.

먼저 내적 재구는 객관적이고 구체적으로 확인 가능한 시기의 언어적 사실을 기반으로 하여, 자료가 없거나 자료가 제약된 앞선 시기의 언어 상태를 규명하는 연구 방법이다. 내적 재구에 대한 정의를 소개하면 다음과 같다.

(2) 가) 언어의 공시적 기술에서 이용할 수 있는 자료를 바탕으로 해당 언어의 역사의 한 부분을 추정하는 연구 절차(Chafe 1959:85~86).

나) 공시적인 형태론적 교체만을 유일한 증거로 하여 통시적인 음운 규칙들을 재구하는 과정(Bynon 1977:90). 공시적으로 출현하는 하나의 특정한 형태론적 교체에서부터 출발하며, 여기서 과거에 이러한 변화를 야기했던 음운론적 변화와 그 변화가 일어나는 조건 요인들을 이끌어 낸다.

Chafe(1959)는 내적 재구 방법을 통해 언어의 역사를 연구하는 경우와 관련하여 다음의 세 가지를 제시하였다.

(3) ㄱ. 기록된 역사가 없을 때.
ㄴ. 조상 언어는 알 수 있을지라도 조상 언어에서 변화한 상세한 언어사를 재구하려고 할 때.
ㄷ. 조상 언어의 앞선 역사를 재구하고자 할 때.

국어사 연구에서 내적 재구의 출발점은 15세기 국어이다. 즉 훈민정음이 창제된 이후 한글로 적은 문헌 자료를 통해 밝혀 낸 국어사적 사실을 기반으로, 훈민정음 창제 이전의 언어의 모습을 추론하는 것이다. 그래서 내적 재구라는 관점에서 보면 훈민정음 창제 이전과 이후가 중요한 분기점이다. 15세기 이전의 자료로는 향가 25수, 『삼국사기』, 『삼국유사』의 고유어 어휘 차자 표기 자료, 『향약구급방』, 『조선관역어』의 고유어 어휘 차자 표기 자료, 『유가사지론』(11세기)과 『구역인왕경』 등의 구결 자료, 『대명률직해』 등의 이두 자료 등이 있는데, 이들은 모두 한자의 음과 훈을 빌려서 우리말을 표기한 자료라는 점에서는 다르지 않다. 차자 표기 자료는 우리말로 재구하는 과정을 거쳐야 하는데, 그래서 훈민정음 창제 이전 시기의 국어사 연구에서는 기본적으로 내적 재구의 방법이 동원된다.

기록된 문헌 자료 이전의 언어를 연구하는 또 하나의 방법은 비교 방법이다. 비교 방법은 일반적으로는 공통의 조어를 가진 언어 간 비교를 말한다. 언어 간 비교를 통해 음소 차원의 재구나 형태소 차원의 재구는 어느 정도 가능하다. 비교 방법에 의한, 문헌 자료 이전 시기의 언어에 대한 연구는 두 가지 전제에서 출발한다.

첫째, 비교 방법의 대상이 된 둘 또는 둘 이상의 언어가 계통적으로 같은 언어라는 전제이다. 그래서 계통적으로 전혀 다른 두 언어의 비교를 통한 연구는 비교 방법이 아니다. 계통적으로 공통 조어를 가진 언어 간 비교를 통해 기록된 자료 이전의 언어의 모습을 재구할 수 있는데, 이렇게 재구된 언어로부터 어떤 변화가 있었는지를 추적할 수 있다.

둘째, 언어 변화 특히 음운 변화가 규칙적이라는 전제이다. 만일 음운 변화가 불규칙적이고 산발적이라면 계통적으로 동일한 언어라 하더라도 언어 간 비교를 통해 변화와 관련된 유의미한 정보를 추적하기 어렵다. 비교 방법이 가능한 이유는 음운 변화가 언어마다 상이한 방향으로 일어나도, 그 변화가 규칙적이기 때문에 변화의 출발

지점을 언어 간 비교를 통해 밝혀 낼 수 있다고 보는 것이다. 그렇게 변화의 출발 지점을 재구하고 나면, 거기에서부터 어떠한 변화가 있었는지를 찾아낼 수 있다.

비교 방법이 반드시 다른 언어 간의 비교만을 의미하지는 않는다. 동일한 언어 내에서 방언 간의 비교를 통해서도 문헌 자료가 없는 앞선 시기의 언어를 추정할 수 있다. 국어사 연구에서 현대국어의 방언은 하나의 언어에서 공간적으로 분화된 것이고, 분화되는 과정에서 각기 다른 변화를 겪어서 방언 간의 차이가 발생했다고 전제한다. 그러니까 방언 간 비교를 통해서도 15세기 이전 시기의 국어의 모습을 어느 정도 추론할 수 있다.

1.3. 한국어의 기원과 분화

역사언어학의 계통론 연구에서 국어는 알타이 어족으로 분류된다. Ramstedt(1928), Poppe(1965)에서 국어를 알타이 어족으로 분류한 것을 국어학계에서 수용하고 있다. Ramstedt(1928), Poppe(1965) 이후 국어학계에서 국어의 계통에 대한 연구가 많지 않았고, 특별히 새로운 가설이 등장하지도 않았다. 이러한 상황에서 국어가 알타이 어족에 속한다는 가설은 계통론을 긍정하든 부정하든 하나의 상식처럼 받아들여지고 있는 게 사실이다.

국어 계통론 연구는 이숭녕(1954), 이기문(1972a), 김방한(1983), 성백인(1999), 송기중(2003) 등 소수의 연구자들에 의해 연구되기는 하였지만, 연구 저변이 넓지는 못했다. 계통론 연구는 근본적으로 제약이 있다. 그것은 친족 관계를 증명할 수 있는 증거가 어휘 차원의 비교를 넘어서기 어렵고, 그렇기 때문에 증거의 질과 양이 언제나 의문의 여지를 남기기 때문이다. 송기중(2003)은 결어에서 아래와 같이 언급하였다.

> 국어의 알타이어족설을 증명하기 위한 어휘 비교 연구는 한계를 드러냈다고 인정해야 할 것이다. 앞으로 국어와 알타이 제어의 비교 연구는 규칙적 음운 대응의 예를 발견하기 위한 작업이 아니라, 유형적 공통성을 찾는 작업에 관심을 두는 편이 보다 의미 있는 결과를 확보할 수 있을 것으로 보

인다(송기중 2003:132).

역사언어학의 계통론 자체에 대한 회의도 없지 않다. 계통론이 인도-유럽 어족의 확립으로 설득력 있는 이론으로 자리를 잡았지만, 이후 우랄-알타이 어족 및 다른 어족들의 연구에서 유의미한 결과를 도출하지 못했기 때문이다. 국어가 알타이 어족에서 분화되었다는 가설에 대해서도 회의론이 있다. 그러나 다른 알타이어들과 유사성을 보이는 국어의 특성이 알타이 공통 조어와 무관하다고 할 수 있는 증거 역시 제시되지 않았다. 그래서 국어가 알타이 공통 조어에서 분화되었다는 가설은 이를 믿든, 아니면 이에 대해 회의적이든 현재까지는 여전히 유효한 가설이다.

(4)

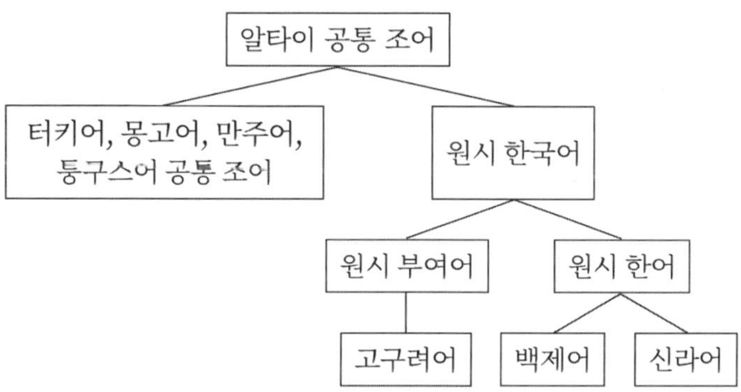

(4)에서 보듯이 한국어는 같은 알타이 어족에서 가장 먼저 분화되어 나왔다. 같은 알타이 어족의 언어인 터키어, 몽고어, 만주어, 퉁구스어에 비해 한국어가 더 이질적인 모습을 보이는 것은 한국어가 알타이 공통 조어에서 가장 먼저 분화하여 독자적인 발달을 겪었기 때문이다.

알타이 공통 조어에서 분화된 원시 한국어는 다시 북방계의 원시 부여어와 남방계의 원시 한어로 분화된다. 북방계의 원시 부여어는 그대로 고구려어로 계승되고, 남방계의 원시 한어는 다시 백제어와 신라어로 분화되어 삼국의 언어가 성립되었다. 국어사에서 백제어와 신라어가 고구려어에 비해 더 가깝다고 해석하는 것도 삼국의 공통 조어에서 고구려어가 가장 먼저 분화되었다는 가설에 입각한 것이다.

알타이 공통 조어 가설에서 친족 관계를 증명하는 핵심적인 증거는 모음조화와 동명사 어미의 일치이다. 다른 알타이 제어들과 마찬가지로 중세국어에는 모음조화가 있었다. 이기문(2003:182)은 알타이 제어의 문법에서 동명사가 각별한 중요성을 지니고 있음을 밝히고, 알타이 제어와 중세국어의 동명사형 어미의 일치가 친족 관계를 증명하는 매우 소중한 증거가 된다고 설명하였다.

여기서 말하는 동명사 어미는 '-m, -n, -r'이다. '-m'은 현재 시제, '-n'은 과거 시제, '-r'은 미래 시제의 뜻을 나타낸 것으로 추정한다. 알타이 공통 조어의 특징 중의 하나인 동명사 어미 '-m, -n, -r'은 각각 중세국어의 명사형 어미 '-ᄋᆞᆷ/음', 관형사형 어미 '-ᄋᆞᆫ/은', 관형사형 어미 '-ᄋᆞᆯ/을'과 정확이 대응된다.

(5)

시제 의미	알타이 공통 조어	중세국어
현재	**-m**	**-ᄋᆞᆷ/음**
과거	**-n**	**-ᄋᆞᆫ/은**
미래	**-r**	**-ᄋᆞᆯ/을**

시제의 의미 역시 대체로 일치한다. 즉 알타이 공통 조어의 '-n'에 대응되는 중세국어의 '-ᄋᆞᆫ/은'도 시제상 과거의 의미를, '-r'에 대응되는 '-ᄋᆞᆯ/을'도 시제상 미래의 의미를 나타낸다. 그래서 알타이 공통 조어의 '-m, -n, -r'과 중세국어 '-ᄋᆞᆷ/음', '-ᄋᆞᆫ/은', '-ᄋᆞᆯ/을'과의 일치는 알타이 제어와 국어의 친족 관계를 밝히는 매우 중요한 증거로 해석되어 왔다(이기문 1972a, 김방한 1983).

2장.
훈민정음과 표기

2.1. 소리와 한글 자모

국어사 중에서 음운사는 음운의 변화를 연구하는 분야이다. 음운의 변화는 음운의 변동과 마찬가지로 발화된 음성 자료의 비교를 통해서 연구해야 한다. 그러나 중세국어의 음성 자료가 있을 수 없는 상황에서 음성 자료를 통한 음운사 연구는 근본적으로 불가능하다. 그래서 음운사 연구는 표기된 자료를 대상으로 할 수밖에 없다. 즉 표기된 자료가 실제 음성형을 표기했을 것이라는 전제 하에서 음운사 연구가 이루어진다. 물론 모든 표기가 음성형을 그대로 표기한 것은 아니다. 그래서 어떤 표기가 음성형을 표기한 것인지 아닌지를 먼저 밝히고, 또한 문헌 자료마다의 표기 특성 등을 연구하여, 이를 바탕으로 음운사 연구를 한다.

음운사 연구는 훈민정음이 창제된 이후 한글 자모로 표기된 문헌 자료에서부터 본격적으로 출발한다. 훈민정음 창제 이전에 한자를 빌려서 표기한 차자 표기 자료를 통해서도 음운사적 특성이나 변화를 연구하기는 한다. 하지만 한자를 빌려서 우리말의 음성을 그대로 나타내는 것에는 한계가 있기 때문에 차자 표기 자료를 통해서는 음운론적 사실의 일부만 추론할 수 있을 뿐이다.

한글 자모는 우리말을 소리 나는 대로 적을 수 있는 문자이다. 문자학에서 한글은 문자 중에서도 소리 나는 대로 적기에 가장 편리한 문자, 즉 음소 문자로 평가 받고 있다. 그래서 음성 자료가 아니라는 근본적인 제약은 있지만, 그럼에도 한글로 표기된 문헌 자료를 통해 음운사를 연구하는 것이 가능하다.

모든 기호는 내용과 형식의 결합으로 이루어져 있다. 이때 내용은 의미이고, 형식은 기호이다. 이는 최소의 유의적 단위인 형태소 이상의 단위에서 적용되는 개념이다. 형태소를 더 쪼개면 무의미 단위인데, 이 무의미 단위가 음운이다. 음운은 의미가 없는 단위이지만, 물리적으로 실재하는 소리이다. 물리적인 실재인 소리를 나타내는 기호가 국어에서는 한글 자모이다. 그러니까 한글 자모 한 자 한 자가 기호라는 형식이고, 각 한글 자모에 결합된 내용은 물리적인 소리이다. 기본적으로 한글 자모는 물리적인 실재 중에서 변별적으로 인식 가능한 소리인 음운을 나타내므로, 한글 자모라는 형식에 대응되는 내용은 음운이라고 할 수 있다.

기호의 형식과 그 형식이 나타내는 내용의 결합은 자의적이다. 하지만 일단 형식과 내용의 결합이 사회적인 약속을 획득하게 되면, 그 약속이 파기되기 전까지는 필연적인 관계가 된다.[1] 그래서 '사과'라는 형식을 들으면 바로 사과를 떠올리게 되는 것이다. 평행하게 물리적인 소리 [a]를 나타내는 한글 자모 'ㅏ'는 물리적인 소리 [a]를 나타내는 여러 기호들 중의 하나일 뿐이지만, 현대국어의 화자들에게 한글 자모 'ㅏ'는 곧 소리 [a]이기도 하다. 내용인 [a]와 형식 'ㅏ'가 사회적 약속을 견고하게 획득한 상태이기 때문이다. 그래서 음운론에서도 [a]를 나타낼 때 한글 자모를 사용하여 [ㅏ]로 나타내기도 한다. 그래서 엄밀히 말하면 문자 'ㅏ'와 소리 [ㅏ]는 다르지만, 문자 'ㅏ'가 곧 소리 [ㅏ]인 것으로 생각하게 되는 것이다.

2.1.1. 자음 자(字)와 자음 음운, 모음 자(字)와 모음 음운

중세국어를 공부할 때 특히 주의해야 할 점 중의 하나는 한글 자모의 각 자(字)에 대응하는 내용, 즉 음운의 관계를 파악하는 것이다. 이는 현대국어도 다르지 않다. 예컨대 현대국어도 문자 'ㅚ'에 대응하는 내용은 단모음 [ö]일 수도 있고, 이중모음

1. 그렇지만 본질적으로 내용과 형식의 결합이 자의적이기 때문에 시간의 흐르면서 내용과 형식의 결합이 깨지는 변화가 일어난다.

[we]일 수도 있어서 형식과 내용이 1:1로 결합되어 있지 않다.

현대국어의 <한글 맞춤법> 제4항에서 국어의 자모는 24자라고 규정하고 있는데, 이때 24자는 하나의 자(字), 즉 단자모의 개수를 말한다. 자음 자(字)가 14개이고, 모음 자(字)가 10개이다.

(1) 단자모인 자음 자와 모음 자

ㄱ. 자음 자: ㄱ ㄴ ㄷ ㄹ ㅁ ㅂ ㅅ ㅇ ㅈ ㅊ ㅋ ㅌ ㅍ ㅎ

ㄴ. 모음 자: ㅣ ㅡ ㅏ ㅓ ㅗ ㅜ ㅑ ㅕ ㅛ ㅠ

(1)에서의 '자모'는 음운으로서의 자음, 모음과는 전혀 다른 개념이다. 예컨대 'ㅑ, ㅕ, ㅛ, ㅠ'는 자모로는 하나의 자(字)이지만, 음운의 관점에서는 각각 두 개의 음운 /ya/, /yə/, /yo/, /yu/를 나타낸다. 즉 'ㅑ, ㅕ, ㅛ, ㅠ'는 자모로는 단자모이지만, 이 단자모가 나타내는 소리, 즉 음운은 이중모음이다. 반대로 'ㄲ, ㄸ, ㅃ, ㅆ, ㅉ'은 자모로는 두 개의 단자모가 결합한 복자모인데, 이 자(字)가 나타내는 소리는 하나의 소리, 즉 /k'/, /t'/, /p'/, /s'/, /ʧ'/이다.[2]

현대국어에서 음운으로서 자음은 19개이고, 단모음은 /ö/, /ü/가 존재한다고 보면 10개이고, 존재하지 않는다고 보면 8개이다. (2)는 한글 자모로 각각 자음 음운, 모음 음운을 나타낸 것이고, (3)은 국제음성기호(IPA)[3]로 나타낸 것이다.

---

2. 이하에서 자모를 나타낼 때는 'ㅏ'처럼 ' ' 기호 안에 표시하고, 음운을 나타낼 때는 /ㅏ/처럼 / / 안에 표시하여 구분한다. 그리고 뒤에 결합하는 조사도 자모 'ㄱ'일 때는 "'ㄱ'은, 'ㄱ'이"처럼 한글 자모 이름에 맞게 선택하고, 음운 /ㄱ/일 때는 "/ㄱ/는, /ㄱ/가"처럼 하여 자모와 음운을 구분한다. 그리고 / /는 음운을 나타내거나 기저형을 나타낼 때, 이에 비해 [ ]는 음성을 나타내거나 표면형을 나타낼 때 사용한다.

3. 소리와 소리를 나타내는 기호를 1:1로 대응시키기 위해 세계의 언어학자들이 모여서 인위적으로 만든 기호 체계가 국제음성기호이다. International Phonetic Alphabet의 머리글자를 따서 IPA라고 한다. 그래서 언어 보편적으로 소리를 정확히 나타내고자 할 때는 IPA를 사용한다. 로마자를 기반으로 해서 만들어졌기 때문에 로마자가 포함되어 있기는 하지만, 로마자와는 전혀 다른 성격의 기호 체계이다.

(2) ㄱ. 자음 음운

양순음	치조음		경구개음	연구개음	후음
ㅂ	ㄷ	ㅅ	ㅈ	ㄱ	
ㅍ	ㅌ		ㅊ	ㅋ	ㅎ
ㅃ	ㄸ	ㅆ	ㅉ	ㄲ	
ㅁ	ㄴ			ㅇ	
	ㄹ				

ㄴ. 모음 음운

전설모음		후설모음	
ㅣ	(ㅟ)	ㅡ	ㅜ
ㅔ	(ㅚ)	ㅓ	ㅗ
ㅐ		ㅏ	

(3) ㄱ. 자음 음운

p	t	s	ʧ	k	
pʰ	tʰ		ʧʰ	kʰ	h
p'	t'	s'	ʧ'	k'	
m	n			ŋ	
	l				

ㄴ. 모음 음운

i	(ü)	ɨ	u
e	(ö)	ə	o
ɛ		a	

이처럼 (1)의 단자모인 자음 자의 종류 및 수와, (2)의 음운으로서의 자음의 종류 및 수가 일치하지 않는다. 음운사에서는 자모와 이에 결합된 내용에 변화가 있기 때문에, 자모와 자모가 나타내는 내용인 소리가 다를 수 있다는 점을 분명히 이해하는 것이 중요하다.

문자와 음운의 대응이 일치하지 않는 것은 훈민정음에서도 마찬가지이다. 해례의 기본자는 28자이다. 자음이 17자이고, 모음이 11자이다. 그런데 자음 17자가 15세기 국어의 자음체계의 자음 음운과 일치하지 않으며, 모음 11자 역시 15세기 국어의 모음체계의 모음 음운과 일치하지 않는다.

(4) 훈민정음 해례 28자 목록
ㄱ. 자음 자(字): ㄱ ㅋ ㆁ ㄴ ㄷ ㅌ ㄹ ㅁ ㅂ ㅍ ㅅ ㅈ ㅊ ㅿ ㅇ ㆆ ㅎ
ㄴ. 모음 자(字): ㆍ ㅡ ㅣ ㅏ ㅓ ㅗ ㅜ ㅑ ㅕ ㅛ ㅠ

(4ㄱ)에서 보듯이 해례 28자에는 'ㄲ, ㄸ, ㅃ, ㅆ, ㅉ'이 빠져 있다. 훈민정음의 'ㄲ, ㄸ, ㅃ, ㅆ, ㅉ'은 현대국어와 마찬가지로 순서대로 각각 음운 /k', t', p', s', ʧ'/를 나타내는 자(字)였다. 여기서 해례 28자의 초성 17자가 곧 중세국어의 자음체계와 일치하지 않는다는 것을 확인할 수 있다. 중세국어 자음체계에는 된소리 5자가 포함되며, (4ㄱ)에는 없는 /ㅸ/ 역시 자음체계에 포함된다. 자세한 내용은 3.1.1.로 가서 보기 바란다.

(4ㄴ)의 모음 자(字)의 경우에도 11자가 곧 중세국어 단모음 체계와 일치하지 않는다. (4ㄴ)의 모음 자 11자 중에서 'ㅑ, ㅕ, ㅛ, ㅠ'는 /ya, yə, yo, yu/의 이중모음이므로, 15세기 국어의 모음체계에 포함되지 않는다. 중세국어에서 단모음은 /ㆍ, ㅡ, ㅣ, ㅏ, ㅓ, ㅗ, ㅜ/ 7개이다. 자세한 내용은 3.2.1.로 가서 보기 바란다.

2.1.2. 내용과 형식의 변화

기호는 내용과 형식의 결합으로 이루어져 있는데, 내용과 형식의 결합은 자의적이기 때문에 시간의 흐름에 따라 변화할 수 있다. 세종이 훈민정음을 창제했을 때의 자음 자와 모음 자는 현대국어에 이르기까지 큰 변화 없이 그대로 이어져 내려왔다. 이때 큰 변화 없이 그대로 이어져 내려온 것은 형식, 즉 자모를 말하는 것이다. 내용은 자모가 나타내는 소리인데, 형식과 결합된 내용은 중세국어에서 현대국어에 이르는 동안 꽤 많은 변화가 있었다. 그래서 음운사에서는 형식과 내용의 결합, 즉 자모와 자모가 나타내는 소리의 결합에서 일어난 변화를 파악하는 것이 중요하다. 국어에서 음운사적으로 형식과 내용의 결합에 일어난 변화의 유형은 크게 세 가지이다.

첫째, 형식과 내용이 모두 소멸된 경우이다. (5)는 형식이 소멸된 것인데, 이 형식과 결합된 내용 역시 소멸되었다. 형식과 내용의 결합이 자의적이기는 하지만, 형식의 소멸과 내용의 소멸은 일정 정도 밀접하게 관련된다. 논리적으로 선후를 따지자면 내용의 소멸이 형식의 소멸로 이어진 것이 자연스럽다. 일반적으로 소리, 즉 내용에 비해 문자(기호)의 변화 속도가 느리다. 예컨대 /ㆍ/라는 음운(소리)은 18세기 말경에 소멸되었지만, 문자 'ㆍ'는 20세기 초까지 사용되었다.

(5)

	형식 = 자모	내용 = 소리
ㄱ.	ㅿ	z
ㄴ.	ㅸ	β
ㄷ.	ㆆ	ʔ
ㄹ.	ㆍ	ʌ

(5ㄱ~ㄹ)의 4개의 자(字)는 현대국어로 오면서 모두 소멸되었다. 중세국어에 이미 각 자(字)가 나타내던 음운(소리) /z/, /β/, /ʔ/, /ʌ/가 소멸되었고, 그 결과 근대국어로 오면서 형식인 자(字) 'ㅿ, ㅸ, ㆆ, ㆍ'도 소멸되었다.

둘째, 내용은 그대로인데, 내용과 연결된 형식이 바뀐 경우이다. 이에 해당하는 예가 연구개 비음 /ŋ/과 이를 나타내는 자모이다.

(6)

내용	형식의 변화	
	중세국어	근대국어
/ŋ/	ㆁ(옛이응)	ㅇ

연구개 비음 /ŋ/은 종성에서만 실현되는 음운이다. 즉 /ŋ/은 초성에 올 수 없다. 중세국어에서 종성의 /ŋ/을 나타내는 자모는 'ㆁ(옛이응)'이었는데, 'ㆁ'이라는 형식이 없어지면서 /ŋ/을 나타내는 자모가 'ㅇ'으로 바뀌었다. 즉 음운 /ŋ/은 중세국어에서 현대국어에 이르는 동안 전혀 변화가 없었다. 하지만 음운 /ŋ/을 나타내는 형식, 즉 문

자는 'ㆁ' > 'ㅇ'으로의 변화가 일어났다. '아이'처럼 모음 자의 모양을 갖추기 위해 쓰는 일종의 형식 문자인 'ㅇ'은 중세국어에서 현대국어까지 변화가 없다. 그러니까 종성의 /ŋ/을 나타내던 종성의 'ㆁ(옛이응)'을 'ㅇ'으로, 그 표기가 바뀐 것뿐이다.

(7)

중세국어	근대국어	현대국어
가ᇰ/kaŋ/	강/kaŋ/	강/kaŋ/

(7)에서 보듯이 중세국어 표기 '가ᇰ'이 근대국어로 오면서 '강'으로 바뀌어 현대국어까지 이어지고 있는데, 그 내용은 중세국어에서 현대국어까지 바뀌지 않고 /kaŋ/이다.

셋째, 형식은 변화 없이 그대로인데, 형식과 결합된 내용에 변화가 생긴 경우이다.

(8)

형식	내용의 변화				
	중세국어		근대국어		현대국어
ㅔ	**əy**		e		e
ㅐ	**ay**		ɛ		ɛ
ㅚ	**oy**	>	oy ~ ö	>	ö ~ we
ㅟ	**uy**		uy ~ ü		ü ~ wi
ㅈ	**ʦ**		ʧ		ʧ
ㅊ	**ʦʰ**		ʧʰ		ʧʰ
ㅉ	**ʦ'**		ʧ'		ʧ'

국어사를 처음 시작할 때 많이들 어려워하는 것 중의 하나가 바로 셋째의 경우이다. 왜냐하면 형식은 훈민정음을 창제했던 그 당시나 지금이나 같기 때문이다. 즉 자모는 똑같은데, 자모가 나타내는 소리가 다르다는 것을 쉽게 이해하지 못하는 경향이 있다.

훈민정음 창제 이후 내용과 형식이 모두 소멸된 'ㅿ, ㅸ, ㆆ, ㆍ', 그리고 내용은 그대로인데 내용과 연결된 형식이 바뀐 'ㆁ'을 제외하면, 대부분은 훈민정음이 창제되던 그 당시 문자를 현대국어까지 그대로 사용하고 있다. 그러나 (8)에서 보듯이 중세국어, 근대국어, 현대국어 각 시기마다 자(字)와 결합된 내용에는 변화가 있어 왔다. 그렇기 때문에 중세국어의 표기가 현대국어의 표기와 같다고 해서 표기가 나타내는 내용까지 같다고 생각하면 안 된다. 음운사의 관점에서 중세국어, 근대국어 자료를 볼 때는 이 사실을 분명히 인식하고서 표기를 분석해야 한다. 그렇지 않으면 제대로 된 음운론적 분석이 불가능하다.

(9)

표기형	음운론적 내용		
	중세국어	근대국어	현대국어
새(鳥)	**say**	sɛ	sɛ
죄(罪)	**ʦoy**	ʧoy ~ ʧö	ʧwe ~ ʧö

'새', '죄'는 중세국어, 근대국어, 현대국어 모두 표기가 같다. 그러나 중세국어의 '새', '죄'와 근대국어의 '새', '죄', 현대국어 '새', '죄' 표기가 보여 주는 음운론적 사실은 다르다. 현대국어에서 /ㅈ/는 경구개음으로 치조음 /ㄷ/보다 뒤에서 나는 소리인 /ʧ/지만, 중세국어에서 /ㅈ/는 /ㄷ/보다 앞에서 나는 소리인 /ʦ/였다. 또한 모음 자 'ㅐ', 'ㅚ'의 내용 역시 중세국어, 근대국어, 현대국어가 서로 다르다.

참고로 현대국어 내에서도 한글 자모와 이에 대응되는 내용이 일대 일로 대응하지 않는 경우들이 있다. 이 역시 (8)처럼 형식인 자모는 변하지 않았는데, 형식에 대응되는 내용에 변화가 일어난 것이다.

(10) ㄱ. ㅚ → ö, we　　ㄴ. ㅟ → ü, wi　　ㄷ. ㅇ → ø, ŋ

(10)은 하나의 자모가 둘 이상의 내용과 결합하고 있는 예이다. (10ㄷ)의 'ㅇ'은 '아이'처럼 음절초에 쓰일 때는 소리가 없는 형식 문자이고, '방'처럼 종성에 쓰일 때는 연구개 비음 /ŋ/을 나타낸다.

이에 비해 (11)은 두 개의 다른 자모가 같은 내용을 나타내는 경우이다.

(11) ㅚ ㅞ

\/

we

이중모음 /we/를 나타내는 기호, 즉 한글 자모는 기본적으로 'ㅞ'이다. 그런데 단모음 /ö/가 소멸되는 변화가 진행되면서 단모음 /ö/를 나타내는 기호 'ㅚ'가 이중모음 /we/와도 연결되는 변화가 일어나고 있다. 그래서 이중모음 /we/를 나타내는 자모가 'ㅚ'와 'ㅞ' 2개이다.

2.2. 표기법과 표기의 음운론적 해석

2.2.1. 종성부용초성법과 8자가족용법

어떤 표기는 실제 표면형, 즉 발음을 그대로 옮겨 적은 것도 있고, 어떤 표기는 현대국어의 표기법처럼 기저형을 밝혀 적은 것도 있다. 또한 어떤 경우는 부분적으로 일부는 소리대로 적고 일부는 기저형을 밝혀 적은 것도 있다. 경우에 따라서는 오표기도 있다. 그래서 음운론적 분석에 앞서 표기가 말해 주는 언어적 사실에 대한 해석이 일차적으로 중요하다.

중세국어 문헌 자료의 표기는 근대국어 문헌 자료에 비해 상대적으로 체계적인 일관성이 있다. 하지만 <한글 맞춤법>처럼 표기 규정이 있었던 것이 아니기 때문에 문헌 자료마다 표기 방식에 약간의 차이가 있다. 그러나 그럼에도 중세국어의 주된 표기법은 연철 표기라는 공통점을 가지고 있다.[4] 그리고 이러한 연철 표기는 근대국어까지 그대로 이어진다. 분철 표기가 경향성을 띠고 나타나기 시작하는 것은 근대국어 후반부에 와서의 일이고, 이때도 주로 체언에 국한되어 나타난다.

중세국어의 종성 표기는 현대국어와 차이가 있는데, 그래서 여기서는 종성 표기를 중심으로 살펴보겠다. 중세국어 종성 표기와 관련하여는 종성부용초성법과 8자가족용법 두 가지 방식이 있다. 국어사 개론서들에 보면 '형태음소론적 표기'라든가, '음

4. 『월인천강지곡』의 경우에는 중세국어의 다른 문헌에 비하여 분철 표기도 꽤 나타난다.

소적 표기'라든가 '음절적 표기' 등의 용어가 등장한다. 용어 자체가 생소하다 보니 어려워하는 경우가 많다. 간단히 말하면, 형태음소론적 표기는 종성부용초성법을 이르는 말이고, 음소적 표기는 8종성을 이르는 말이다. 음절적 표기라는 것은 음절 단위로 표기했다는 것이다. '꽃이'도 음절 단위로 적었다고 할 수 있고 '꼬치'도 음절 단위로 적었다고 할 수 있다.

중세국어 자료의 대부분에서 종성 표기는 8자가족용법으로 이루어졌다. 중세국어에서 종성부용초성법을 채택한 문헌은 『용비어천가』와 『월인천강지곡』 둘밖에 없다. 나머지 중세국어 문헌들은 모두 8자가족용법을 따르고 있다. 그래서 중세국어의 종성 표기는 기본적으로 8자가족용법이라고 할 수 있다.

(12)

	㉮ 종성부용초성	㉯ 8자가족용
ㄱ.	**곶** 됴코 여름 하ᄂᆞ니<용가2장>	**곳**과 여름괘<석상23:18a>
ㄴ.	世尊(세존)ᄋᆞᆯ **맞나**ᅀᆞᄫᆞ며<월천65b>	부텨를 **맛나**ᅀᆞᄫᆞ면<석상3:62a>
ㄷ.	새 **닢** 나니이다<용가84장>	**닙**과 **곳**과<석상23:18a>
ㄹ.	남기 **높**고도<월천36b>	뫼히 **놉**고<월석20:71b>

(12㉮)는 종성부용초성법에 따라 적은 표기이고, (12㉯)는 8자가족용법에 따라 적은 표기이다. (12㉮)에서 '곶', '맞나-', '닢', '높-'의 종성 자음은 표면형이 아니라 기저형의 자음을 밝혀 적은 것이다. 즉 기저형을 밝혀 적은 표기이다. 이에 비해 (12㉯)에서 '곳', '맛나-', '닙', '놉-'은 종성의 자음을 발음대로, 즉 표면형 그대로 적은 것이다. 8자가족용의 8자는 'ㄱ, ㄴ, ㄷ, ㄹ, ㅁ, ㅂ, ㅅ, ㆁ'이다.

종성부용초성과 8자가족용은 훈민정음 해례의 기술을 따서 붙인 명명이다. (13)은 종성부용초성에 대한 기술이고, (14)는 8자가족용에 대한 기술이다.

(13) ㄱ. 終聲復用初聲(종성부용초성)<해례>

ㄴ. 乃냉終즁ㄱ소리ᄂᆞᆫ 다시 첫소리ᄅᆞᆯ ᄡᅳᄂᆞ니라<훈언>

(14) ㄱ ㆁ ㄷ ㄴ ㅂ ㅁ ㅅ ㄹ <u>**八字可足用也**</u> 如빗곶爲梨花 여ᇫ의갗爲狐皮 而ㅅ字可以通用 故只用ㅅ字 且ㅇ聲淡而虛 不必用於終 中聲可得成音也<해례>
(ㄱ ㆁ ㄷ ㄴ ㅂ ㅁ ㅅ ㄹ 팔자가족용야 여**빗곶**위이화 **여ᇫ의갗** 위호피 이ㅅ자가이통용고지용ㅅ자 차ㅇ성담이허 불필용어종 중성가득성음야)

[해석] ㄱ ㆁ ㄷ ㄴ ㅂ ㅁ ㅅ ㄹ 8자면 족히 쓸 수 있다. 그래서 '빗곶', '여ᇫ의 갗'은 ㅅ자로도 쓸 수 있어서 ㅅ자로 쓴다('빗곳', '엿의 갓'으로 쓸 수 있다). 또한 ㅇ은 소리가 맑고 비어서 종성에 반드시 필요하지 않고, 중성만으로 음을 이룰 수 있다.

(13)은 종성 표기를 위해 따로 자음을 제자하지 않았다는 것과, 종성 표기에는 초성에 쓰는 자음을 그대로 쓴다는 내용을 담고 있다. 종성부용초성법은 이처럼 초성의 자음을 종성에 그대로 쓰는 것이지, 종성을 소리 나는 대로 적는 표기가 아니다. 그러니까 종성의 자음을 원래의 형태를 밝혀서 적는 표기법이다.

(14)의 8자가족용은 종성의 자음을 소리 나는 그대로 적는 표기법이다. 그래서 8자가족용법의 8자는 중세국어에서 종성에 발음될 수 있는 자음이 8개였다는 사실을 말해 준다. 참고로 현대국어에서는 종성에서 실현될 수 있는 자음이 [ㄱ, ㄴ, ㄷ, ㄹ, ㅁ, ㅂ, ㅇ] 7개이다. 그러니까 종성에서 실현될 수 있는 자음이 중세국어에서는 8개였는데, 이후 7개로 바뀌는 변화가 있었다.

8자가족용법인지 종성부용초성법인지는 8자 이외의 자음이 종성 표기에 나타나는지 아닌지를 통해 확인한다. (12)에서는 '곶'의 'ㅈ', '닢'의 'ㅍ'이 8자 이외의 자음이므로 종성부용초성법이라는 것을 알 수 있다. 8자가족용법이라는 것은 종성에서 발음될 수 있는 자음이 8개([ㄱ, ㄴ, ㄷ, ㄹ, ㅁ, ㅂ, ㅅ, ㆁ])인데, 표기에서도 이 8개만 표기하는 방식이다.

현대국어에서는 종성에 발음될 수 있는 자음이 [ㄱ, ㄴ, ㄷ, ㄹ, ㅁ, ㅂ, ㅇ] 이렇게 7개이다. 여기서 중세국어 8종성과 차이가 나는 소리는 [ㅅ]이다. 이는 중세국어에서는 현대국어와 달리 종성의 /ㅅ/가 표면형에서도 [ㅅ]로 실현되었다는 것을 뜻한다. 다시 말해 중세국어에서는 종성에서 [ㅅ]와 [ㄷ]가 변별되어 발음되었고, 실제 종성에서 두 소리가 /ㅅ/, /ㄷ/로 변별적으로 인식되었다는 것을 의미한다. 현대국어에서는 표면형에서 [ㅅ]가 실현되지 못한다. 종성에서 [ㅅ]와 [ㄷ]의 변별은 16세기 중엽

부터 흔들리기 시작하여 현대국어와 같은 7종성으로 변화하였다. 그래서 기저에서는 종성의 /ㅅ/와 /ㄷ/가 변별되지만, 표면형에서는 종성의 /ㅅ/가 [ㄷ]로 실현되어, /ㄷ/가 [ㄷ]로 실현된 [ㄷ]와 더 이상 변별되지 않게 되었다(엇[얻], 얻[얻]).

여기서 주의해야 할 것은 발음의 단일화 방향과, 표기의 단일화 방향이 달랐다는 사실이다. 즉 발음은 '[ㅅ] : [ㄷ]'가 변별되다가 [ㄷ]로, 즉 '[ㅅ] > [ㄷ]'로 단일화되는데, 표기는 반대로 원래 'ㄷ'으로 표기되던 것들이 'ㅅ'으로 단일화되어 표기된다. 즉 발음에서는 [ㅅ]가 더 이상 발음되지 못하고 [ㄷ]로 발음되는데, 표기는 'ㄷ'으로 단일화되는 것이 아니라 오히려 'ㅅ'으로 단일화되었다.

(15)

15세기	17세기
어딘 **벋**과<월석10:31b>	여러 **벗**들의<노걸 상45a>
무딘 **붇**<구간3:106a>	筆 **붓**<역어 하19a>
잇ᄂᆞᆫ **곧**마다<법화4:89a>	간 **곳**마다<박통 상34a>
하ᄂᆞᆳ **ᄠᅳᆮ**도<두시24:63a>	내 **ᄠᅳᆺ**과<노걸 상10a>

(15)에서 보듯이 중세국어에서 /ㄷ/ 종성이 기저형이었던 '벋, 붇(筆), 곧(處), ᄠᅳᆮ'이 근대국어에서 '벗, 붓, 곳, ᄠᅳᆺ'으로 표기되었다.

그러면 종성에서 발음될 수 있었던 자음이 8종성에서 7종성으로 변화된 것을 어떻게 알 수 있느냐? 그것은 표기의 혼란을 통해서 알 수 있다. 즉 원래 종성 /ㅅ/를 가지고 있던 어휘들이 'ㅅ'으로 일관되게 표기되다가 'ㅅ'으로도 표기되고 'ㄷ'으로도 표기될 때, 종성에서 /ㅅ/와 /ㄷ/가 더 이상 대립을 이루지 못한다고 해석한다. /ㅅ/와 /ㄷ/가 종성에서 안정적으로 대립이 되었다면 'ㅅ'과 'ㄷ'의 표기가 혼란스럽게 나타날 이유가 없기 때문이다.

종성에서 /ㅅ/와 /ㄷ/의 대립은 16세기부터 본격적으로 흔들리기 시작해서 17세기에 7종성으로의 변화가 완료된다. 중세국어에서는 '이웃, 웃듬, 녯, 맛'이 안정적으로 'ㅅ'으로 표기되었다. 그러던 것이 16세기에 이르러서는 (16)에서 보듯이 'ㅅ'으로 표기되기도 하고 'ㄷ'으로 표기되기도 한다. (16)과 같은 혼기를 통해 종성에서 /ㅅ/와 /ㄷ/의 대립이 소멸되었음을 알 수 있다.

(16) ㄱ. 이웃<유합 상18b> ~ 이욷<번노 하47b>

ㄴ. 웃듬<소학5:32a> ~ 읃듬<소학5:77a>

ㄷ. 넷재<번소8:21b> ~ 넫재<소학1a>

ㄹ. 맛 난<소학5:79a> ~ 맏 난 마슬<소학6:25b>

발음상으로는 종성의 [ㅅ]가 [ㄷ]로 단일화되어 7종성이 되었다. 그런데 표기에서는 반대로 원래 /ㄷ/ 종성이었던 것을 'ㄷ'으로 표기하지 않고 'ㅅ'으로 표기하였다. 원래 /ㅅ/ 종성이었던 'ㅅ'은 그대로 'ㅅ'으로 표기하여 결과적으로 표기상 종성 표기에서 'ㄷ'이 사라지고 'ㅅ'으로 단일화되었다. 그래서 중세국어에서 원래 /ㄷ/ 말음을 가졌던 단어와 /ㅅ/ 말음을 가졌던 단어가 발음상으로도, 표기상으로도 더 이상 구별되지 않게 되었다.

그런데 그럼에도 불구하고 원래 /ㄷ/ 종성이었던 단어들을 구별하고자 하는 의식이 표기에 부분적으로 반영되기도 하였다. 원래 /ㅅ/ 말음이었던 단어들은 (17)처럼 연철 표기하였다. 그런데 중세국어에서 /ㄷ/ 말음이었던 단어들은 (18)처럼 'ㅅ'으로 표기는 하지만, 연철하지 않고 분철함으로써 원래 /ㅅ/ 말음인 (17)의 단어와 표기를 구별하였다. (17)~(18)은 17세기 자료이다.

(17) ㄱ. 흰 오스로<동신 열2:43b>

ㄴ. 마시 쓰니<동신 효2:34b>

ㄷ. 이우슬<두중16:22a>

(18) ㄱ. 벗이러니<노걸 상44a>, 벗으로<노걸 하41b>

ㄴ. 붓을 주니<박통 하12a>, 붓에 먹 뭇티다<역어 하46b>

ㄷ. 먹은 곳애셔<노걸 상59a>, 빈 곳에<박통 상55a>

(18ㄱ~ㄷ)의 중세국어 어형은 '벋, 붇, 곧'이다. 종성 표기가 'ㅅ'으로 단일화되었지만, (18)처럼 분철 표기를 함으로써 원래 /ㅅ/ 말음이었던 단어들과 구별하고자 한 것이다.

한 가지 주의할 점은 연철 표기가 소리 나는 대로 적은 표기는 아니라는 점이다. 연철과 소리 나는 대로 적은 표기는 차원이 다른 문제이다. 중세국어 표기는 연철 표기를 주로 하였지만, 그렇다고 표기 전체가 소리 나는 대로 적은 것은 아니다.

(19) ㄱ. 님금 <u>맞나디</u> 못호미<두시3:57b>
　　　　　맞나+디
　　ㄴ. ᄃᆞᆮ니다가<석상24:14b>

(20) ㄱ. 밥도<월석13:28b>
　　ㄴ. 먹고<두시16:62b>

우선 (19)는 비음동화 환경이어서 [만나디], [단니다가]였을 텐데, 비음동화를 표기에 반영하지 않았다. 그리고 (20)은 불파(음절말 끝소리 규칙)에 이은 경음화가 일어나 [밥또], [먹꼬]였을 텐데, 경음화도 표기상에 반영하지 않았다. 그래서 중세국어 표기를 소리 나는 대로 적은 표기라고 하는 것은 사실에 부합하지 않는다. 다만 연철이 주된 표기 방식이었기 때문에, 현대국어에 비해서는 소리대로 적은 표기의 비율이 높다고 할 수는 있다.

2.2.2. 연철, 분철, 중철

연철과 분철은 자음으로 끝난 체언 뒤에 모음으로 시작하는 조사가 왔을 때, 또는 자음으로 끝난 용언 어간 뒤에 모음으로 시작하는 어미가 왔을 때, 체언 어간[5]이나 용언 어간의 말자음을 표기하는 방식에 대한 구분이다.

(21) ㄱ. 기픈 ᄠᅳ디 잇ᄂᆞ니라<법화2:253b>
　　ㄴ. 오시 ᄂᆞᆯᄀᆞ니<두시20:26b>

5. 활용에서 어미에 대응되는 부분을 용언 어간이라고 하는 것과 평행하게, 곡용에서 조사에 대응되는 부분을 체언 어간이라고 한다.

(21)처럼 어간말 자음을 모음으로 시작하는 조사나 어미의 초성으로 내려 쓰는 방식이 연철 표기이다. 이에 비해 현대국어처럼 '깊은 뜻이', '옷이 낡으니'처럼 어간의 말자음을 내려 쓰지 않는 방식이 분철 표기이다. 중세국어 및 근대국어는 연철 표기가 주된 방식이었다. 이에 비해 현대국어는 분철 표기를 채택하고 있다.

연철이냐 분철이냐 하는 문제와 종성부용초성법이냐 8자가족용법이냐 하는 문제는 서로 별개 차원의 문제이다. 즉 종성부용초성법으로 표기되었든, 8자가족용법으로 표기되었든 기본적으로는 연철이 주된 표기 방식이었고, 부분적으로 분철 표기가 있었다. 종성부용초성법으로 표기된 문헌이 『용비어천가』와 『월인천강지곡』 두 문헌밖에 없다고 하였는데, 두 문헌 역시 기본적으로 연철 표기를 하고 있다.

(22) ㄱ. 불휘 기픈 남ᄀᆞᆫ<용가2장>
ㄴ. 고지 나거늘<월천8a>

(22ㄱ)의 '기픈'은 '깊- + -은'을 연철 표기한 것이고, (22ㄴ)의 '고지'는 '곶 + -이'를 연철 표기한 것이다. (22)에서 보듯이 연철된 표기로는 종성부용초성법을 따른 것인지, 8자가족용법을 따른 것인지 말할 수 없다. 종성부용초성법인지 8자가족용법인지는 (12㉮)와 (12㉯)의 비교에서처럼 종성에 표기된 자음의 종류를 통해 판단한다.

15세기 문헌 자료에도 (23)처럼 체언의 분철 표기가 없지는 않다.

(23) ㄱ. ᄆᆞᅀᆞᆷ이 고ᄅᆞ디<월천32b>
ㄴ. 몸이 어울오도<월천49a>
ㄷ. 법은 ᄆᆞᅀᆞᆷ으로<육조 상47a-4>
ㄹ. 놈ᄋᆡ 말ᄋᆞᆫ<월석17:76b>

『월인천강지곡』에 특히 이러한 체언의 분철 표기가 상대적으로 많다. 이는 『월인천강지곡』이라는 문헌의 특성으로 해석하는 것이 일반적이다. 다른 문헌에서도 분철 표기가 산발적으로 나타나기는 한다. 그러나 이는 연철 표기의 예외적인 경우로 해석하는 것이 일반적이다. 그래서 기본적으로 중세국어 표기가 연철을 주된 방식으로 하였다고 일반화하는 데 특별히 문제는 없다.

근대국어 후반부로 오면서 분철 표기가 강해지는 경향은 있다. 그러나 그럼에도 여전히 용언의 경우에는 연철이 주된 표기 방식이고, 분철 표기는 잘 나타나지 않는다. 용언의 분철 표기가 확립된 것은 <한글마춤법통일안>(1933년)[6]에서이다.

근대국어 표기법에는 '중철'이라는 것도 있다. 중철은 연철과 분철이 혼합된 표기 방식이다. 중철은 기본적으로 연철을 한 후에 연철되기 전의 어간의 말자음을 어떻게든 표기상에 반영하고자 한 의식의 결과이다. 그래서 중철 표기를 문법 의식의 발달로 해석하기도 한다. (24)~(26)은 17~18세기 자료이다.

(24)

체언의 중철 표기	용언의 중철 표기
손ᄂᆞᆯ 녀허<태산25a> 손+ᄋᆞᆯ	ᄆᆞᆯ 잡바 뎡ᄒᆞ쟈<박통 상22b> 잡+아
하ᄂᆞᆯᄅᆞᆯ<사략1:36a> 하ᄂᆞᆯ+ᄋᆞᆯ	긔운을 ᄎᆞᆷ므며<여사2:22b> ᄎᆞᆷ+으며

(24)에서 '손ᄂᆞᆯ'은 '손 + -ᄋᆞᆯ → 소ᄂᆞᆯ(연철) → 손ᄂᆞᆯ(중철)'처럼 종성 자음을 연철시킨 후에 연철된 자음을 다시 종성에 쓴 것이다. '잡바' 역시 '잡- + -아 → 자바(연철) → 잡바(중철)'처럼 연철시킨 후에 연철시킨 것과 같은 자음을 종성에도 쓴 것이다. 그래서 이러한 표기를 중철이라고 한다.

(25)는 (24)와 달리 동일한 자음을 두 번 쓴 것은 아니지만, 연철된 자음이 어간의 말자음이라는 것을 나타내고자 하였다는 점에서 중철에 해당한다. 근대국어에서 종성의 표기에는 'ㄱ, ㄴ, ㄹ, ㅁ, ㅂ, ㅅ, ㅇ' 7개 자음만 허용되었다. 그래서 (25)의 경우에는 연철된 자음과 같은 자음을 종성에 쓸 수 없었다. 그래서 부득이 연철된 자음과 똑같은 자음을 쓰지 못한 것일 뿐, 연철된 자음이 종성의 자음이었다는 것을 나타내려고 했다는 점에서는 (24)와 같은 방식이다.

6. <한글마춤법통일안>은 1933년의 표기법에 의한 표기이다. 현재의 공식 명칭은 <한글 맞춤법>이다.

(25)

체언의 중철 표기	용언의 중철 표기
닙플 ᄡᅳ고<두경30a> 닢+을	깁프며 엿트미<두경39a> 깊+으며 엳+음+이
빗츠로<박통 상26b> 빛+으로	ᄒᆞᄅᆞ사리 갓ᄐᆞᆫ<경민음5b> 같+ᄋᆞᆫ

(25)에서 보듯이 '닢 + -을'을 연철 표기하면 '니플'인데, 연철 상태에서는 체언 어간의 말자음을 해독하기 어려울 수 있다. 그래서 연철된 /ㅍ/가 체언 어간의 말자음이었다는 것을 나타내기 위해 'ㅂ'을 종성에 표기하여 '닙플'이 된 것이다. '깁프며'도 '깊- + -(으)며'를 연철하면 '기프며'가 되는데, 역시 연철된 /ㅍ/가 용언 어간의 말자음이었다는 것을 나타내기 위해 'ㅂ'을 종성에 표기한 것이다. 종성 표기에 7개의 자음만 허용되었던 근대국어 표기법상 종성 표기에 'ㅍ'을 다시 쓸 수 없기 때문에 'ㅂ'을 쓸 수밖에 없었다.

(26) 역시 연철된 자음이 어간말 자음이라는 것을 나타내고자 하였다는 점에서 중철과 통하는 면이 있다. 하지만 연철된 자음을 잘못 분석하고, 그 잘못 분석된 결과를 표기상에 반영하였다는 점에서 (24)~(25)와 그 성격이 다르다.

(26) ㄱ. 갓ᄒᆞᆫ<명의 권수상:61b>

ㄴ. 놉흔<박신2:42b>

'갓ᄒᆞᆫ'은 기저형 '같 + -ᄋᆞᆫ'을 표기한 것이고, '놉흔'은 '높- + -은'을 표기한 것이다. '같- + -ᄋᆞᆫ'을 연철하면 '가ᄐᆞᆫ'인데, 연철된 /ㅌ/를 'ㄷ+ㅎ'으로 잘못 분석하고 이 잘못 분석된 대로 표기한 것이 '갓ᄒᆞᆫ'이다. 종성에 'ㄷ'이 아니라 'ㅅ'으로 표기한 것은 7종성 표기 때문이다. '놉흔' 역시 마찬가지이다. 즉 '높- + -은'을 연철하면 '노픈'인데, 연철된 /ㅍ/를 'ㅂ+ㅎ'으로 잘못 분석하고서 잘못 분석한 것을 그대로 표기상에 나타낸 것이 '놉흔'이다.

일부 역사언어학 전공자가 아닌 연구자의 논문에서, 그리고 중등교육 현장에서 (26)을 재음운화 또는 재음소화라고 하는 경우가 있는데, 이는 학술적인 용어를 자의적으로 사용하는 것이므로 바람직하지 않다.

'재음운화(rephonologization)'[7]는 역사언어학에서 음운 변화의 한 유형을 가리키는 학술적인 용어이다.[8] '가튼'을 '갓흔'으로 표기하는 것은 음운론적 사실을 엉뚱하게 잘못 분석한 것이다. /ㅌ/가 'ㅅ+ㅎ'으로 쪼개질 수는 없기 때문이다. 이렇게 잘못 분석한 것에 재음소화라는 음운 변화의 용어를 사용하는 것은 자칫 언어적 사실을 왜곡할 수 있으므로 주의해야 한다.

2.3. 훈민정음

2.3.1. 창제 동기

훈민정음의 창제는 비로소 우리말을 온전하게 적을 수 있게 되었다는 것을 의미한다. 즉 언문일치가 가능해졌다. 한자를 빌려서 쓰는 동안에는, 말은 우리말로, 글은 한자를 빌려서 사용하는, 언문불일치 상황이었다. 우리말을 우리 문자로 온전하게 기록하였기 때문에, 중세국어, 근대국어의 모습도 제대로 연구할 수 있게 되었다. 한자를 빌려서 기록된 자료를 통해서는 아무래도 당시의 온전한 국어의 모습을 파악하기가 어렵고, 국어의 부분적인 모습만 알 수 있을 뿐이다.

세종이 최만리를 비롯한 집현전 학사들의 반대에도 불구하고 훈민정음을 창제하고 반포한 동기는 크게 두 가지 정도로 해석한다. 첫째는 세종의 애민 정신이었고, 둘

7. 'phoneme'을 '음운'으로 번역하기도 하고, '음소'로 번역하기도 한다. 그래서 'rephonologization' 역시 재음운화 또는 재음소화로 번역된다. 일부 개론서에서 '음운'을 '음소 + 운소'를 아우르는 것으로 사용하기도 하는데, 이는 기왕에 통용되고 있는 '음운 = 음소'의 번역어를 자의적으로 사용하는 것에 해당한다. '운소'는 'supraphoneme'의 번역어이다.

8. 야콥슨(1931)은 음운 변화의 유형을 음운화(phonologization), 비음운화(dephonologization), 재음운화(rephonologization)로 나누었다. 음운화는 음운이 아니었던 소리가 음운이 되는 변화이다. 근대국어에 생성된 단모음 /e/, /ε/가 이에 해당한다. 비음운화는 음운이었던 소리가 음운의 지위를 잃는 변화로, /ㅿ/, /ㅸ/의 소멸, /ㆍ/의 소멸 등이 이에 해당한다. 음운화는 음운의 개수가 늘어나는 변화이고, 비음운화는 음운의 개수가 줄어드는 변화이다. 이에 비해 재음운화는 음운의 개수에는 변화가 없고, 단지 해당 음운 체계에서 대립 관계에 변화가 생기는 것이다. 중세국어의 'ㅈ'이 /ʦ/에서 /ʧ/로 변화한 것이 이에 해당한다. /ʦ/의 소멸과 /ʧ/의 생성이 하나의 사건으로 일어났기 때문에 음운의 개수에는 변화가 없다.

째는 한자음 교정 작업을 위한 것이었다.

첫째, 애민 정신이다. 애민 정신은 훈민정음 예의(例義) 부분에 명확히 기술되어 있다.

> 어린 百빅姓셩이 니르고져 ᄒᆞᇙ 배 이셔도 ᄆᆞᄎᆞᆷ내 제 ᄠᅳ들 시러 펴디 몯ᄒᆞᇙ 노미 하니라 내 이ᄅᆞᆯ 爲윙ᄒᆞ야 어엿비 너겨 새로 스믈여듧 字쫑ᄅᆞᆯ ᄆᆡᇰᄀᆞ노니 사ᄅᆞᆷ마다 ᄒᆡᅇᅧ 수ᄫᅵ 니겨 날로 ᄡᅮ메 便뼌安한킈 ᄒᆞ고져 ᄒᆞᇙ ᄯᆞᄅᆞ미니라

위에서 문자 창제의 목적이 분명히 드러나 있다. 백성들이 자신의 뜻을 글로써 제대로 표현하지 못함을 불쌍히 여겨서, 백성들의 문자 생활을 편안하게 하기 위해 문자를 창제하였다는 것이다. 백성들이 편안하게 사용할 수 있는 문자라는 것은 곧 실용적인 문자이다. 한자는 양반 계층에 국한되어 사용되었고, 일반 백성들이 접근하기 어려웠다. 그래서 애민 정신을 실용성과 연계시켜 해석하기도 한다.

둘째, 한자음 교정이다. 훈민정음이 창제된 후에 제일 먼저 이루어진 작업은 세종의 윗대 6대조의 행적을 찬양한 『용비어천가』의 편찬이다. 그리고 곧 이어 『東國正韻』과 『洪武正韻譯訓』을 편찬하였다. 『동국정운』과 『홍무정운역훈』은 한자음 학습서로, 두 문헌의 편찬은 한자음 교정 작업과 직결되어 있다.

훈민정음의 문자 중에는 고유어 표기에 한 번도 사용되지 않은 문자도 포함되어 있는데, 이들 문자의 존재가 한자음 학습 및 교정이 훈민정음을 창제하게 된 또 하나의 목적이었음을 증언한다. (27)~(28)이 바로 이러한 문자들이다.

(27) ᄝ, ᅗ, ᄬ

(28) ㄱ. ᅎ ᅔ ᅏ ᄼ ᄽ
　　ㄴ. ᅐ ᅕ ᅑ ᄾ ᄿ

(27)은 연서자(連書字)인데 연서자 중에서 '사ᄫᅵ', '드ᄫᅴ'처럼 'ᄫ'만 고유어 표기에 쓰였을 뿐, 'ᄝ, ᅗ, ᄬ' 자는 고유어 표기에 한 번도 쓰인 적이 없다. 그리고 (28)은

국어에 존재하지 않는 소리인, 중국어의 치두음과 정치음을 표기하기 위해 만든 문자이다.[9]

훈민정음이 창제되었지만, 세종의 바람과 달리 훈민정음의 사용 계층은 주로 부녀자와 일반 백성들로 국한되었다. 연산군 때는 연산군을 비방하는 내용의 글이 언문으로 투서된 사건이 일어났는데, 이로 인해 언문을 아는 백성들을 잡아들이고, 언문으로 된 서적들을 모아 모두 불태우는 사건이 일어났다. 이 사건은 이후 훈민정음의 보급과 확산을 상당히 제약하였을 것으로 추정한다. 훈민정음의 사용이 확대되기 시작한 것은 임진왜란 이후에 한글 소설과 부녀자 중심의 내방 가사가 발달하면서부터이다.

훈민정음 창제 이후에도 여전히 국가의 모든 공문서는 한문과 이두문으로 작성되었고, 한글로 된 문서는 국가의 공식 문서로 인정을 받지 못했다. 한글로 된 문서가 국가의 공식 문서로 인정을 받기 시작한 것은 1894년 갑오경장 이후부터이다.

2.3.2. 제자 원리

훈민정음의 제자는 기본적으로 상형(象形)과 가획(加劃)이라는 두 원리를 축으로 하여 이루어졌다. 이때 상형과 가획은 기본자 28자의 제자 원리이다. 해례 28자는 자음 자(字)가 17자이고, 모음 자(字)가 11자이다. 상형은 자음 자(字)와 모음 자(字) 모두에 적용된 원리이지만, 가획은 그렇지 않다. 가획은 자음 자(字) 17자에만 해당되는 원리이고, 모음 자(字) 11자는 가획과 관련이 없다.

자음 자(字) 17자 중에서 'ㆁ, ㅿ, ㄹ'는 이체자이다.[10] 이때 '이기체(異其體)'가 가획을 하지 않았다는 것인지, 가획은 했지만 가획의 뜻이 없다는 것인지가 논쟁이 된다. 그러나 'ㆁ, ㅿ, ㄹ' 역시 상형자라는 점에 대해서는 대체로 의견이 일치한다. 가획

9. (28ㄱ)이 중국어의 치두음을 표기하기 위한 문자인데, 'ㅈ, ㅅ'에 비해 왼쪽의 획이 더 길다. (28ㄴ)이 중국어의 정치음을 표기하기 위한 문자인데, 'ㅈ, ㅅ'에 비해 오른쪽 획이 더 길다. 훈민정음의 기술을 따르면, 국어의 'ㅈ, ㅊ, ㅉ'은 중국어의 치두음과 정치음의 사이에서 나는 소리에 해당한다.

10. 해례에서 'ㄹ'은 반설음, 'ㅿ'은 반치음이라고 기술되어 있는데, 반설음, 반치음의 반(半)에 대해서는 학계에서 이견이 있다. 즉 이 반(半)이 조음 위치의 반이라는 주장과, 조음 방법의 반이라는 주장이 그것이다.

을 하지 않은 것이냐, 가획을 했으나 가획의 뜻이 없는 것이냐의 논쟁의 핵심은 훈민정음 해례 제자해(制字解)의 기술 '無加畫之義焉'에 대한 해석이다. '無加畫之義焉'을 가획을 하지 않았다는 의미로 해석하기도 하고, (가획을 했지만) 가획의 뜻이 없다로 해석하기도 한다.

자음 자(字)의 상형은 조음기관이라는 구체적인 대상을 상형하였는데 반해, 모음 자(字)는 '천(天), 지(地), 인(人)'이라는 추상적인 대상을 상형하였다. 그래서 모음 자(字)의 상형을 추상적 상형이라고 한다.

해례 28자에서 자음 자(字) 17자는 '아-설-순-치-후'의 순서로 배열하였고, 모음 자(字) 11자는 '기본자-초출자-재출자'의 순서로 배열하였다.[11]

(29) 자음 자 17자

아	설	순	치	후
ㄱ ㅋ ㆁ	ㄷ ㅌ ㄴ ㄹ	ㅂ ㅍ ㅁ	ㅅ ㅈ ㅊ ㅿ	ㅇ ㆆ ㅎ

(30) 모음 자 11자

기본자	초출자	재출자
ㆍ ㅡ ㅣ	ㅗ ㅏ ㅜ ㅓ	ㅛ ㅑ ㅠ ㅕ

훈민정음 해례의 자(字)에는 28자 외에도 많은 자들이 있다. 이들 자는 이미 만들어진 28자를 2차적으로 운용하여 만든 것이다. 28자를 2차적으로 운용하여 또 다른 자를 만드는 방법에는 병서, 연서, 합용, ㅣ상합 4가지가 있다. 이 중에서 병서와 연서는 자음 자(字) 17자를 가지고 2차적으로 운용한 방법이고, 합용과 'ㅣ상합(ㅣ相合)'은 모음 자(字) 11자를 가지고 2차적으로 운용한 방법이다.

병서에는 다시 같은 자를 나란히 쓴 각자병서(ㄲ, ㄸ, ㅆ, ㅉ, ㅃ), 다른 자를 나란히 쓴 합용병서(ㅄ, ㅶ, ㅴ, ㅵ …)가 있다. 병서와 연서 역시 두 자 이상을 활용하였다

11. 28자에서 자음 자 'ㅿ, ㆁ, ㆆ'의 3자, 모음 자(字) 'ㆍ' 1자를 뺀 24자가 <한글 맞춤법> 제4항에서 한글 자모 24자라고 할 때의 24자이다.

는 점에서 넓은 의미의 합용에 해당한다.

모음 자(字)의 2차적 운용인 'ㅣ상합' 역시 두 자 이상을 활용하였다는 점에서 넓은 의미의 합용에 해당한다. 하지만 모음 자(字)의 2차적 운용의 하나로 합용이라 할 때 '합용'은 좁은 의미에서 '이자삼자합용(二字三字合用)'의 '합용'을 이른다.

2.3.2.1. 자음의 제자 원리와 훈민정음의 자음체계

해례 28자 중에서 자음 자(字) 17자의 기본적인 제자 원리인 상형과 가획은 각각 역할이 분담되어 있다. 즉 상형은 기본자를 만든 원리이고, 가획은 기본자를 바탕으로 또 다른 자를 만든 원리이다. 상형으로 만든 자음의 기본자 5자는 '아-설-순-치-후'의 순으로, 즉 'ㄱ-ㄴ-ㅁ-ㅅ-ㅇ'의 순서로 배열하였다.[12] 17자 중에서 기본자 5자를 뺀 나머지 자는 가획으로 만들었는데, 논란이 되는 것은 이체자(異體字), 즉 해례에서 이기체(異其體)라고 기술한 'ㆁ, ㄹ, ㅿ' 3자이다. 이체자 'ㆁ, ㄹ, ㅿ'이 상형을 하였다는 것에 대해서는 대체로 의견의 일치를 보이지만, 가획과 관련해서는 이견이 있다. 그것은 이체와 관련된 (30)의 훈민정음의 기술을 해석하는 방식에 따른 차이이다.

(31) 其因聲加劃之義皆同 而唯ㆁ爲異

(기인성가획지의개동 이유ㆁ위이

半舌音ㄹ 半齒音ㅿ 亦象舌齒之形而異其體 無加畫之義焉<해례 제자해>

반설음ㄹ 반치음ㅿ 역상설치지형이이기체 무가화지의언)

[해석] 그 소리로 인하여 획을 더한 뜻은 모두 같다. 그러나 오직 ㆁ은 다르다. 반설음 ㄹ과 반치음 ㅿ도 혀와 이를 상형한 것이나 (ㆁ과 마찬가지로) 그 체를 달리한 것으로 가획의 뜻이 없다.

(31)의 해례 제자해 기술에 대해서 크게 두 가지 견해가 대립된다.

---

12. '아-설-순-치-후'는 오행의 '목-화-토-금-수'의 순서를 따른 것이다. 그러니까 아음은 오행의 '목'에 해당하고, 설음은 오행의 '화', 순음은 오행의 '토', 치음은 오행의 '금', 후음은 오행의 '수'에 해당한다.

A : '무가화지의(無加畫之義)'를 말 그대로 가획을 한 뜻이 없다로 해석하는 것이다. 이는 'ㆁ, ㄹ, ㅿ'을 가획자가 아니라고 보는 것이다.

B : '무가화지의(無加畫之義)'를 가획은 했지만 가획을 통해 나타내고자 한 뜻은 없다로 해석하는 것이다. 즉 가획을 해서 나타내고자 한 뜻은 소리의 세기인데(聲出稍厲 故加劃), 가획은 했지만 소리의 세기가 더해진 뜻은 없는 가획으로 보는 것이다. 이렇게 보면 'ㆁ, ㄹ, ㅿ'은 가획자이다.

자음 17자를 제자 원리에 따라 도표로 나타내면 (1)과 같다.

(32)

	상형 내용	기본자	가획자(加劃字)		이체자
			1차 가획	2차 가획	
아음	舌根閉喉之形 (설근폐후지형)	ㄱ	ㅋ		ㆁ
설음	舌附上齶之形 (설부상악지형)	ㄴ	ㄷ	ㅌ	ㄹ
순음	口形 (구형)	ㅁ	ㅂ	ㅍ	
치음	齒形 (치형)	ㅅ	ㅈ	ㅊ	ㅿ
후음	喉形 (후형)	ㅇ	ㆆ	ㅎ	
	不厲(불려) ──────→ 厲(려)				

- 舌根閉喉之形(설근폐후지형): 혀뿌리가 목구멍을 닫는 모양
- 舌附上齶之形(설부상악지형): 혀가 윗잇몸에 닿는 모양
- 不厲(불려): 소리가 세지(또는 거칠지) 않음
- 厲(려): 소리가 셈(또는 거침)

가획은 '려(厲)'와 연동된 개념이다. '려(厲)'는 소리의 세기 또는 소리의 거칠기를 나타내는 개념이다. 그래서 가획을 하지 않은 기본자가 가장 세지 않은 소리이고, 한

번 가획한 자(字)는 기본자보다 센 소리이고, 두 번 가획한 자(字)는 한 번 가획한 자(字)보다 더 센 소리다. 예컨대 기본자 'ㅅ'에 1차 가획한 것이 'ㅈ'이고, 'ㅈ'에 다시 가획한, 즉 2차 가획한 것이 'ㅊ'인데, 가획을 가장 많이 한 'ㅊ'이 가장 센 소리이다(ㅅ > ㅈ > ㅊ).

상형과 가획의 방식을 통해 (32)와 같이 17자를 제자하였다. 그리고 이렇게 만들어진 17자를 2차적으로 운용하여 또 다른 자음 자(字)를 만들었는데, 17자의 2차적 운용과 관련된 방법이 바로 병서와 연서이다. 먼저 병서에 대해서 살펴보고, 연서에 대해 설명하기로 하겠다.

(33)은 병서에 대한 해례의 기술이고, (34)는 병서자의 목록이다.

(33) ㄱ. 初聲合用則竝書 終聲同(초성합용즉병서 종성동)<해례 예의>

ㄱ'. 첫소리ᄅᆞᆯ 어울워 ᄡᅳᇙ디면 ᄀᆞᆯ바쓰라 乃냉終즁ㄱ소리도 ᄒᆞᆫ가지라<훈언>

ㄴ. 初聲二字三字合用竝書 … 各自竝書 …<해례 합자해>

(초성이자삼자합용병서 … 각자병서)

(34)

병서	각자병서		ㄲ ㄸ ㅃ ㅆ ㅉ (ㆅ)
	합용병서	ㅅ계 합용병서	ㅺ ㅼ ㅽ ㅾ (ㅻ ᄹ)
		ㅂ계 합용병서	ㅲ ㅳ ㅄ ㅶ
		ㅄ계 합용병서	ㅴ ㅵ

병서 자(字) 중에서 각자병서와 ㅅ계 합용병서는 된소리를 표기한 것이다. 즉 각자병서와 ㅅ계 합용병서는 자(字)의 관점에서 보면 2개의 자의 결합이지만, 음운론적으로는 하나의 음운인 된소리를 나타내는 기호였다. 된소리는 하나의 소리이다. 각자병서와 ㅅ계 합용병서가 된소리를 나타내는 기호였으므로 음운론적으로 각자병서와 ㅅ계 합용병서는 당연히 자음군이 아니다.

반면 ㅂ계 합용병서는 실제 자음군, 즉 두 음운의 연쇄를 표기한 것이다. 즉 'ㅲ', 'ㅳ'은 각각 /pk/, /pt/를 나타내는 문자였다. (35)는 병서자와 음운의 대응 관계를 나타낸 것이다.

(35)

각자병서		자(字)	ㅃ	ㄸ	ㅆ	ㅉ	ㄲ	(ㆅ)	
		음운	/p'/	/t'/	/s'/	/ʦ'/	/k'/		
합용병서	ㅅ계	자(字)	ㅽ	ㅼ		ㅾ	ㅺ	(ㅻ)	(ㅅㅌ)
		음운	/p'/	/t'/		/ʦ'/	/k'/		
	ㅂ계	자(字)	ㅄ	ㅳ		ㅶ	ㅲ		
		음운	/ps/	/pt/		/pʦ/	/pk/		
	ㅄ계	자(字)		ㅵ			ㅴ		
		음운		pt'			pk'		

그러니까 문자의 관점에서는 ㅅ계, ㅂ계, ㅄ계 합용병서가 모두 2개 또는 3개의 자(字)가 결합한 자(字)이지만, 음운론적으로 실제 두 음운의 연쇄인 자음군은 ㅂ계와 ㅄ계 합용병서이다. ㅄ계인 'ㅴ', 'ㅵ'은 각각 /pk'/, /pt'/처럼 /ㅂ/와 된소리의 연쇄를 나타낸 것이다. 그래서 음운론적으로는 ㅂ계 합용병서와 마찬가지로 두 음운의 연쇄인 자음군이다. 다만 편의적으로 ㅂ계 합용병서, ㅄ계 합용병서로 구분한다.

각자병서와 ㅅ계 합용병서는 자(字)의 형식은 서로 다르지만, 둘 다 된소리를 나타내는 자(字)였다. 중세국어에서 고유어의 된소리를 표기하는 주된 방식은 ㅅ계 합용병서였고, 각자병서는 관형사형 어미 '-ᄅᆞ/을' 뒤에서만 나타났다. 이후 <한글마춤법통일안>(1933)에서 각자병서로 된소리 표기를 단일화하였고, <한글 맞춤법>(1988)도 이를 따라 지금까지 이어지고 있다.

(35)에서 음가를 비워 둔 'ㆅ', 'ㅻ', 'ㅅㅌ'의 경우에는 음운론적으로 이 자(字)에 해당하는 소리가 실재했는지가 의문스럽다.

(36) ㄱ. ᅘᅧ다

- 燈(등) ᅘᅧ 블고ᄆᆞᆯ<법화3:58a>
- 燈을 ᅘᅧ 블고ᄆᆞᆯ<능엄5:41a>

ㄴ. ᄮᅡ히(사나이)

- 겨지븨 소리 ᄮᅡ히 소리<석상19:14b>

ㄷ. ᄣᅴ(帶)

• 帶(대)ᄂᆞᆫ ᄣᅴ라 ᄊᆞᅵ라<월석14:68a>

먼저 'ㆅ'의 경우, 음성학적으로 /ㅎ/(/h/)의 된소리를 상정하기 어렵다. 즉 음성학적으로 /h/의 된소리가 존재할 수 없다. /ㅎ/는 성대를 펴서 내는 소리이고, 된소리는 성대를 긴장시켜서 내는 소리인데, 성대를 펴면서 동시에 긴장시키는 것은 물리적으로는 불가능하다. 그렇기 때문에 'ㆅ'이 실제 /ㅎ/의 된소리를 나타낸 것이 맞느냐 하는 논란이 있다. 중세국어에서 'ㆅ'은 (36ㄱ)의 'ᅘᅧ-'에서 확인할 수 있는데, 같은 시기에 '혀-'로도 나타난다. 'ᅘᅧ다~혀다'처럼 두 표기가 중세국어에 같이 나타난다는 사실은 'ㆅ'을 된소리로 해석하기 어렵게 한다. 'ㆅ'이 'ㅎ'과 변별되는 음소였다면, 'ᅘᅧ다~혀다'와 같이 표기가 혼란스럽게 나타나지 않았을 것이기 때문이다. 중세국어에서 'ㆅ'으로 표기되던 것에는 'ᅘᅧ다', 'ᅘᅧᆯ믈' 등이 있는데, 이에 대응하는 현대국어는 '켜다', '썰물'이다(ᅘᅧ다 > 켜다, ᅘᅧᆯ믈 > 썰물).

'ᄮ'의 경우 비음 /ㄴ/의 된소리는 음성학적으로 있을 수 없는 소리이므로, 어쨌든 'ᄮ'을 /ㄴ/의 된소리라고 할 수는 없다. 그런데 (36ㄴ)의 'ᄮᆞᄒᆡ'에 대응되는 현대국어 어휘가 '사나이'라는 사실을 들어 'ᄮ'이 ㅅ계 합용병서이지만 예외적으로 자음군 /sn/였다고 보기도 한다. 앞서 ㅅ계 합용병서는 된소리를 나타낸다고 하였다. 'ᄹ'의 경우도 ㅅ계 합용병서이지만 /ㅌ/의 된소리가 있을 수 없다. 그래서 'ᄹ' 역시 자음군 /st^h/라고 보는 견해도 있다.

그런데 'ᄮ'의 예는 (36ㄴ)의 'ᄮᆞᄒᆡ' 외에 찾을 수 없으며, 15세기 국어 문헌 자료에서 나타나는 횟수도 단 1회이다. 'ᄹ'의 경우에도 15세기 국어 문헌 자료에서 (36ㄷ)의 'ᄹᅴ' 외에 'ᄹᅡ해<구간3:9b>'가 있는데, 각각 1회씩만 나타난다. 그 예가 너무 적고, 예외적인 수준이기 때문에 'ᄮ', 'ᄹ'을 음운론적으로 자음군이라고 말하기는 어렵다. 그래서 'ᄮ', 'ᄹ'은 실제 음운론적 내용이 있는 것이 아니라, 일종의 오각, 즉 목판에 글자를 새기는 각수가 글자를 잘못 새긴 것으로 본다.

다음으로 연서에 대해 살펴보자. 연서를 직역하면 이어서 쓰기인데, 순음 /ㅂ, ㅍ, ㅃ, ㅁ/ 아래 'ㅇ'을 이어서 쓴 자를 이른다. 중세국어의 문헌은 세로쓰기 방식, 즉 종서이다. 종서이니까 이어서 쓰는 것은 아래에 쓰는 것이다. (37)은 연서에 대한 훈민정음의 기술을 그대로 가져온 것이다.

(37) ㄱ. ㅇ連書脣音之下則爲脣輕音<해례 예의>

(ㅇ연서순음지하즉위순경음)

ㄴ. ㅇᄅᆞᆯ입시울쏘리아래니ᅀᅥ쓰면입시울가ᄇᆡ야ᄫᆞᆫ소리ᄃᆞ외ᄂᆞ니라<훈언>

(38) **ㅸ ㆄ ㅹ ㅱ**

순음은 ‘ㅂ, ㅍ, ㅃ, ㅁ’ 4개이므로, 이 순음 아래 ‘ㅇ’을 이어서 쓴 순경음 역시 (38)의 4개이다. 4개의 순경음 중에서 고유어 표기에는 ‘ㅸ’만이 쓰였다. 그러면 ‘ㆄ, ㅹ, ㅱ’은 왜 만들었는가? ‘ㆄ, ㅹ, ㅱ’은 『東國正韻』의 한자음 표기를 위해 만든 것이다. 그래서 ‘ㆄ, ㅹ, ㅱ’은 고유어 표기에는 전혀 나타나지 않고, 『동국정운』식 한자음 표기에만 나타난다.

참고로 『동국정운』의 한자음은 실제 15세기 당시 명나라의 한자음도 아니고, 그렇다고 15세기 당시 우리나라의 한자음도 아닌 음이었다. 우리나라의 한자음 유입 시기에 대해서는 4세기 수나라 한자음을 받아들였다는 주장과, 6세기 당나라 장안음을 받아들였다는 주장 등이 있는데, 4세기 수나라로부터 유입되었다는 설에 힘이 실리고 있다. 우리나라의 한자음은 유입 당시의 4세기 중국 한자음을 변화 없이 그대로 유지하고 있다. 반면 정작 중국의 한자음은 원나라 때, 대략 13세기를 전후해서 급격한 변화가 있었다. 그래서 당시 중국의 한자음과 우리나라의 한자음이 서로 많이 달랐는데, 세종은 이러한 차이를 잘 알고 있었던 사람 중의 한 명이다. 그래서 세종은 중국과 우리나라 양국이 모두 소통할 수 있는 운서의 편찬을 명하게 되는데, 이렇게 만들어진 것이 『동국정운』이다. 『동국정운』의 한자음을 이상적 한자음이라고 하는 이유가 바로 여기에 있다. 즉 그것은 중국의 현실 한자음도 아니고, 그렇다고 우리나라의 현실 한자음도 아닌, 두 나라의 한자음을 아우를 수 있는 한자음이기 때문이다. 다시 말해 실재하는 한자음이 아니기 때문이다.

그래서 중세국어 당시의 실제 우리나라 한자음을 현실 한자음이라고 하여 『동국정운』식 한자음과 구분한다. ‘世솅宗종御ᅌᅥᆼ製졩訓훈民민正졍音ᅙᅳᆷ’이 바로 전형적인 『동국정운』식 한자음 표기이다. 동국정운식 한자음 '솅종엉졩훈민졍ᅙᅳᆷ'을 15세기 국어 현실 한자음으로 표기하면 '세종어제훈민정음'이다.

지금까지 훈민정음의 자음의 제자에 대해 살펴보았다. 이를 현대국어의 조음 위치와 조음 방식에 따른 자음체계에 맞게 배치하면 (39)와 같다. 훈민정음의 자음체계라고 한 것은 15세기 국어의 실제 현실 자음체계와 훈민정음의 자음체계가 같지 않기 때문이다. 그래서 15세기 국어의 자음체계, 훈민정음의 자음체계 이렇게 구분하여 부른다. 전탁자를 음영으로 표시한 것은 해례 28자의 초성 17자가 아니기 때문에 초성 17자와 구분한 것이다.

(39) 훈민정음의 자음체계

	脣(순)	齒(치)	舌(설)	牙(아)	喉(후)
全清(전청)	ㅂ	ㅅ　ㅈ	ㄷ	ㄱ	ㆆ
次清(차청)	ㅍ	ㅊ	ㅌ	ㅋ	ㅎ
全濁(전탁)	ㅃ	ㅆ　ㅉ	ㄸ	ㄲ	ㆅ
不清不濁(불청불탁)	ㅁ		ㄴ	ㆁ	ㅇ
半齒(반치)		ㅿ			
半舌(반설)			ㄹ		

현대국어의 관점에서 볼 때 해석이 어려운 부분이 치음 /ㅅ, ㅈ/의 조음 위치이다. /ㄷ/의 조음 위치가 현대국어에서 치조음이다. 그러니까 조음 위치를 앞쪽에서부터 '순-치-설-아-후'의 순서로 배열한 것에 따라 해석하면, 치음의 조음 위치는 순음(양순음)의 뒤이고, 설음(치조음)의 앞이다. 치음의 조음 위치와 관련하여 /ㄷ/와 마찬가지로 중세국어 당시에 치조에서 조음되는 소리, 즉 치조음으로 보기도 한다. 이는 치음과 설음이 실제로는 조음 위치상 구분이 되지 않고 같은 자리에서 조음되었다고 보는 것이다. 그러나 훈민정음의 기술을 그대로 따른다면, 치음은 설음 /ㄷ/의 앞쪽이고, 설음 /ㄷ/의 조음 위치가 치조이니까 치음은 치조음보다 앞쪽에서 조음된 소리라고 보아야 한다.

2.3.2.2. 모음의 제자 원리와 훈민정음의 모음체계

모음 자(字)의 제자 원리 역시 기본적으로는 상형이다. 모음의 기본자인 'ㆍ, ㅡ, ㅣ'는 순서대로 '천(天)', '지(地)', '인(人)'을 상형하였다. 자음의 기본자 'ㄱ, ㄴ, ㅁ, ㅅ, ㅇ'은 조음기관의 모양이라는 구체적인 대상을 상형한 것에 비해, 모음의 기본자의 상형 대상은 천, 지, 인이라는 추상적인 대상이다. 그래서 모음 자(字)의 상형을 추상적 상형이라고 한다.

해례 28자에서 자음 자(字) 17자를 뺀 모음 자(字) 11자 중에서 상형자 'ㆍ, ㅡ, ㅣ'를 제외한 8자, 'ㅗ, ㅏ, ㅜ, ㅓ, ㅛ, ㅑ, ㅠ, ㅕ'는 '출(出)'의 개념으로 설명하였다. 즉 'ㅗ, ㅏ, ㅜ, ㅓ'는 초출자(初出字), 'ㅛ, ㅑ, ㅠ, ㅕ'는 재출자(再出字)이다. 그런데 '출(出)'은 제자의 원리는 아니다. 그래서 해례 28자의 제자 원리가 무엇이냐고 물을 때 상형과 가획이라고 하고, '출(出)'을 포함하지는 않는다.

(40)

	象形 (상형)	기본자	舌 (설)	聲 (성)
陽(양)	天(천)	ㆍ	縮 (축)	深 (심)
陰(음)	地(지)	ㅡ	小縮 (소축)	不深不淺 (불심불천)
中(중)	人(인)	ㅣ	不縮 (불축)	淺 (천)

	初出字 (초출자)	再出字 (재출자)
陽(양)	ㅗ ㅏ	ㅛ ㅑ
陰(음)	ㅜ ㅓ	ㅠ ㅕ

이렇게 만든 모음 자(字) 11자가 나타내는 내용, 즉 소리의 특성은 '축(縮)'과 '심천(深淺)', '음양(陰陽)', '축장(蹙張)'으로 설명하고 있다.

먼저 /ㆍ, ㅡ, ㅣ/가 나타내는 소리에 대해서는 '축(縮)'과 '심천(深淺)'으로 설명하고 있다. '축(縮)'은 '혀의 오그라듦'의 정도, 즉 수축 정도를 나타내는 개념이고, '심천(深淺)'은 소리의 청각적 인상을 나타내는 개념이다. 혀를 가장 수축시켜서 조음하는 소리가 /ㆍ/이고, 혀를 수축하지 않고 조음하는 것이 /ㅣ/이다. 그리고 가장 깊은 소리가 /ㆍ/이고, 가장 얕은 소리가 /ㅣ/이다. 초출자와 재출자에 대해서는 '축(縮)'과 '심천(深淺)'에 대해 직접적으로 언급되어 있지 않다.

음양(陰陽)으로도 11자를 구분하는데, 'ㆍ, ㅗ, ㅏ, ㅛ, ㅑ'는 양(陽)이고, 'ㅡ, ㅜ, ㅓ, ㅠ, ㅕ'는 음(陰)이다. /ㅣ/는 음양에 대해서 중립적이다.

'축장(蹙張)'에 의한 구분은 (41)과 같다.

(41) ㄱ. 구축(口蹙): ㅗ ㅜ ㅛ ㅠ
ㄴ. 구장(口張): ㅏ ㅓ ㅑ ㅕ

구축과 구장은 현대 음운론의 [±round]([±원순성]) 자질의 개념과 일치한다. 즉 구축은 [+round] 자질, 구장은 [−round] 자질에 대응된다.

재출자 'ㅛ, ㅑ, ㅠ, ㅕ'가 나타내는 내용, 즉 소리의 특성에 대해서는 '기어ㅣ(起於ㅣ)'로 설명하고 있다. 직역하면 /ㅣ/에서 출발한다는 뜻인데, 이는 현대 음운론의 반모음 /y/의 특성이다. 그래서 'ㅛ, ㅑ, ㅠ, ㅕ' 4자는 단모음을 나타내는 자(字)가 아니라, /y/계 상향 이중모음 /yo, ya, yu, yə/를 나타내는 자(字)였다. 그래서 중성 11자에 속해 있기는 하지만, 단모음을 나타내는 /ㆍ, ㅡ, ㅣ, ㅗ, ㅏ, ㅜ, ㅓ/ 7자와는 그 성격이 다르다.

모음 자(字) 11자를 2차적으로 운용하여 자(字)를 만드는 방식이 '합용(合用)'과 'ㅣ상합(ㅣ相合)'이다. '합용자(合用者)'와 'ㅣ상합자(ㅣ相合者)'에서 보듯이 글자를 뜻하는 '자(字)'를 쓰지 않고, '者'를 썼다. 그래서 '이자합용자(二字合用者)', 'ㅣ상합자(ㅣ相合者)'를 직역하면, '두 자를 합용한 것', 'ㅣ와 합한 것'이 된다.

(42)

ㄱ.	二字合用者 (이자합용자)	ᅪ, ᆦ, ᅯ ᆑ (4자)
ㄴ.	ㅣ相合者 (ㅣ상합자)	一字中聲之與ㅣ相合者十(일자중성지여ㅣ상합자십)[13] ᆝ ㅢ ㅐ ㅔ ㅚ ㅟ ㅒ ㅖ ᆈ ᆔ (10자)
		二字中聲之與ㅣ相合者四(이자중성지여ㅣ상합자사) ㅙ ㅞ ᆧ ᆒ (4자)

'이자합용자'는 'ㅗ'와 'ㅏ'를 합해서 'ㅘ'처럼 만드는 방식인데, 두 자를 합친 것이므로 합용이다. 'ㅣ상합자'도 모음자 11개 중에서 'ㅣ'를 뺀 10자와 'ㅣ'자를 서로 합한 것인데, 합용을 넓게 해석하면 'ㅣ상합자'도 합용에 해당한다고 할 수 있다. 그러나 'ㅣ상합'과 구분하여 '합용'이라고 할 때는 (42ㄱ)만을 가리킨다.

'ㅣ상합자'를 현대 음운론의 개념으로 풀어내면, /y/계 하향 중모음에 해당한다. 즉 'ㅐ'는 /ay/, 'ㅚ'는 /oy/처럼 하향 이중모음이고, 'ㅙ'는 /way/처럼 하향 삼중모음이다.

2.4. 차자 표기[14]

향찰, 이두, 구결 모두 한자를 빌려서 우리말을 표기한 차자 표기이다. 한자는 글자 하나가 음절인 음절 문자이면서 또한 글자 하나가 뜻을 가지고 있는 뜻 문자이다. 즉 한자 글자 하나는 훈과 음으로 이루어져 있다. 언어가 내용과 형식의 결합이라고 할 때 내용에 해당하는 것이 의미 부분인 훈이고, 형식에 해당하는 것이 음(音), 자

13. '一字中聲之與ㅣ相合者十'은 해례 28자의 모음 11자에서 ㆍ를 제외한 나머지 10자에 ㅣ를 결합시킨 것이라는 뜻이고, '二字中聲之與ㅣ相合者四'는 (42ㄱ)의 '이자합용자'에 ㅣ를 결합시킨 것이라는 뜻이다. 이들 자(字)가 나타내는 내용, 즉 소리는 모음에 ㅣ를 결합시켰으므로 현대 음운론의 개념으로는 /y/계 하향 중모음에 해당한다. 중모음이라고 한 것은 이중모음뿐만 아니라 삼중모음도 있기 때문이다.

14. '2.4. 차자 표기' 부분은 『문법하고 싶은 문법』(신승용·안윤주 공저, 2020, 역락, pp.391~394)에서 인용하였다.

(字)이다. 예컨대 한자 '名'을 '이름 [명]'이라고 하는데, 이때 훈에 해당하는 '이름'이 내용이고, 음에 해당하는 [명]과 글자 '名'이 형식이다.

내용과 형식이 결합된 것으로써의 한자를 쓰는 것은 한자를 그대로 쓰는 것이지, 한자를 빌려서 쓰는 것이 아니다. 한자를 빌려서 썼다는 것은, 한자 한 글자에 결합된 훈만 빌리거나 아니면 음만 빌려서 우리말을 나타낸 것을 이른다.

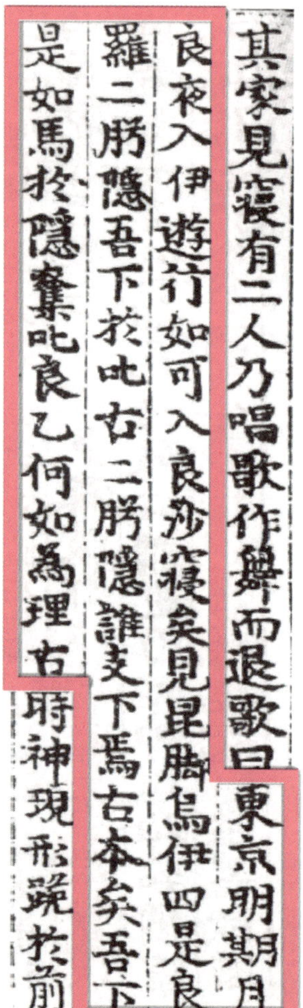
其家見寢有二人乃唱歌作舞而退歌曰東京明期月
良夜入伊遊行如可入良沙寢矣見昆脚烏伊四是良
羅二肹隱吾下於叱古二肹隱誰支下焉古本矣吾下
是如馬於隱奪叱良乙何如爲理古時神現形跪於前

처용가 부분
향찰 표기 부분

왼쪽 그림에서 네모 친 부분이 『삼국유사』에서 향가 <처용가>에 해당하는 부분이다. 그냥 보면 한문인지 향찰인지 알 수 없지만, 한문을 해석하고 향찰 부분을 읽어 보면 향가라는 것을 알 수 있다. '唱歌作舞而退(창가작무이퇴)'를 해석하면, "노래를 부르고 춤을 추고 물러가면서 노래를 불렀다."이다. 그러고 나서 '東京明期月(해독: 동경 밝은 달)'로 시작하니까, 여기서부터 향가라는 것을 알 수 있다. 왜냐하면 여기서부터 네모 친 마지막 부분 '何如爲理古(해독: 엇디 ᄒᆞ릿고)'까지를 한문으로 해석하면 전혀 의미가 파악되지 않기 때문이다.

향가도 차자 표기의 한 방식이므로 훈을 차용하거나 음을 차용하는 방식으로 우리말을 나타냈다. 처용가의 한 부분을 통해 살펴보자.

(43) **夜入**伊**遊行**如可<처용가>
밤드리(**밤 들**+이) 노니다가(**놀니**+다가)

진하게 밑줄 친 부분이 훈을 차용한 것이고, 나머지 글자들은 음을 차용한 것이다. '밤드리(밤들이)'에 대한 향찰 표기 '夜入伊'의 표기 방식을 보면 아래와 같다.

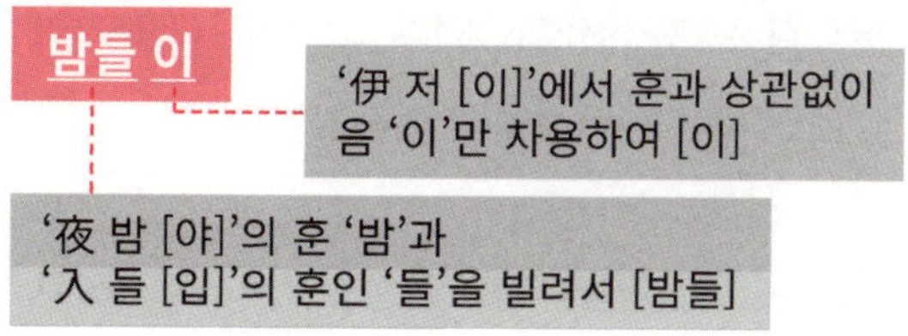

향찰은 향가 표기에 쓰인 차자 표기 방식인데, 현재 향가는 25수가 전해지니까, 향찰 표기는 향가 25수에서만 확인할 수 있다.

이두는 한문과 다르지만, 향찰처럼 한문과 무관하지도 않다. 즉 이두는 한문의 문장을 기반으로 하고 있다. 하지만 한문과 달리 한문의 어순을 우리말의 어순으로 바꾸고, 우리말의 조사와 어미를 한자를 빌려서 표기한 것이다. 이때 조사와 어미를 나타낸 차자를 따로 이두자(吏讀字)라고 한다. 즉 이두문은 이두라는 차자 표기 방식으로 된 글을 이르고, 이두자는 조사와 어미를 나타낸 차자를 이른다. 이두문은 한문과는 다르지만, 한문과 완전히 무관한 것도 아닌, 한문을 우리말에 맞게 수정, 변용한 것이다.

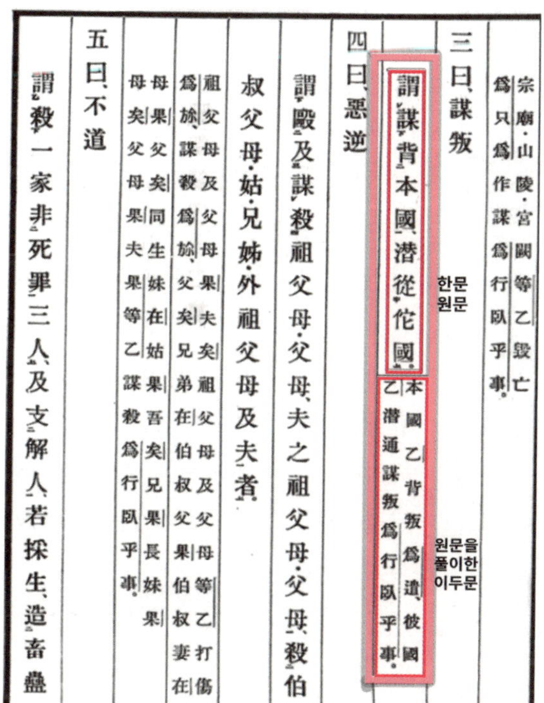
宗廟·山陵·宮闕等乙毁亡
爲只爲作謀爲行臥乎事
三曰 謀叛
謂謀背本國潛從他國
本國乙背叛爲遣彼國
乙潛通謀叛爲行臥乎事
四曰 惡逆
謂毆及謀殺祖父母·父母·夫之祖父母·父母 殺伯
叔父母·姑·兄姊·外祖父母及夫者
祖父母及父母果夫矣祖父母及父母等乙打傷
爲旀謀殺爲旀父矣兄弟在伯叔父果伯叔妻在
母果父矣同生妹在姑果吾矣兄果長妹果
母矣父母果夫果等乙謀殺爲行臥乎事
五曰 不道
謂殺一家非死罪三人及支解人若採生造畜蠱

왼쪽은 『大明律』이라는 중국 명나라 법전을 이두로 언해한 『대명률직해』의 일부분이다. 네모 친 전체에서 윗부분의 큰 글자로 된 부분이 한문 원문이고, 아래의 작은 글자로 된 부분이 이두로 언해한 부분이다.

(44) 本國乙 背叛**爲遣** 彼國乙潛通謀叛**爲行臥乎事**<대명률직해>

[번역] 본국을 배반하고 타국을 잠통모반ᄒᆞ니누온 일

(44)에서 밑줄 부분 '乙'과 '爲遣', '爲行臥乎事'가 우리말을 표현한 부분이고, 다른 부분은 한문 원문이다. 그런데 잘 보면 한문 원문과 이두문에 있는 한문 부분의 어순이 다르다는 것을 확인할 수 있다. 즉 원문에서는 '謨背本國'의 '서술어-목적어' 어순인데, 이두문에서는 '本國乙背叛'처럼 우리말의 어순인 '목적어-서술어' 어순이다. 이처럼 이두문은 한문의 문장 구조인 '주어-서술어-목적어' 어순을 우리말의 어순인 '주어-목적어-서술어' 어순으로 바꾸고, 음이나 훈을 빌린 한자로 우리말의 조사와 어미를 함께 표기한 차자 표기이다.

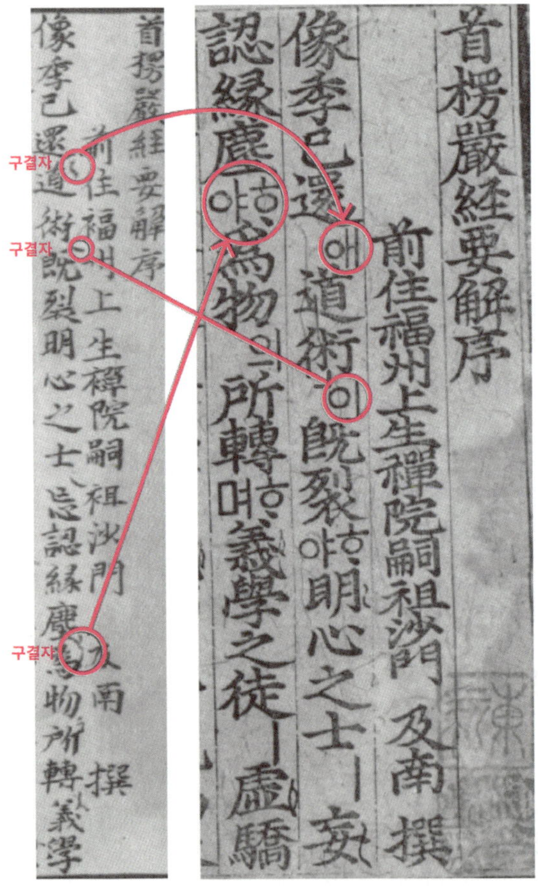

마지막으로 구결은 한문 원문을 읽을 때 의미 단위나 호흡 단위로 끊어 읽는데, 이렇게 끊어 읽는 사이사이의 우리말을 한자의 음이나 훈을 빌려서 표기한 것을 이른다. 왼쪽이 『능엄경』 원문의 일부이고, 오른쪽이 이를 언문으로 언해한 『능엄경언해』의 일부이다. 왼쪽에서 동그라미 친 부분이 구결자인데, 한문 원문을 그대로 두고 오른쪽 하단에 가는 붓으로 작게 덧붙여 써서 나타내었다는 것을 확인할 수 있다. 이 구결자와 오른쪽 『능엄경언해』의 언문 표기가 서로 대응되는데, 이를 통해서 구결자가 어떤 소리로 읽혔는지를 파악할 수 있다.

(45)는 『능엄경』의 일부를 가져온 것이다.

(45) 我常不開演ソ又亽<능엄경>

我常不開演**ᄒᆞ노라**<능엄경언해>

(45)에서 진하게 밑줄 친 부분 'ソ又亽'가 구결자이고, 이 구결자의 우리말은 'ᄒᆞ노라'이다.

구결자 중 '乙(을)'처럼 일부는 한자를 그대로 활용하기도 하였지만, 'ソ'처럼 많은 경우 한자의 특정 부분만을 활용하여 나타내었다. 즉 'ソ(ᄒᆞ)'는 '爲'자의 부수 부분을 활용한 구결자이다.

3장.
음운사

3.1. 자음체계와 자음의 변화

3.1.1. 중세국어 현실 자음체계

훈민정음의 자음체계와 중세국어의 현실 자음체계는 같지 않다. 훈민정음의 자음체계를 곧 중세국어의 자음체계로 오인하는 경우가 없지 않다. 훈민정음의 제자가 중세국어, 정확히는 15세기 당시의 국어 현실음에 바탕을 둔 것은 맞지만, 정확히 국어만을 위한 것은 아니다. 『동국정운』(1448년)의 한자음 표기도 염두에 두고 제자를 하였다. 그렇기 때문에 훈민정음의 자음체계가 곧 중세국어의 실제 자음체계, 즉 현실 자음체계는 아니다.

(1)은 중세국어의 현실 자음체계이다. 중세국어 현실 자음체계와 (2)의 훈민정음의 자음 체계가 혼동되지 않게 주의해야 한다.

(1) 중세국어 현실 자음체계

조음 위치 / 조음 방법	순음 (양순음)	치음		설음 (치조음)	아음 (연구개음)	후음
평음	ㅂ p	ㅅ s	ㅈ ʦ	ㄷ t	ㄱ k	[ㆆ] ʔ
거센소리	ㅍ p^h		ㅊ $ʦ^h$	ㅌ t^h	ㅋ k^h	ㅎ h
된소리	ㅲ p'	ㅆ s'	ㅶ ʦ'	ㅳ t'	ㅺ k'	
비음	ㅁ m			ㄴ n	ㆁ ŋ	([ㅇ]) ɦ
순경음	ㅸ β					
반치음		ㅿ z				
반설음				ㄹ l		

※ 한글 자모 옆에 있는 기호는 국제음성기호이다.

(2) 훈민정음의 자음체계

	脣(순)	齒(치)		舌(설)	牙(아)	喉(후)
全淸(전청)	ㅂ	ㅅ	ㅈ	ㄷ	ㄱ	ㆆ
次淸(차청)	ㅍ		ㅊ	ㅌ	ㅋ	ㅎ
全濁(전탁)	ㅃ	ㅆ	ㅉ	ㄸ	ㄲ	ㆅ
不淸不濁 (불청불탁)	ㅁ			ㄴ	ㆁ	ㅇ
半齒(반치)		ㅿ				
半舌(반설)				ㄹ		

훈민정음의 자음체계와 중세국어 현실 자음체계의 차이는 다음과 같다.

첫째, 훈민정음의 자음체계에는 /ㅸ/가 없지만, 현실 자음체계에는 /ㅸ/가 포함된다. 즉 중세국어에 /ㅸ/가 음소로 존재하였다. 훈민정음 자음체계에서 /ㅸ/가 빠진 이유는 '전청-차청-불청불탁-전탁' 어디에도 /ㅸ/가 들어갈 자리가 없기 때문이다.

둘째, 훈민정음의 자음체계는 후음 역시 다른 조음 위치와 마찬가지로 '전청-차청-불청불탁-전탁'이 모두 갖추어진 체계이지만, 중세국어 현실 자음체계에서 'ㆅ'은 음소로 기능했다고 보지 않는 것이 일반적이다. 'ㆅ'은 /ㅎ/의 된소리가 되는데, 거센소리이면서 된소리인 것은 음성학적으로도 양립 불가능하다.

'ㆅ'이 실제 중세국어에서 음소로 기능했다고 보는 일부 견해가 있지만, (3)에서 보듯이 15세기 당시에 이미 'ㅎ'과 혼기되어 나타나기 때문에 음소로 보는 것은 무리가 있다.

(3) ㄱ. 블 ᅘᅧ리이다<월석7:54-2b> ~ 블 혀고<월석9:53a>

ㄴ. 引(인)ᄋᆞᆫ ᅘᅧᆯ씨니<월석11:49a> ~ 引(인)ᄋᆞᆫ 혈씨니<능엄1:5a>

다만 현대국어에서 'ᅘᅧ다'는 '켜다'에, 'ᅘᅧᆯ믈'은 '썰물'에, 즉 중세국어 'ㆅ'이 현대국어에서 /ㅋ/나 /ㅆ/에 대응된다. 반면 중세국어 /ㅎ/가 현대국어에서 /ㅋ/나 /ㅆ/로 대응되는 예는 없다. 그래서 'ㆅ'가 /ㅎ/와 다른 어떤 소리를 나타내는 문자였을 가능성이 완전히 배제되지는 않는다.

이제 본격적으로 중세국어 자음체계에서 현대국어로 오는 동안의 자음체계의 변화에 대해 살펴보자. (4)는 현대국어의 자음체계이다. 중세국어 자음체계인 (1)과 비교하면서 자음체계의 변화를 살펴보자.

(4) 현대국어 자음체계

조음 위치 / 조음 방법	양순음	치조음	경구개음	연구개음	후음
평음	ㅂ p	ㅅ s ㄷ t	ㅈ ʧ	ㄱ k	
거센소리	ㅍ p^h	ㅌ t^h	ㅊ $ʧ^h$	ㅋ k^h	ㅎ h
된소리	ㅃ p'	ㅆ s' ㄸ t'	ㅉ ʧ'	ㄲ k'	
비음	ㅁ m	ㄴ n		ㅇ ŋ	
유음		ㄹ l			

자음체계의 변화를 얘기하기 전에 된소리 표기에 대해 잠깐 짚고 넘어갈 필요가 있다. 훈민정음의 제자는 일자일음(一字一音)이 원칙이었지만, 된소리를 나타내는 기호는 두 가지였다. 즉 ㅅ계 합용병서와 각자병서 두 종류의 자(字)로 된소리를 나타

내었다. 이 중에서 (5)처럼 ㅅ계 합용병서가 주된 된소리 표기였고, 다만 (6ㄴ)처럼 관형사형 어미 '-ᄋᆞᆯ/을' 뒤라는 환경에서만 각자병서로 된소리를 나타내었다.

(5) ᄭᅮᆷ(> 꿈), ᄯᅩᇰ(> 똥) , ᄶᅡᆨ(> 짝), ᄲᅮᆯ(> 뿔)

(6)

ㄱ.	ㄴ.
갈ᇙ 길	갈 낄
ᄒᆞᇙ 배	ᄒᆞᆯ 빼

관형사형 어미 뒤에 체언이 올 때의 표기는 (6ㄱ)이거나 (6ㄴ) 둘 중의 하나였다. 즉 (6ㄱ)처럼 '-ᄋᆞᇙ/읋 + 평음'으로 표기하거나 (6ㄴ)처럼 '-ᄋᆞᆯ/을 + 각자병서' 둘 중의 하나였다. 그러다가 『원각경언해』(1465년) 이후부터는 고유어에서의 각자병서 표기가 폐기되면서 고유어 표기에서는 각자병서가 사라지게 된다. 그 결과 『원각경언해』 이후부터는 '갈 길', 'ᄒᆞᆯ 배'와 같은 표기가 나타난다.

본격적으로 중세국어 자음체계와 현대국어 자음체계를 비교해 보자. 중세국어 자음체계와 현대국어 자음체계를 비교할 때 차이가 나는 부분은 크게 5가지 정도로 정리할 수 있다.

(7) 가) 자음체계에서 /ㅸ/가 소멸되었다. /ㅸ/가 /w/로 변화하였는데, 결과적으로 /ㅸ/는 자음체계 내에서 사라졌다.

나) /ㅿ/가 소멸되었다. /ㅿ/는 다른 음소로 변화하지 않고 ø로 소멸되었다.

다) 'ㆆ[ʔ]'가 소멸되었다. 'ㆆ[ʔ]'는 '-읋'처럼 관형사형 어미에서만 나타나던 소리였는데, 중세국어 이후 소멸되었다.

라) /ㅈ, ㅊ, ㅉ/의 조음 위치가 설음(치조음)의 앞쪽인 치음에서 치조음의 뒤인 경구개 위치로 조음 위치를 이동하는 변화가 일어났다.

마) 'ㅇ[ɦ]'에 대한 해석 문제이다. 유성 후두 마찰음 [ɦ](표기상 'ㅇ')이 중세국어에 음소로 존재했다고 보면, /ɦ/ > ø 변화도 추가된다. 16세기 이후부터는 '몰애'에서 종성의 /ㄹ/가 연철된 '모래'가 나타난다.

3.1.2. 자음 음운의 변화

가) ㅸ/β/ > w

/ㅸ/는 /w/로 변화했다고 보는 것이 일반적이다. /ㅸ/가 /w/가 아니라 /u/로 변했다는 견해도 있지만, /w/로 변했다고 보는 것이 우세하다. /ㅸ/ > /w/ 결과 /ㅸ/는 소멸되었다.

(8) ㄱ. 글ᄫᅡᆯ<용가26장> > 글왈 > 글월
ㄴ. 치ᄫᅱ<월석25:15b> > 추위
ㄷ. 사ᄫᅵ<해례56> > 새우

(8)의 '글ᄫᅡᆯ/kɨlβal/ > 글왈/kɨlwal/'에서 보듯이 '/ㅸ/ > /w/'를 확인할 수 있다. 체언의 경우에는 체언 내부에서의 변화 양상이 복잡하여 '/ㅸ/ > /w/' 변화를 확인하기 쉽지 않지만, 용언의 활용형에서는 이를 분명히 확인할 수 있다.

(9ㄱ)은 15세기 국어에서의 활용형이고, (9ㄴ)은 현대국어에서의 활용형이다.

(9)

ㄱ. 15세기 국어	덥다	덥고	더ᄫᅳ니	더ᄫᅥ(서)
ㄴ. 현대국어	덥다	덥고	더우니	더워(서)

'더ᄫᅥ/təβə/ > 더워/təwə/'에서 보면 정확이 /β/ > /w/ 변화를 확인할 수 있다. 그런데 '더ᄫᅳ니/təβɨni/ > 더우니/təuni/'에서는 /ㅸ/ > /w/를 직접적으로 확인할 수 없다. 그래서 '더ᄫᅳ니 > 더우니'를 통해 /ㅸ/ > /u/ 변화를 가정하기도 한다. /β/ > /w/ 변화를 가정할 경우 '더ᄫᅳ니 > 더우니'는 /ㅸ/ > /w/ 변화에 의해 'βɨ → wɨ'가 된 후, 'wɨ → u'라는 공시적인 교체를 겪은 것으로 본다. 반면에 /β/ > /u/를 가정하는 경우에는 '더워/təwə/'를 'təβə > təuə'로 변화한 후 /u/가 반모음화(활음화)되는 공시적인 교체에 의해 'təuə → təwə'가 된 것으로 설명한다.

현대국어의 /ㅂ/ 불규칙 활용 어간들(곱다, 돕다, 춥다, 외롭다 등)은 중세국어에서는 모두 (9ㄱ)처럼 활용을 하였다. 즉 중세국어에서는 이들 모두 규칙 활용을 하는 어간이었다. (9ㄱ)에서 기저형을 /더ᇦ-/으로 잡기도 하고, /덥-/으로 잡기도 하는데, 기저형을 어느 것으로 잡든 교체형을 중세국어 당시의 공시적인 음운 규칙으로 설명할 수 있다.

A: /더ᇦ-/을 기저형으로 보는 경우
- '덥다, 덥고'는 무성 자음 앞에서 'ㅸ → ㅂ' 교체
- '더ᄫᅳ니, 더ᄫᅥ'는 연음이므로 교체가 없음

B: /덥-/을 기저형으로 보는 경우
- '덥다, 덥고'는 교체가 없음
- '더ᄫᅳ니, 더ᄫᅥ'는 모음 앞에서 'ㅂ → ㅸ' 교체

그런데 중세국어에서는 '닙다', '잡다', '업다', '좁다', '집다'처럼 모음 앞에서도 항상 /ㅂ/로만 실현되는 /ㅂ/ 말음 어간들이 있었다.

(10) ㄱ. 닙고<월석15:56a>, 니브니<두시5:38a>, 니버<월석10:120b>
ㄴ. 잡고<석상3:19b>, 자ᄇᆞ니<월석23:79a>, 자바<월석23:66a>

(10)의 존재는 중세국어에서 '덥고, 더ᄫᅳ니, 더ᄫᅥ'로 활용하는 어간의 말음을 /ㅸ/로, 즉 기저형을 A처럼 /더ᇦ-/으로 설정할 때 설명의 부담이 적다. 만일 B처럼 기저형을 /덥-/으로 보고, '더ᄫᅳ니'를 'ㅂ → ㅸ'로 설명할 경우, (10)에서 어간 말음 /ㅂ/가 모음 앞에서 'ㅂ → ㅸ'로 교체하지 않는 것을 설명하기 어렵기 때문이다.

현대국어에서 '더우니, 더워'는 중세국어 '더ᄫᅳ니, 더ᄫᅥ'에서 /ㅸ/가 /w/로 변화한 것이다. 현대국어에서 /ㅂ/ 불규칙 용언들은 모두 평행한 변화를 겪은 것이다.

참고로 중부방언을 제외한 여러 방언에서는 중세국어 'ㅸ/β/'가 /ㅂ/로 반사된다. 즉 /ㅂ/ 불규칙 용언들이 이들 방언에서는 '덥다, 덥고, 더브니, 더버'로 규칙 활용을 한다.

나) ㅿ/z/ > ø

'ㅿ/z/'는 ø로 변화하였다.

(11) ㄱ. ᄀᆞᅀᆞᆶ(ᄀᆞᅀᆞᆯ헤<두시3:35b>) > ᄀᆞ읋 > 가을

ㄴ. 여ᅀᆞ<법화2:110a> > 여ᄋᆞ > 여우

'ᄀᆞᅀᆞᆶ'은 /ㅎ/ 종성 체언이었다. 'ᄀᆞᅀᆞᆶ'에서 ㅿ > ø 변화와 함께 비어두에서의 /ㆍ/ > /ㅡ/ 변화, 그리고 18세기 중엽 무렵에 일어난 어두에서의 /ㆍ/ > /ㅏ/ 변화, 이어서 근대국어 후기에 일어난 /ㅎ/ 종성 체언의 /ㅎ/의 소멸, 이러한 일련의 변화 과정을 거쳐 '가을'이 되었다.

(12ㄱ)은 15세기 국어에서의 활용형이고, (12ㄴ)은 현대국어에서의 활용형이다.

(12)

ㄱ. 15세기 국어	잇다	잇고	이ᅀᅳ니	이ᅀᅥ(서)
ㄴ. 현대국어	잇다	잇고	이으니	이어(서)

'이ᅀᅥ/izə/ > 이어/iə/'에서 보면 정확이 /ㅿ/ > ø 변화를 확인할 수 있다. 현대국어의 /ㅅ/ 불규칙 활용 어간들(짓다, 낫다, 붓다 등)은 중세국어에서는 모두 (12ㄱ)처럼 활용을 하였다. 그러니까 중세국어에서는 규칙 활용 어간이었다. (12ㄱ)에서 기저형을 /지ᇫ-/으로 잡기도 하고, /짓-/으로 잡기도 하는데, 기저형을 어느 것으로 잡든 교체형을 중세국어 당시의 공시적인 음운 규칙으로 설명할 수 있다.

A: /이ᇫ-/을 기저형으로 잡을 경우
- '잇다, 잇고'는 무성 자음 앞에서 'ㅿ → ㅅ' 교체
- '이ᅀᅳ니, 이ᅀᅥ'는 연음이므로 교체가 없음

B: /잇-/을 기저형으로 잡을 경우
- '잇다, 잇고'는 교체가 없음
- '이ᅀᅳ니, 이ᅀᅥ'는 모음 앞에서 'ㅅ → ㅿ' 교체

그런데 중세국어에서는 ‘벗다(脫)’, ‘솟다’, ‘싯다(씻다)’, ‘잇다(있다)’처럼 모음 앞에서도 항상 /ㅅ/로만 실현되는 /ㅅ/ 말음 어간들이 있었다.

(13) ㄱ. 벗고<능해7:83b>, 버스니<월석25:31a>, 버서<월석9:34-1a>
　　ㄴ. 솟고<두시14:9a>, 소ᄉᆞ니<두시15:44a>, 소사<월석2:75a>

(13)의 존재는 중세국어에서 ‘잇고, 이ᅀᅳ니, 이ᅀᅥ’로 활용하는 어간의 말음을 /ㅿ/로, 즉 기저형을 A처럼 /이ᇫ-/으로 설정할 때 설명의 부담이 적다. 만일 B처럼 기저형을 /잇-/으로 보고, ‘이ᅀᅳ니’를 ‘ㅅ → ㅿ’로 설명할 경우, (13)에서 어간 말음 /ㅅ/가 모음 앞에서 ‘ㅅ → ㅿ’로 교체하지 않는 것을 설명하기 어렵기 때문이다.

현대국어에서 ‘이으니, 이어’는 중세국어 ‘이ᅀᅳ니, 이ᅀᅥ’에서 /ㅿ/가 ø로 변화한 것이다. 현대국어에서 /ㅅ/ 불규칙 용언들은 모두 평행한 변화를 겪은 것이다.

참고로 중부방언을 제외한 여러 방언에서는 중세국어 ‘ㅿ/z/’가 /ㅅ/로 반사된다. /ㅅ/ 불규칙 용언들이 이들 방언에서는 ‘잇다, 잇고, 이수면, 이사서’[1]처럼 규칙 활용을 한다.

다) ‘ㆆ[ʔ]’

‘ㆆ’은 15세기 국어에서 음소였느냐 아니였느냐부터 논란이 된다. 무엇보다 고유어의 표기에서 초성과 종성에 단독으로 쓰인 예가 없다. 그렇기 때문에 당연히 최소대립어도 없다. 다만 관형사형 어미 표기에서 ‘-ᄋᆞᆯ/을’과 함께 ‘-ᄋᆞᇙ/으ᇙ’로 나타날 뿐이다.

고유어가 아닌 한자음 표기, 즉 『동국정운』식 한자음 표기에서는 (14ㄱ)처럼 초성에 ‘ㆆ’이 쓰인 것도 있고, (14ㄴ)처럼 이영보래(以影補來)[2]의 ‘ㅭ’에서 ‘ㆆ’이 나타나

1. 경상도 방언에서의 활용 예이다.
2. 중국 운학과 관련된 명칭으로 직역하면 ‘影母(영모)’로써 ‘來母(래모)’를 도와준다는 뜻이다. 중국어에서는 원래 /ㄷ/ 종성을 가지고 있던 음이 ‘ㄷ > ㄹ’ 변화에 의해 /ㄹ/ 종성이 되었다. 『동국정운』의 한자음 표기에서 원래 /ㄹ/ 종성 한자음과 ‘ㄷ > ㄹ’ 변화에 의해 /ㄹ/ 종성이 된 한자음을 구별하기 위해 ‘ㄷ > ㄹ’의 /ㄹ/ 종성을 ‘ㅭ’으로 표기하였다.

기는 한다.

(14) ㄱ. 音 ᅙᅳᆷ, 安 ᅙᅡᆫ, 印 ᅙᅵᆫ

ㄴ. 不부ᇙ, 八바ᇙ, 日ᅀᅵᇙ, 戌슈ᇙ

관형사형 어미의 표기는 (15ㄱ)처럼 '-ᄋᆞᇙ/으ᇙ + 전청자(평음)'로 나타나기도 하고, (15ㄴ)처럼 '-ᄋᆞᆯ/을 + 각자병서(된소리)'로 나타나기도 한다. 그러다가 『원각경언해』(1465년) 이후로 고유어 표기에서 각자병서가 폐기되는 표기법의 변화가 일어났다. 그 결과 관형사형 어미 '-ᄋᆞᆯ/을 + 평음' 표기가 등장한다. 『두시언해(초간)』의 간행 연도는 1481년이다.

(15)

『원각경언해』(1465년) 이전			1465년 이후
ㄱ. -ᄋᆞᇙ/으ᇙ + 평음	ㄴ. -ᄋᆞᆯ/을 + 뒤소리		-ᄋᆞᆯ/을 + 평음
아ᄅᆞᇙ 배라<석상19:5a>	몯ᄒᆞᆯ 빼니<법화3:131b>	>	得(득)ᄒᆞᆯ 배<두초6:52a>
닐ᄋᆞᇙ 디니<월석7:70b>	볼 띠니<월석8:33b>		심굴 디니라<두초7:9a>
도라ᄋᆞᇙ 길헤<월석8:87a>	오실 낄ᄒᆞ로<월석7:10a>		도라갈 길히<두초8:13b>

일종의 잘못된 표기로 'ㆆ'이 나타난 경우도 있다. 즉 단순 오각으로 인한 것으로, 원래 속격의 '-ㅅ'이 들어가야 할 자리에 'ㆆ'이 들어간 경우이다.

(16) ㄱ. 하ᄂᆞᇙ ᄠᅳ디시니<용가4장>

ㄴ. ᄒᆞᆫ 기ᇙ 涅槃門(열반문)이라<능엄5:15a>

(16ㄱ)의 'ᄒᆞᄂᆞᆯ'과 (16ㄴ)의 '길'은 체언이다. 따라서 '하ᄂᆞᇙ', '기ᇙ'에 쓰인 'ㆆ'은 관형사형 어미와는 무관하다. (16)은 '체언 + 체언'의 구성이므로 (16ㄱ)에서 '하ᄂᆞᇙ ᄠᅳᆮ'은 원래 '하ᄂᆞᆳᄠᅳᆮ'처럼 속격 조사 '-ㅅ'으로 표기되어야 하는데, 'ㆆ'으로 잘못 표기된 것이다. (16ㄴ)의 '기ᇙ 열반문'에서 '기ᇙ'의 'ㆆ' 역시 속격 조사 '-ㅅ'을 잘못 표기한 것이다.

라) /ㅈ, ㅊ, ㅉ/의 조음 위치 이동

훈민정음의 설명을 따른다면 치음 /ㅈ, ㅊ, ㅉ/의 조음 위치는 설음 /ㄷ, ㅌ, ㄸ/의 앞쪽이다. 현대 음운론의 관점에서 설음의 조음 위치는 치조음이다. 그리고 현대국어에서 /ㅈ, ㅊ, ㅉ/의 조음 위치는 치조 위치보다 뒤쪽인 경구개이다. 중세국어에서 치음이었던 /ㅈ, ㅊ, ㅉ/의 조음 위치는 설음보다 앞쪽이니까 치조 위치보다는 앞쪽이었을 것으로 추정할 수 있다. 치조 위치였다는 주장도 있는데, 치조보다 앞쪽이든 치조 위치였든 /ㅈ, ㅊ, ㅉ/가 현대국어와 달랐다는 사실에 대해서만큼은 이견이 없다.

따라서 중세국어에서 근대국어로 오는 시기에 /ㅈ, ㅊ, ㅉ/의 조음 위치가 '치(齒)' 위치에서 현대국어와 같은 경구개 위치로의 조음 위치 이동이라는 변화가 일어났다. 이 변화는 새로운 음운 현상을 촉발하게 되는데, 그것이 바로 구개음화이다.

이는 구개음화가 18세기에 와서야 발생하는 이유를 설명해 준다. 구개음화는 구개음이 아닌 소리, 즉 /ㄷ, ㅌ, ㄸ/가 /i, y/ 앞에서 경구개음 /ㅈ, ㅊ, ㅉ/로 교체하는 현상이다. 그런데 중세국어에서는 /ㅈ, ㅊ, ㅉ/가 경구개음이 아니라 치음이었다. 즉 경구개음이 존재하지 않았다. 경구개음이 존재하지 않는데 구개음화가 일어날 수 없는 것이다. 'X화'라는 동화는 'X'의 존재를 전제한다. X가 존재하지 않는데, X화 될 수 없기 때문이다.

구개음화는 이르게 잡으면 17세기 말, 일반적으로 18세기 중엽 무렵에 발생한 것으로 본다. 구개음화의 발생은 /ㅈ, ㅊ, ㅉ/가 현대국어와 같은 경구개음으로 변화되었다는 것을 증언한다. 그러니까 /ㅈ, ㅊ, ㅉ/가 경구개 위치로 조음 위치 이동을 하는 변화는 구개음화가 발생하기 전인 적어도 18세기 중엽 이전에는 완료되었다고 할 수 있다. 이러한 조음 위치 이동이라는 변화가 일어남으로써 구개음화가 발생하게 되었다.

마) 'ㅇ'에 대한 해석 문제

15세기 국어 'ㅇ'의 음운론적 성격에 대해서는 두 가지 다른 해석이 있다.

먼저 'ㅇ'이 두 종류가 있었다는 해석부터 살펴보자. 두 종류 'ㅇ' 중 하나는 현대국어에서 초성의 'ㅇ'과 같은 'ㅇ', 즉 '아이/ai/'처럼 글자의 꼴을 갖추기 위해 표시해 주는 음가가 없는 형식 문자 'ㅇ'이다. 그리고 다른 하나는 음가를 가지고 있는 'ㅇ/ɦ/'이다. 이는 15세기 국어에서 형식 'ㅇ'이 2가지의 내용을 가지고 있었다고 보는 것이다.

음가가 있는 'ㅇ/ɦ/'의 설정 근거는 세 가지이다.

㉮ /ㄹ/, /ㅿ/가 연철되지 않은 예의 존재
㉯ /i, y/ 뒤에서 /y/ 첨가가 일어나지 않은 예의 존재
㉰ 중세국어의 'ㅇ'에 /ㄱ/로 대응되는 예의 존재

㉮에 해당하는 예가 (17)이고, ㉯에 해당하는 예가 (18), ㉰에 해당하는 예가 (19)이다.

(17)

ㄱ.	벌어지<두시17:14b>, ᄆᆞᆯ애<두시7:22a>
	달애야<법화2:206a>(> 달래다), ᄂᆞᆯ이면<월석22:54a>(> 날리다)
ㄴ.	ᄀᆞᇫ애<두시10:33b>(가위), 거ᇫ위<구간1:89b>(> 거위)
	우ᇫ이리라<금삼4:58b>(> 웃기다), 그ᇫ이시니이다[3]<월석20:42a>

(17') ㄱ. 므레<두시21:44b>(믈+에), 수를<구급방 하64a>(술+을)
ㄴ. ᄀᆞᅀᅢ<법화3:62a>(ᄀᆞᇫ+애), 지ᅀᅥ<석상13:53a>(지ᇫ- + -어)

(17)에서 보면 선행 음절 종성의 /ㄹ, ㅿ/가 후행 음절 초성으로 연음되지 않고 종성에 그대로 있다. 이에 비해 (17')에서 보면 선행 음절 종성 /ㄹ, ㅿ/가 후행 음절 초성으로 연음되었다. (17)과 (17')의 차이를 'ㅇ' 때문이라고 보게 되면, (17)의 'ㅇ'과 (17')의 'ㅇ'이 다르다고 할 수 있다. 즉 (17)에서 /ㄹ, ㅿ/가 연철되지 않는 'ㅇ'은 ø가 아니라 음가가 있는 소리 즉 /ɦ/이기 때문이고, (17')에서 /ㄹ, ㅿ/가 연철되는 것은 이때의 'ㅇ'이 음가가 없는 ø이기 때문이라고 보는 것이다.

(18)은 ㉯에 해당하는 예인데, (18)과 (18')를 비교해 보라. /i, y/ 뒤에 '오/우'가 왔는데, (18)에서는 /y/ 첨가가 일어나지 않았고, (18')에서는 /y/ 첨가가 일어났다.

3. 어간 '그ᇫ이-'는 '그ᅀᅳ-'에 사동 파생 접미사 '-이-'이 결합한 파생어이다(그ᅀᅳ- + -이- → 그ᇫ이-).

(18) ᄀᆞ리오ᄂᆞ니<월석11:29a>, ᄭᆡ오ᄂᆞᆫ<두시23:11a>, 뮈우디<월석8:16b>

(18') ᄀᆞ리욤<능엄1:104a>, ᄭᆡ욤<능엄10:3a>, 뮈윰<법화5:21a>
- ᄀᆞ리-/kʌli/ + -옴/om/ → ᄀᆞ리욤/kʌliyom/
- ᄭᆡ-/k'ʌy + -옴/om/ → ᄭᆡ욤/k'ʌyyom/
- 뮈-/muy/ + -움/um/ → 뮈윰/muyyum/

(18)과 (18')의 차이를 'ㅇ'의 차이에서 찾으면, (18)의 'ㅇ'은 음가가 있는 'ㅇ/ɦ/'으로 해석할 수 있게 된다. /i, y/에 의한 순행동화에 의해 /y/ 첨가가 일어나려면 뒤에 모음이 와야 한다. 그런데 (18)의 '오/우'는 /o/, /u/가 아니라 /ɦo/, /ɦu/로 모음이 아니기 때문에 /y/ 첨가가 저지된다는 것이다. 반면 (18')의 '옴/움'에서 '오/우'의 'ㅇ'은 음가가 없는 ø, 즉 모음 /o/, /u/이므로 /i, y/에 의한 /y/ 첨가가 일어난다.

(19)는 [다]의 예이다. 특히 경상도 방언에서 이러한 대응 예가 많이 나타난다.

(19) ㄱ. ᄀᆞᇫ애 : 가시개
ㄴ. 몰애 : 몰개
ㄷ. 달애다 : 달개다
ㄹ. 갈외다 : 갈구다

[다]는 '몰애 : 몰개'의 대응에서 방언의 '몰개'를 고형(古形)으로 해석하고, 중세국어 '몰애'를 '몰개/molkay/ > 몰애/molɦay/'의 변화를 겪은 것으로 보는 것이다. '몰애/molɦay/'에서 /ɦ/가 소멸되고, 'ㅐ'가 하향이중모음 /ay/에서 단모음 /ɛ/로 변하여 '모래/molɛ/'가 되었다.

'ㅇ'에 대한 또 다른 해석은 (17)~(19)의 'ㅇ' 역시 현대국어의 'ㅇ'과 같은 ø였고, (17)~(19)와 같은 표기상의 특성은 단지 표기법적인 조처였다고 보는 것이다. 이는 음가가 있는 'ㅇ'을 인정하지 않는 해석이다. 그 근거는 다음과 같다.

첫째, (17)의 분철 표기가 16세기 들어서면서 바로 연철로 바뀌는 예들의 존재이다.

(20) ㄱ. 벌어지<두시17:14b> > 버러지<소학5:117b>

ㄴ. ᄀᆞᆺ애<두시10:33b> > ᄀᆞ새<훈몽 중7b>

(20)에서 보듯이 '벌어지', 'ᄀᆞᆺ애'는 16세기 들어서면서 바로 연철 표기된다. 이는 (17)에서의 분철이 'ㅇ'이 /ɦ/이기 때문으로 볼 수 없고, 단순히 표기법적인 조치였음을 보여 준다는 것이다. 여기에는 얼마 지나지 않아 사라질 소리를 음운으로 인식했다고 보기 어렵다는 전제가 깔려 있다.

둘째, 15세기 국어에서 '-거늘 : -어늘'처럼 /ㄱ/로 시작하는 어미들은 (21)에서처럼 /i, y, ㄹ/ 뒤에서는 /ㄱ/ 탈락형으로 교체한다. 이러한 교체는 순수하게 음운론적인 조건 환경에서의 교체이므로 공시적인 교체이다. 따라서 이때의 'ㅇ'은 음가가 있다고 볼 수 없다는 것이다.

(21)

ㄱ.	업거늘<능엄4:125a>, 보거늘<석상24:20a>
	사ᄅᆞ미어늘<월석22:57b>, 뷔어늘<월석7:54-1a>, 울어늘<석상23:7b>
ㄴ.	먹거든<월석25:30a>, ᄒᆞ거든<월석8:75a>
	第一이어든<법화1:233b>, 뮈어든<월석8:65b>, 알어든<능엄1:62b>

(21)에서 보듯이 /i, y, ㄹ/ 뒤에서는 /ㄱ/ 탈락형(-어늘, -어든)이, 그밖에 환경에서는 /ㄱ/ 유지형(-거늘, -거든)이 실현된다. 이렇게 볼 경우 /ㄹ/의 연철을 막고, /y/ 첨가가 일어나지 않는 이유를 설명해야 하는데, 이를 표기법적인 조치로 설명하는 것이다. 즉 '음소의 탈락이 일어난 자리에는 연철하지 않고, /i, y/에 의한 순행동화도 표기하지 않는다.'는 표기법적인 규칙이 15세기 국어 당시에 문헌 편찬자들 사이에 있었다는 것이다. 근대국어 이후에 /i, y, ㄹ/ 뒤에서도 '-거늘', '-거든'으로 단일화된다는 사실도 (21)의 'ㅇ'이 /ɦ/였다고 보기 어렵게 한다. 이러한 관점에서는 (22)의 '놀이', 'ᄋᆞᆺ이'에서 /ㄹ, ㅿ/가 연철되지 않은 것 역시 /ㆍ/, /ㅡ/가 탈락한 자리이기 때문에 분철한 것으로 해석한다.

(22) ㄱ. 놀이(노ᄅᆞ + -이), 달아(다ᄅᆞ- + -아)

ㄴ. 아ᇫ이(아ᅀᆞ + -이), 그ᇫ어(그ᅀᅳ- + -어)

그런데 이처럼 표기법의 문제로 보는 경우에는 (19)를 설명하기 어려운 문제가 있다. 즉 단순히 표기법의 문제였다면, 중세국어의 'ㅿ'이 방언에서 /ㄱ/로 대응하는 것을 설명하기 어렵기 때문이다. 선행 시기 자료에서도 'ㅿ'이 /ㄱ/에 대응되는 예도 존재한다. 'ᄀᆞᇫ애'의 'ㅿ'의 경우 <계림유사>의 차자 표기 자료에서 /ㄱ/에 대응된다.

(23) 剪刀曰<u>割子蓋</u><계림유사>
(전도왈할자개)
*kʌzgai(이기문 1963:78)[4]
*kʌzʌgai(이승재 1983:219~220)

(23)에서 보듯이 중세국어 'ᄀᆞᇫ애'의 'ㅿ'이 이보다 앞선 시기의 차자 표기 자료에서 /ㄱ/에 대응되며, 이 /ㄱ/가 방언형 '가시개'의 /ㄱ/와 연결된다.

3.2. 모음체계와 모음의 변화

3.2.1. 중세국어 모음체계와 모음체계의 변화

모음체계는 중세국어에서 근대국어에 이르는 동안, 그리고 근대국어에서 현대국어로 이르는 동안 변화가 많이 일어났다. 현대국어 모음체계 역시 지역에 따라서, 그리고 세대에 따라서 최대 10모음 체계에서 6모음 체계까지 다양하다.

모음체계를 얘기하기 전에 먼저 훈민정음의 중성 11자에 대해 살펴볼 필요가 있다. 모음체계는 단모음을 그 조음 위치와 조음 방법에 따라 분류한 것이다. 그래서 특별한 말이 없이 모음체계라고 할 때 모음은 단모음을 가리킨다. 이중모음은 두 개의 음소가 한 음절 내에서 실현되는 것으로 이중모음 자체는 하나의 음운이 아니라 두 개의 음운 연쇄이다.

---

4. '*'는 재구형을 뜻하는 기호이다. 이하 마찬가지이다.

훈민정음의 중성 11자의 음운론적 사실은 단모음 7자와 이중모음 4자이다. 즉 상형자인 'ㆍ, ㅡ, ㅣ' 그리고 초출자 'ㅏ, ㅓ, ㅗ, ㅜ'는 단모음을 나타내는 자(字)인 반면, 재출자인 'ㅑ, ㅕ, ㅛ, ㅠ'는 각각 상향 이중모음 /ya, yə, yo, yu/를 나타내는 자(字)였다.

중세국어의 현실 모음체계에서 단모음은 (24)처럼 7개였다.

(24) 중세국어 현실 모음체계

전설	후설	
ㅣ/i/	ㅡ/ɨ/	ㅜ/u/
	ㅓ/ə/	ㅗ/o/
	ㅏ/a/	ㆍ/ʌ/

(24)에서 보듯이 전설 위치에는 /ㅣ/ 모음 하나밖에 없고, 후설 위치에 6개의 모음이 몰려 있는 체계였다.

문자 'ㅔ, ㅐ, ㅚ, ㅟ'는 중세국어에도 있었지만, 이들 자(字)의 음가는 현대국어처럼 단모음 /e, ɛ, ö, ü/가 아니라, 각각 하향 이중모음 /əy, ay, oy, uy/였다.

'ㅔ, ㅐ, ㅚ, ㅟ'가 하향 이중모음이었다는 증거는 우선 훈민정음 해례의 기술에서 확인할 수 있다. 이들 자(字)에 대한 해례의 설명은 'ㅣ相合(상합)'이다. 즉 'ㅓ+ㅣ → ㅔ', 'ㅏ+ㅣ → ㅐ'에 의해 자(字)를 만들었다고 기술하고 있다. 이 기술은 자(字)에 대한 설명이기도 하면서 음(音)에 대한 설명이기도 하다. 이를 음운론적으로 해석하면 하향 이중모음이다.

중세국어 하향 이중모음 중에는 'ㆎ', 'ㅢ'도 있었는데, 이 중에서 'ㆎ/ʌy/'는 /ㆍ/가 소멸되면서 함께 소멸되었고, 'ㅢ'는 현대국어에서도 중세국어와 마찬가지로 하향 이중모음 /ɨy/이다. 'ㅔ, ㅐ, ㅚ, ㅟ'가 중세국어에서 하향 이중모음이었다는 내적 증거로는 4가지 정도를 들 수 있다.

첫째, 주격 조사의 표기에서 /i/ 말음 어간과 동일한 행동을 보인다. /i/와 반모음 /y/는 음운 현상에서 같은 행동을 보이는데, 만일 'ㅔ, ㅐ, ㅚ, ㅟ'가 현대국어와 같은 단모음이라면 /i/와 같은 행동을 보이는 것을 설명할 수 없다. 'ㅔ, ㅐ, ㅚ, ㅟ'가 /i/와 같은 행동을 보인다는 것은 이들이 반모음 /y/로 끝나는 하향 이중모음이었다는 것을 증언한다.

(25) ㄱ. 다리 굵고 ᄲᅳ리 ᄂᆞᆯ캅더니<석상6:32b>

ㄴ. 프른 새 ᄂᆞ라가<두시11:18b>

가마괴 디고 빗근 남ᄀᆞᆯ<용가86장>

불휘 기픈 남ᄀᆞᆫ ᄇᆞᄅᆞ매 아니 뮐ᄊᆡ<용가2장>

(25ㄱ)의 '다리'처럼 체언 어간 말음이 /i/ 모음일 때는 주격 조사가 외현적으로 나타나지 않는다. 마찬가지로 (25ㄴ)의 '새', '가마괴', '불휘' 역시 /i/ 말음 체언과 같이 주격 조사가 외현적으로 나타나지 않는다. 이는 'ㅐ', 'ㅚ', 'ㅟ'가 /ay, oy, uy/의 하향 이중모음이었음을 증언한다.

둘째, 처격 조사의 결합에서도 'ㅔ, ㅐ, ㅚ, ㅟ'가 /i/ 모음과 동일한 행동을 보인다.

(26) ㄱ. 비예 호ᄆᆡᄅᆞᆯ 메오<두시7:15a>

ㄴ. 이 시내예 사ᄂᆞᆫ<두시10:45b>

노ᄑᆞᆫ 바회예 ᄣᅥ디거나<석상11:35a>

(26ㄱ)에서 보듯이 체언 어간 말음이 /i/ 모음인 '비'는 처격 조사 '-예'와 결합하는데, (26ㄴ)의 '시내', '바회' 역시 처격 조사 '-예'와 결합한다. 이 역시 'ㅐ', 'ㅚ'가 /ay, oy/의 하향 이중모음이라고 할 때 설명이 가능하다.

셋째, 명사형 어미와의 결합에서도 'ㅔ, ㅐ, ㅚ, ㅟ'가 /i/ 말음 용언 어간과 동일한 행동을 보인다.

(27) ㄱ. ᄀᆞ리욤 ᄃᆞ외요미<능엄1:104a>

ㄴ. 디내욤ᄃᆞᆯ ᄒᆞᆫ<법화2:224b>

ᄃᆞ외욤과 ᄀᆞᆮᄒᆞ니<월석2:66a>

명사형 어미 '-옴/움'의 경우 용언 어간 말음이 /i/ 모음일 때는 (27ㄱ)의 'ᄀᆞ리욤(ᄀᆞ리- + -옴 → ᄀᆞ리욤)'처럼 /y/ 첨가가 일어나는데, (27ㄴ)의 '디내욤(디내- + -옴 → 디내욤)', 'ᄃᆞ외욤(ᄃᆞ외- + -옴 → ᄃᆞ외욤)' 역시 /y/ 첨가가 일어난다. 이는 'ㅐ', 'ㅚ'가 /ay, oy/의 하향 이중모음임을 증언한다.

넷째, 중세국어에서 '-거늘, 거든……'처럼 /ㄱ/를 두음으로 가진 어미는 어간 말음이 /i/일 때 /ㄱ/가 탈락한 '-어늘, -어든'으로 나타나는데, 어간 말음이 'ㅔ, ㅐ, ㅚ, ㅟ'일 때도 마찬가지이다.

(28) ㄱ. 사ᄅᆞ미어든<원각 하3-1:56b>
ㄴ. ᄃᆞ외어든<구간1:25a>
쉬어든<구간1:61b>
내어든<능엄1:81a>

(25)~(28)에서 보듯이 'ㅔ, ㅐ, ㅚ, ㅟ'는 /i/ 모음과 동일한 행동을 보이는데, 반일 'ㅔ, ㅐ, ㅚ, ㅟ'가 현내국어처럼 단모음이었다면 이를 설명할 수 없다. /i/ 모음과 동일한 음운론적 행동을 보일 수 있는 것은 /y/이다. 이러한 사실은 'ㅣ相合'이라는 훈민정음 해례의 설명 그대로 'ㅔ, ㅐ, ㅚ, ㅟ'가 단모음과 /y/가 결합한 하향 이중모음 /əy, ay, oy, uy/임을 증언한다.

'ㅔ, ㅐ, ㅚ, ㅟ'가 단모음 /e, ɛ, ö, ü/로 변화한 시기는 대체로 18세기 중엽 이후로 추정한다. 'ㅔ/e/', 'ㅐ/ɛ/'가 먼저 단모음화되고, 이 무렵 'ㆍ/ʌ/'가 소멸된다. /ㆍ/가 소멸되면서 하향 이중모음 'ㆎ/ʌy/'는 부분적으로 /e/ 또는 /ɛ/로 합류된다. 이후에 'ㅚ/ö/', 'ㅟ/ü/'가 단모음화된다. 이렇게 해서 현대국어의 10모음 체계가 된다.

(29)

전설		후설	
ㅣ/i/	ㅟ/ü/	ㅡ/ɨ/	ㅜ/u/
ㅔ/e/	ㅚ/ö/	ㅓ/ə/	ㅗ/o/
ㅐ/ɛ/		ㅏ/a/	

10모음 체계는 그렇게 오랫동안 지속되지 못하고 다시 변화를 겪는다. 현대국어에서 전설 원순모음 'ㅚ/ö/', 'ㅟ/ü/'가 /w/계 상향 이중모음 'ㅚ/we/', 'ㅟ/wi/'로 변화하고 있다.

3.2.2. 모음의 변화

중세국어에서 근대국어로 오면서 일어난 모음의 변화는 크게 네 가지이다. 가)와 나)가 서로 연동된 사건이고, 다)와 라) 역시 서로 연동된 사건이다.

가) /ㆍ/의 소멸
나) 모음조화 붕괴
다) 단모음 /e/, /ɛ/, /ö/, /ü/의 생성
라) 하향 이중모음 /əy, ay, oy, uy/의 소멸

가) /ㆍ/의 소멸

/ㆍ/의 소멸은 2단계에 걸쳐 변화가 일어났다. 변화의 시기가 정확히 몇 세기이냐 하는 것은 크게 중요하지 않다. 학자에 따라 변화 시기 추정에 차이가 있는데, 그것은 자료를 어떻게 해석하느냐에 따라 달라질 수 있기 때문이다.

- 1단계 변화 : 비어두에서의 /ㆍ/ > /ㅡ/, 16세기 말 무렵
- 2단계 변화 : 어두에서의 /ㆍ/ > /ㅏ/, 18세기 중엽 이후

/ㆍ/의 1단계 변화는 비어두에서 일어난다. 15세기 국어에서는 어간의 모음이 양성모음이냐 음성모음이냐에 따라 조사 '-ᄋᆞᆫ/은', '-ᄋᆞᆯ/을', 그리고 어미 '-(ᄋᆞ)X/(으)X'[5] 교체가 대체로 규칙적이었다. 그러다가 16세기에 오면서 어간이 양성모음일 때도 음

5. '-(ᄋᆞ)X/(으)X' 어미는 '-(ᄋᆞ)니/(으)니', '-(ᄋᆞ)면/(으)면'처럼 'ᄋᆞ/으'로 시작하는 어미를 아울러 나타낸 것이다.

성모음 계열인 '-은', '-을', '-(으)X'가 결합하는 비율이 크게 늘어난다. 이러한 자료가 많이 나타나기 시작하는 시기가 16세기 말이다. 그래서 비어두의 /ㆍ/ > /ㅡ/ 변화가 완료되는 시기를 16세기 말경으로 잡는다.

(30) ㄱ. 사ᄅᆞ믄<번소8:1a>, 나라흔<대학29a>, 콩은<번노 상8a>, ᄆᆞᅀᆞ믄<번소8:5b>
ㄴ. 늘근<훈몽 중12a>, 자븐<번노 상58b>, 놉프며<논어2:42a>, 닷그며<소학4:6a>

(30ㄱ)은 곡용, (30ㄴ)은 활용에서의 예인데, 15세기 국어라면 '사ᄅᆞᄆᆞᆫ', 'ᄂᆞᆯᄀᆞᆫ'처럼 양성모음의 조사와 어미가 결합하였다. 비어두에서의 /ㆍ/ > /ㅡ/는 당연히 단어 내부에서도 나타난다.

(31) ㄱ. 도즉<번노 상27b>, 마ᅀᅳᆯ<훈몽 중4b>, 가슴<정속5b>
ㄴ. 모든<소학1:3a>, 반드시<번소9:13b>
ㄷ. 다르디<소학6:102b>, 모르거든<번노 상65a>

(31ㄱ)은 명사, (31ㄴ)은 부사, (31ㄷ)은 용언의 예인데, 15세기 국어라면 비어두 음절이 '도ᄌᆞᆨ, ᄀᆞᄃᆞᆨ, 다ᄅᆞ디'처럼 /ㆍ/였던 것이 /ㅡ/로 나타난 것을 확인할 수 있다.

/ㆍ/의 2단계 변화는 어두 음절에서 /ㆍ/ > /ㅏ/ 변화이다. /ㆍ/ > /ㅏ/ 변화의 완료 시기는 18세기 중엽 이후로 보는 것이 일반적이다.

(32) 18세기 자료
ㄱ. 마을(<ᄆᆞᅀᆞᆯ)<사략2:114b>
가을(<ᄀᆞᅀᆞᆯ)<경신53a>
ㄴ. 다르도다(<ᄃᆞᄅᆞ-)<맹율3:32a>
가르치며(<ᄀᆞᄅᆞ치-)<경신22b>

(32)에서 보듯이 15세기 국어라면 'ᄆᆞᅀᆞᆯ', 'ᄃᆞᄅᆞ도다'처럼 어두에서 /ㆍ/로 나타나던 것이 /ㅏ/로 변화한 것을 알 수 있다. 비어두 음절의 /ㆍ/ > /ㅡ/도 확인할 수 있다.

음운 변화가 규칙적이기는 해도, 예외가 없는 것은 아니다. (33)은 어두에서의 /ㆍ/가 /ㅓ/ 또는 /ㅗ/로 변화한 예들이다.

(33) ㄱ. 턱(<ᄐᆞᆨ), 벌(<ᄇᆞᆯ), 버리다(<ᄇᆞ리다)
ㄴ. 소매(<ᄉᆞ매)

나) 모음조화의 붕괴

중세국어에서도 모음조화가 일부 깨진 예들이 없지는 않지만, 이는 일부의 일이고 대체로는 모음조화가 지켜졌다. 중세국어에서는 비교적 잘 지켜지던 모음조화가 근대국어로 넘어오는 시기에 급격하게 붕괴되기 시작한다. 모음조화의 붕괴는 /ㆍ/의 1단계 변화인 /ㆍ/ > /ㅡ/와 직접적으로 연동된 사건이다.

(34)

	15세기	16세기
단어	도ᄌᆞᆨ	도즉
	가ᄉᆞᆷ	가슴
활용	늘ᄀᆞᆫ	늘근
	자ᄇᆞᆫ	자븐
곡용	사ᄅᆞᄆᆞᆫ	사ᄅᆞ믄
	콩ᄋᆞᆫ	콩은

(34)에서 보듯이 중세국어에서는 단어 내부, 활용, 곡용 모두 모음조화를 지키고 있었지만, 16세기에 오면서 비어두의 /ㆍ/가 /ㅡ/로 바뀌면서 모음조화가 붕괴되는 결과를 초래한다. /ㆍ/의 2단계 변화인 /ㆍ/ > /ㅏ/는 모음조화 붕괴와 관련이 없는 사건이다. /ㆍ/도 양성모음이고, /ㅏ/도 양성모음이기 때문에 /ㆍ/ > /ㅏ/는 모음조화와는 관련이 없다.

중세국어의 모음조화에서 음성모음과 양성모음의 대립은 (35)와 같다. 이중모음에서 반모음 /y/는 모음조화에 비관여적이다. 이중모음은 이중모음을 이루는 핵모음이 모음조화를 결정하였다.

(35)

양성모음	ㆍ/ʌ/ ㅏ/a/ ㅗ/o/ ㅐ/ay/ ㅚ/oy/ ㅑ/ya/ ㅛ/yo/ …
음성모음	ㅡ/ɨ/ ㅓ/ə/ ㅜ/u/ ㅔ/əy/ ㅟ/uy/ ㅕ/yə/ ㅠ/yu/ …
중립 모음	ㅣ/i/

근대국어를 거쳐 현대국어로 오면서 모음조화는 양성모음과의 결합이 축소되고 음성모음과의 결합이 확대되는 양상으로 변화하였다.

(36) ㄱ. 잡아, 녹아
ㄴ. 기어, 접어, 개어, 베어, 꾀어, 쥐어

현대국어에서 모음조화를 말할 수 있는 경우는 과거 시제 선어말어미 '-았/었-', 그리고 '-아/어X'계 어말어미인데, (36)에서 보듯이 어간의 모음이 /a, o/일 때만 양성모음의 '-았-', '-아X'가 결합한다.

다) 단모음 /e/, /ɛ/, /ö/, /ü/의 생성

중세국어는 전설 위치에는 모음이 /ㅣ/ 하나밖에 없었다. 전설 위치에 단모음 /e, ɛ, ö, ü/가 생성된 것은 근대국어에 와서의 일이다. 그 시기는 대체로 18세기 중엽 이후 정도로 추정한다. 시기적으로는 /e, ɛ, ö, ü/ 중에서도 비원순 모음인 /e, ɛ/가 먼저 형성되고 난 뒤에, 시차를 두고 원순모음 /ö, ü/가 형성되었다고 보는 것이 일반적이다.

전설 단모음 /e, ɛ, ö, ü/의 생성은 움라우트(/i/ 모음 역행동화)와 직접적으로 서로 연동된 사건이다. 즉 움라우트가 발생했다는 것은 모음체계에 전설 단모음 /e, ɛ, ö, ü/가 존재하기 때문에 가능한 일이다. 그리고 중세국어에는 없던 전설 위치의 단모음 /e, ɛ, ö, ü/가 음소로 음운화됨으로써 비로소 움라우트가 발생할 수 있게 된다. 근대국어 이전까지 [e], [ɛ], [ö], [ü]는 음소가 아닌 음성으로 존재하였고, 근대국어에 이르러서 음소 /e/, /ɛ/, /ö/, /ü/로 변화하였다. (37)~(38)은 18세기~19세기 자료이다.

(37) ㄱ. 메긴<명성경28b> (← 먹이-)
ㄴ. 새기겠습니다<연사 하6a> (← ᄉᆞ기-)
ㄷ. 반ᄃᆡ기<규합14b> (← 반ᄃᆞ기)
ㄹ. 지ᄑᆡᆼ이<명성경28b> (← 지ᄑᆞᆼ이)

(38) ㄱ. 쇠기지<예수 로스3> (← 속이-)
ㄴ. 뵈기ᄅᆞᆯ<태평8a> (← 보기)
ㄷ. 귀경<개첩8:16b> (← 구경)
ㄹ. 취겨<규합17a> (← 축이-)

(37)~(38)에서 보면, 기저형의 후설 모음 /ㅓ, ㅏ, ㆍ, ㅗ, ㅜ/가 각각 /i, y/ 앞에서 /ㅔ, ㅐ, ㆎ, ㅚ, ㅟ/로 나타난 것을 확인할 수 있다. (37)~(38)의 'ㅔ, ㅐ, ㆎ, ㅚ, ㅟ'는 '세다, 내, ᄒᆡ, 괴, 귀'처럼 중세국어부터 원래 'ㅔ, ㅐ, ㆎ, ㅚ, ㅟ'였던 'ㅔ, ㅐ, ㆎ, ㅚ, ㅟ'와 다르다. 중세국어에서부터 원래 'ㅔ, ㅐ, ㆎ, ㅚ, ㅟ'였던 'ㅔ, ㅐ, ㆎ, ㅚ, ㅟ'는 하향 이중모음 /əy/, /ay/, /ʌy/, /oy/, /uy/이다.

그러나 (37)~(38)의 'ㅔ, ㅐ, ㆎ, ㅚ, ㅟ'는 원래부터 'ㅔ, ㅐ, ㆎ, ㅚ, ㅟ'가 아니라 움라우트라는 음운 변동이 적용된 'ㅔ, ㅐ, ㆎ, ㅚ, ㅟ'이다. 움라우트는 후설 모음이 /i, y/ 앞에서 /i, y/의 조음 위치인 전설에 조음 위치 동화되어 전설 모음으로 바뀌는 음운 변동이다. 그러니까 (37)~(38)의 'ㅔ, ㅐ, ㆎ, ㅚ, ㅟ'는 움라우트의 정의에 따를 경우 하향 이중모음이 아니라 전설 모음이어야 한다. (37)~(38)은 움라우트가 적용된 것이 맞고, 움라우트를 표기에 반영한 'ㅔ, ㅐ, ㆎ, ㅚ, ㅟ'는 더 이상 하향 이중모음이 아니라 전설 위치의 단모음으로 보아야 한다. 이러한 까닭에 (37)~(38)의 자료는 모음체계에 전설 위치의 단모음 /e, ɛ, ö, ü/가 생긴 변화가 완료되었음을 증언한다.

참고로 앞서 /ㆍ/의 소멸 시기는 대체로 18세기 중엽 이후로 잡는다고 하였는데, 표기상으로 /ㆍ/는 20세기 초까지 나타난다. 하지만 19세 이후 표기에 나타나는 /ㆍ/는 단지 표기의 보수성으로 인한 것으로 해석한다. 'ㆎ'의 역시 마찬가지이다. 즉 19세기에 나타나는 비어두의 'ㆎ /ʌy/'는 16세기에 일어난 /ㆍ/의 1단계 변화에 의해 이미 소멸되었지만, 표기의 보수성으로 인해 19세기에도 나타난다. 비어두의 'ㆎ /ʌy/'

는 /ㆍ/의 1단계 변화의 의해 (39)에서 보듯이 대부분 'ㅢ/ɨy/'로 변화하였고, 이후 하향 이중모음 /ɨy/가 /i/로 단모음화되는 변화를 겪어 현대국어에 이어졌다.

(39) ㄱ. 마ᄃᆡ > 마듸 > 마디
ㄴ. 잔ᄃᆡ > 잔듸 > 잔디
ㄷ. 나ᄇᆡ > 나븨 > 나비

어두의 /ㆍ/는 /a/로 변화하는데, 그래서 어두의 'ㆎ/ʌy/'는 (40)에서처럼 대부분 /ε/로 변화하였다(ʌy > ay > ε).

(40) ㄱ. ᄭᆡ다/k'ʌyta/ > 깨다/k'εta/
ㄴ. ᄆᆡ다/mʌyta/ > 매다/mεta/
ㄷ. ᄇᆡ호다/pʌyhota/ > 배우다/pεuta/

라) 하향 이중모음 /əy, ay, oy, uy/의 소멸

하향 이중모음 /əy, ay, oy, uy/의 소멸은 전설 위치의 단모음 /e, ε, ö, ü/의 생성과 맞물려 있는 변화이다. 즉 /e, ε, ö, ü/가 생성되는 변화와 맞물려 하향 이중모음 /əy, ay, oy, uy/가 소멸되었다. 문자 'ㅔ, ㅐ, ㅚ, ㅟ'는 훈민정음 창제 때부터 현대국어까지 변화 없이 그대로 사용되고 있다. 그러나 중세국어에서 'ㅔ, ㅐ, ㅚ, ㅟ'는 하향 이중모음 /əy, ay, ou, uy/를 나타내는 자(字)였고, 단모음 /e, ε, ö, ü/가 생성된 후에 'ㅔ, ㅐ, ㅚ, ㅟ'는 단모음 /e, ε, ö, ü/를 나타내는 자(字)로 바뀌었다. 즉 형식인 문자는 변화가 없었지만, 문자가 나타내는 내용 즉 소리는 하향 이중모음에서 단모음으로 변화되었다.

(41)

자모 (형식)	소리(내용)				
	중세국어		근대국어		현대국어
ㅐ	ay	>	ɛ	>	ɛ
ㅔ	əy	>	e	>	e
ㅚ	oy	>	oy ~ ö	>	ö ~ we
ㅟ	uy	>	uy ~ ü	>	ü ~ wi

특히 자모 'ㅚ', 'ㅟ'의 경우에는 그 내용에 변화가 많은데, 중세국어에서는 하향 이중모음 /oy/, /uy/였고, 근대국어 말기, 대략 19세기 말경에 단모음 /ö/, /ü/로의 변화가 일어난 것으로 추정한다. 하지만 곧바로 /ö/, /ü/는 /w/계 상향 이중모음 /we/, /wi/로 변화가 진행중이다.

그러니까 근대국어에 'ㅚ', 'ㅟ' 및 현대국어의 'ㅚ', 'ㅟ'는 (42)에서 보듯이 하나의 형식에 두 개의 내용이 공존하는, 즉 형식과 내용의 대응이 1:1이 아니라 1:2의 대응 양상을 보인다.

(42)

	근대국어	현대국어
형식	ㅚ ㅟ	ㅚ ㅟ
	∧ ∧	∧ ∧
내용	oy ö uy ü	ö we ü wi

현대국어에서 'ㅚ'는 /ö/로 발음하기도 하고, /we/로 발음하기도 한다. 'ㅟ' 역시 /ü/로 발음하기도 하고, /wi/로 발음하기도 한다. 마찬가지로 근대국어의 'ㅚ'는 /oy/ 발음과 /ö/ 발음이, 'ㅟ'는 /uy/ 발음과 /ü/ 발음이 공존하였다.

3.3. 음운 규칙과 음운 규칙의 변화

3.3.1. 중세국어 음운 규칙

1) 탈락

가. /ㄹ/ 탈락

현대국어에서 '아니, 아시고'처럼 /ㄹ/ 말음 용언 어간은 /ㄴ, ㅅ/ 앞에서 /ㄹ/이 탈락한다. 이러한 /ㄹ/ 탈락은 중세국어에서부터 있었다. 다만 /ㄹ/ 탈락의 조건 환경은 현대국어와 차이가 있었다. 중세국어에서는 /ㄴ, ㄷ, ㅿ, ㅈ/ 앞에서 /ㄹ/이 탈락하였다. 중세국어 자료에서는 /ㅈ/ 앞에서 /ㄹ/ 탈락의 예를 찾기가 쉽지 않은데, (43ㄹ)에서 보듯이 어말어미 '-디'가 근대국어에 이르러 구개음화되어 '-지'가 되었을 때 /ㅈ/ 앞에서 /ㄹ/이 탈락하는 것을 확인할 수 있다(<개첩>(개수첩해신어)는 1748년 자료).

(43) ㄱ. 횟돌며 ᄂᆞ래 티고 슬피 **우**니<월석25:81b>
  ㄴ. 님금 나가 겨신 ᄃᆡᄅᆞᆯ **아**디 몯ᄒᆞ야<杜詩24:19a>
    獼猴王(미후왕)이 이쇼ᄃᆡ 聰明(총명)ᄒᆞ고 자ᄇᆞᆫ 일 만히 **아**더니<月釋7:16b>
  ㄷ. 오ᄂᆞᆳ날 이 ᄠᅳ들 몯 **아**ᅀᆞᄫᆞ리로다<月釋11:104a>
  ㄹ. 正官(정관)의 病(병)든 일을 **아지** 몯ᄒᆞ고<改捷1:43a>

다만 (43′)에서 보듯이 중세국어에서는 주체 존대 선어말어미 '-시-' 앞에서 /ㄹ/이 탈락하지 않았는데, 이는 현대국어와 차이가 나는 부분이다. 현대국어처럼 '-시-' 앞에서 /ㄹ/이 탈락하는 것은 근대국어 후기에 와서부터이다.

(43′)

중세국어	ᄂᆞᄆᆡ ᄆᆞᅀᆞᄆᆞᆯ 미리 **아ᄅᆞ시**거니<月釋22:70b>
근대국어 후기	우리의 션악 **아시기**ᄅᆞᆯ<텬로력뎡2:183a>

나. /ㄱ/ 탈락

/ㄱ/를 두음으로 가진 어미들은 /i, y, ㄹ/ 뒤에서는 /ㄱ/가 탈락한다. 그래서 'ㄱ ~ ø'의 교체를 보인다. 이에 해당하는 어미들에는 대등적 연결어미 '-고', '-거니와',

'-건마ᄅᆞᆫ' 그리고, 종속적 연결어미 '-거늘', '-거든', '-고져', '-관ᄃᆡ', 그리고 보조적 연결어미 '-게'가 있다. 그래서 이들 어미는 '-고 ~ -오', '-거니와 ~ -어니와', '-건마ᄅᆞᆫ ~ -언마ᄅᆞᆫ', '-거늘 ~ -어늘', '-거든 ~ -어든', '-고져 ~ -오져', '-관ᄃᆡ ~ -완ᄃᆡ', '-게 ~ -에'의 이형태 교체를 보인다.

다만 주체 높임 선어말어미 '-시-' 뒤에서는, '-시-'가 /i/ 모음이지만 '주시건마ᄅᆞᆫ<두시11:29a>, 겨시거늘<석상23:24a>'에서 보듯이 /ㄱ/가 탈락하지 않는다.

	/i, y, ㄹ/ 뒤 이외의 환경	/i, y, ㄹ/ 뒤
대등적 연결어미	-고, -거니와, -건마ᄅᆞᆫ	-오, -어니와, -언마ᄅᆞᆫ
종속적 연결어미	-거늘, -거든, -고져, -관ᄃᆡ	-어늘, -어든, -오져, -완ᄃᆡ
보조적 연결어미	-게	-에

이들 중에서 비교적 빈도가 높은 '-고 ~ -오'와 '-거늘 ~ -어늘' 예만 보인다. 나머지 어미들 모두 이와 평행한 교체를 보인다.

(44) ㄱ. 王이 드르시**고** 즉자히 禮服(예복) 니브시**고** ᄃᆞ라나샤<월석8:90b>
ㄴ. 吏(리)ᄂᆞᆫ 다ᄉᆞ리ᄂᆞᆫ 거시**오** 民(민)ᄋᆞᆫ 브리ᄂᆞᆫ 거시**오**<월석13:13b>
光明(광명)이 몯 비취**오** 거믄 ᄇᆞᄅᆞ미 부러<석상23:20a>
오직 이 이ᄅᆞᆯ 알**오** ᄂᆞ외야 나ᄆᆞᆫ 일 업다 ᄒᆞ야<법화2:249b>

(45) ㄱ. 소리 업**거늘** 부톄 ᄯᅩ 무러 니ᄅᆞ샤ᄃᆡ<능엄4:125a>
ㄴ. 그듸ᄂᆞᆫ 죠고맛 사ᄅᆞ미**어늘** 내 ᄆᆞᅀᆞᆷ ᄀᆞ장 셤교ᄃᆡ<월석22:57b>
狄人(적인)ㅅ 서리예 가샤 狄人(적인)이 ᄀᆞᆯ외**어늘**<용가4장>
一切(일절) 大衆(대중)이 슬허 울**어늘** 世尊(세존)이 니ᄅᆞ샤ᄃᆡ<석상23:8a>

(44ㄱ)에서 '-고'가, (44ㄴ)에서는 /ㄱ/가 탈락한 '-오'로 실현된 것을 확인할 수 있

다. 평행하게 (45ㄱ)에서 '-거늘'이, (45ㄴ)에서는 /ㄱ/가 탈락한 '-어늘'로 실현된 것을 확인할 수 있다.

2) /ㄷ/ → /ㄹ/

/ㄷ/ 두음을 가진 선어말어미 '-더-, -도-, -돗-' 그리고 어말어미 '-다가, -다'는 서술격 조사 '-이-', 미래 시제 선어말어미 '-리-' 뒤에서 어미의 두음 /ㄷ/가 /ㄹ/로 교체하여 '-러-, -로-, -롯-', '-라가, -라'로 실현된다.

(46)

	선어말어미	어말어미
-이-, -리- 뒤에서	-러-, -로-, -롯-	-라가, -라
그밖에 환경	-더-, -도-, -돗-	-다가, -다

이 중에서 대표적으로 '-더-'의 예를 제시하면 (47)과 같다.

(47) ㄱ. 그저긔 比丘(비구)ᄃᆞᆯ히 各各(각각) 虛空(허공)애 ᄂᆞ라 가**더**니<석상24:45a>

ㄴ. 부텻 나히 셜흔 세히**러**시니<석상6:11b>

세ㅎ+이+러(←더)+시+니

功德(공덕)이 이러 ᄃᆞᆼ다이 부톄 ᄃᆞ외리**러라**<석상19:34a>

ᄃᆞ외+리+러(←더)+라(←다)

(47ㄱ)에서 '-더-'를, 그리고 (47ㄴ)에서 '-러-'를 확인할 수 있다. (47ㄴ)의 '-러-'가 서술격 조사 '-이-', 미래 시제 선어말어미 '-리-' 뒤에서 '/ㄷ/ → /ㄹ/' 교체가 적용된 것이다.

평서형 종결어미 '-다'는 다른 어미들에 비해 '-다 → -라'로 교체하는 환경이 더 넓다. 기본적으로 '/ㄷ/ → /ㄹ/' 교체 환경인 (48ㄱ)의 서술격 조사 '-이-' 뒤, (48ㄴ)의 미래 시제 선어말어미 '-리-' 뒤에서는 당연히 '-다 → -라'로 나타난다. 그런데 이에 더하여 (48ㄷ)처럼 회상 시제 선어말어미 '-더-' 뒤, (48ㄹ)처럼 선어말어미 '-니-' 뒤, (48ㅁ)처럼 의도법 선어말어미 '-오/우-' 뒤에서도 '-다 → -라'로 나타난다.

(48) ㄱ. 내 아ᄃᆞ리라<법화2:222b>
아ᄃᆞᆯ+이+라(←다)

일후믈 孝子(효자) ㅣ라 ᄒᆞ고<월석8:97a>

ㄴ. 됴ᄒᆞᆫ 이리 그지 업스리라<석상6:20a>
없+(으)리+라(←다)

ㄷ. 사ᄅᆞ미 몯 나ᅀᅡ가리러라<석상24:50b>
나ᅀᅡ가+리+러(←더)+라(←다)

ㄹ. ᄠᅳ디 아로미 어려ᄫᅳ니라<월석11:96b>
어려ᇦ+(으)니+라(←다)

ㅁ. 내 ᄒᆞ마 命終(명종)호라<월석9:36-1b>
命終ᄒᆞ+오+라(←다)

녜 업던 이ᄅᆞᆯ 얻과라<석상19:40b>
얻+거+오+라(←다)

3) 음절 축약과 반모음화[6]

중세국어에서는 모음으로 끝난 체언 어간 뒤에 속격 조사 ‘-ᄋᆡ/의(-ʌy/ɨy)’가 결합할 때 체언 어간 말모음과 속격 조사가 축약되는 현상이 있었다. 이러한 축약은 현대국어에서는 나타나지 않는다. 현대국어에서는 ‘나의, 너의, 소의’에서 보듯이 속격 조사 ‘-의’가 선행하는 모음과 축약하는 일이 없다. 오히려 ‘나의 생각 ~ 나에 생각’처럼 속격 조사 ‘-ɨy’가 ‘e’로 실현되는 경우가 많다.

(49) ㄱ. 내 供養(공양)을 바ᄃᆞ쇼셔<석상24:43a>
나+ᄋᆡ/na-ʌy/ → 내/nay/

ㄴ. 네 사ᄅᆞ미 ᄃᆞ외야<석상6:21a>
너+의/nə-ɨy/ → 네/nəy/

ㄷ. 이제 부톄 말ᄊᆞᆷ 업슨 가온ᄃᆡᄅᆞᆯ 브트샤<금삼1:16a>
부텨+의/put^{h}yə-ɨy/ → 부톄/put^{h}yəy/

6. ‘반모음화’는 ‘활음화’라고도 한다. 즉 반모음화와 활음화는 동의어이다.

ㄹ. 쇠 무리<월석22:51b>
　쇼+ᄋᆡ/syo-ʌy/ → 쇠/syoy/

음운론적으로 정확히 말하면 하향 이중모음인 속격 조사 '-ʌy', '-ɨy'에서 모음 /ʌ/, /ɨ/가 탈락하고, 남은 반모음 /y/가 선행 모음과 결합한 것이다. 음소 결합의 관점에서 보면 모음 탈락이고 축약은 아니다. 그런데 음절의 관점에서는 음절의 수가 하나 줄면서 탈락한 음절의 흔적이 남아 있으므로 음절 축약이다.

(50)은 주격 조사 '-이'가 결합한 곡용형인데, 선행하는 모음과 하향 이중모음을 형성할 수 있을 때는 /-i/가 /y/로 반모음화되었다.

(50) ㄱ. 내 부텨긔 ᄉᆞᆲ바 보리이다<월석10:18a>
　나+이/na-i/ → 내/nay/

ㄴ. 네 이제 ᄯᅩ 묻ᄂᆞ다<월석23:97a>
　너+이/nə-i/ → 네/nəy/

ㄷ. 부톄 니ᄅᆞ샤ᄃᆡ<월석7:41b>
　부텨+이/put^{h}yə-i/ → 부톄/put^{h}yəy/

(49)와 (50)에서 보듯이 표면적인 형태 '내, 네, 부톄'만 보면 속격 조사 '-ᄋᆡ/의'가 결합한 것일 수도 있고, 주격 조사 '-이'가 결합한 것일 수도 있다. 그러면 주격 조사가 결합한 것인지, 속격 조사가 결합한 것인지 어떻게 아느냐? 그것은 문맥에서 충분히 판단할 수 있다. (49)에서 '내, 네, 부텨'는 각각 후행하는 명사 '供養(공양), 사ᄅᆞᆷ, 말ᄊᆞᆷ'을 수식하고 있으므로 속격 조사 '-ᄋᆡ/의'가 결합한 형태라는 것을 알 수 있다. 이에 비해 (50)의 '내, 네, 부톄'는 각각 서술어 'ᄉᆞᆲ바 보리이다, 묻ᄂᆞ다, 니ᄅᆞ샤ᄃᆡ'의 '누가'에 해당하는 성분, 즉 주어라는 것을 통해 주격 조사 '-이'가 결합한 형태라는 것을 알 수 있다.

반모음화는 현대국어와 마찬가지로 중세국어에서도 활발하게 일어났던 음운 변동이다.

(51) ㄱ. 아뫼어나<석상23:3b> ← 아모-이-어나
/amoyəna/ /amo-i-əna/

ㄴ. 거우뤼<능엄9:21b> ← 거우루-이
/kəuluy/ /kəulu-i/

ㄷ. 뵈니<월석20:31a> ← 보이-니
/poyni/ /poini/

ㄹ. 나갯더시니<용가49장> ← 나가 잇-더-시-니
/nakaystəsini/ /naka istəsini/

(51)에서 보듯이 /i/ 모음이 선행하는 모음과 하향 이중모음을 이룰 수 있을 때는 /y/로 반모음화되는 현상이 활발하였다.

4) /ㅎ/ 축약

/ㅎ/ 축약은 현대국어와 같다.

- /ㅎ/ + /ㅂ, ㄷ, ㅈ, ㄱ/ → /ㅍ, ㅌ, ㅊ, ㅋ/
- /ㅂ, ㄷ, ㅈ, ㄱ/ + /ㅎ/ → /ㅍ, ㅌ, ㅊ, ㅋ/

즉 /ㅎ/가 선행하든 후행하든 /ㅎ/ 축약이 일어났다. (52)는 /ㅎ/가 선행하는 경우이고, (53)은 /ㅎ/가 후행하는 경우이다.

(52) ㄱ. 床(상) 우희 노코<월석21:43b>

ㄴ. 아ᄃᆞᆯ 일코 두루 ᄃᆞᆫ녀<법화2:245b>

ㄷ. ᄀᆞ장 됴타<석상3:3a>

(53) ㄱ. 옷 니피고<석상24:27b>

ㄴ. 南門(남문)이 도로 다티고<월석23:80b>

ㄷ. 다ᄉᆞᆺ 법에 마키면<원각 상2-1:28b>

중세국어는 /ㅎ/ 종성 체언이 있었다. 그래서 (54)처럼 /ㅎ/ 종성 체언의 축약이 많이 나타난다. /ㅎ/ 종성 체언은 근대국어를 거쳐 현대국어에 이르는 어느 시기에 모두 소멸되었다.

(54) ㄱ. 龍(용)이 소내 뫼콰 돌콰 잡고<월석7:38b>

뫼ㅎ+과 돌ㅎ+과

ㄴ. 眞心(진심)이 하ᄂᆞᆯ콰 ᄯᅡ콰ᄅᆞᆯ 範圍(범위)ᄒᆞ며<능엄2:20b>

하ᄂᆞᆯㅎ+과 ᄯᅡㅎ+과

그리고 'Xᄒᆞ-'에서 /ㆍ/가 탈락하고, 남은 /ㅎ/가 축약되는 현상이 활발하게 나타난다.

(55) ㄱ. 우리ᄅᆞᆯ 出家(출가)ᄒᆞ게<석상11:37a>

우리ᄅᆞᆯ 出家케<석상21:40a>

ㄴ. 求(구)ᄒᆞ고져<두시19:2b>

求코져<월석序1:15a>

ㄷ. 오디 아니ᄒᆞ더니<두시25:22b>

ᄀᆞᆮ디 아니터니<두시15:22b>

ㄹ. 가난ᄒᆞ도다<두시16:6b>

가난토다<남명 상8b>

(55)에서 보면 '출가ᄒᆞ게 ~ 출가케'처럼 'Xᄒᆞ-'에서 'ᄒᆞ'의 /ㆍ/가 탈락하고 남은 /ㅎ/가 후행 어미의 두음과 축약한 형태가 함께 나타난다. '출가케'는 아래의 과정을 겪은 것이다.

출가ᄒᆞ게 → 출가ㅎ게 → 출가케

/ㆍ/ 탈락 /ㅎ/ 축약

현대국어의 '많다', '옳다'는 '만ᄒᆞ-', '올ᄒᆞ-'에서 /ᆞ/ 탈락 후 남은 /ㅎ/가 어간의 종성이 되어, 결과적으로 어간 말음이 자음군이 되었다(만ᄒᆞ- > 많-, 올ᄒᆞ- > 옳-).

(56) ㄱ. 사ᄅᆞ미 만ᄒᆞ야<월석12:21a>

ᄆᆞ리 만코<월석10:23b>

ㄴ. 아로미 올ᄒᆞ니<육조 하24b-6>

니수미 올코<법화2:2b>

5) /y/ 첨가

/i, y/ 앞에서 /y/ 첨가가 일어났다. 이러한 조건 환경에서의 /y/ 첨가는 필수적인 현상이 아니라 수의적으로 일어난 현상이다.

(57) ㄱ. 개야미<두시15:56a> ← 가야미<두시5:33b>

/kayyami/ /kayami/

ㄴ. ᄇᆡ얌<두시3:38b> ← ᄇᆞ얌<석상9:24b>

/pʌyyam/ /pʌyam/

ㄷ. 鵝 게유 아<유합 상12a> ← 鵝 거유 아<훈몽 상9a>

/kəyyu/ /kəyu/

(57)에서의 /y/ 첨가는 /i, y/ 앞이라는 조건 환경에서 일어난다는 점에서 근대국어에 발생하는 움라우트와 조건 환경이 같다. 하지만 움라우트는 '딍기고<여소학87> ← ᄃᆞᆫ기-)', '애비<국한234> ← 아비)'에서 보듯이 /i, y/ 앞에 개재자음이 있어야 하는데, (57)에서의 /y/ 첨가는 개재자음이 없는 환경에서 일어난다. 그래서 (57)은 움라우트로 보지 않고, /y/ 첨가로 본다.

3.3.2. 근대국어에 발생한 음운 현상과 이후 변화

1) 구개음화

구개음화의 발생 시기는 17세기 말에서 18세기 초 정도로 추정한다. 그러면 중세국어에서는 왜 구개음화가 발생하지 않았는가? 이는 중세국어의 자음체계에서 그 원인을 찾을 수 있다. 즉 중세국어의 자음체계에서 /ㅈ, ㅊ, ㅉ/는 현대국어처럼 경구개 위치에서 나는 소리 /ʧ, ʧʰ, ʧ'/가 아니었다. 훈민정음의 기술을 그대로 따른다면 /ㅈ/는 설음인 /ㄷ/보다 앞쪽에서 나는 소리였다. 학자에 따라서는 /ㅈ/를 설음과 같은 위치, 즉 현대국어로 보면 치조 위치에서 나는 소리였던 것으로 보기도 하는데, 어쨌든 적어도 중세국어의 /ㅈ/는 경구개 위치에서 나는 소리는 아니었다. 즉 /ㅈ, ㅊ, ㅉ/는 중세국어에서 현대국어에 이르는 동안 문자는 변화 없이 그대로이지만, 문자의 소릿값은 중세국어와 현대국어가 달랐다.

구개음화라는 말은 구개음의 존재를 전제한다. 그런데 중세국어에는 /ㅈ, ㅊ, ㅉ/가 구개음이 아니었으므로, 당연히 구개음화가 발생할 수 없었다. 중세국어의 /ㅈ/가 현대국어와 달랐다는 증거로 제시되는 것은 (58)의 중세국어 자료이다.

(58)[7]

ㄱ.	장(龕 · 庋)	쟝(醬)
ㄴ.	저(自)	져(筯)
ㄷ.	초(醋)	쵸(燭)

현대국어에서는 음운론적으로 '자 : 쟈'가 대립되지 않는다. 표기상 '가지어'를 '가져'라고 적기는 하지만, '가져'의 발음은 반모음 /y/가 탈락한 [kaʧə]이다. 즉 표기로는 '가져'와 '가저'가 다르지만, 실제 발음은 '가져'도 [kaʧə]이고 '가저'도 [kaʧə]로 동일하다.

7. '장(龕·庋)'은 물건을 담는 그릇이나 물건을 올려 두는 시렁 같은 것을 의미하고, '쟝(醬)'은 간장, 된장의 '장'이다. '저(自)'는 자기 자신을 뜻하고, '져(䈽)'는 구기자 또는 메밀을 뜻한다. 그리고 '초(醋)'는 식초의 초를 뜻하며, '쵸(燭)'는 촛불의 '초'를 뜻한다.

하지만 중세국어에서는 (58)에서처럼 실제 음운론적으로 '자 : 쟈', '저 : 져'가 대립되었다. 현대국어와 중세국어의 이러한 차이는 /ㅈ/의 음가에서 비롯되었다. 즉 중세국어는 /ㅈ/가 /ㄷ/의 앞쪽에서 조음되었기 때문에 기저형에서도 /ʦa/ : /ʦya/가 대립되었고, 표면형에서도 [ʦa] : [ʦya]가 대립되었다. 하지만 현대국어에서 /ㅈ/는 /ㄷ/의 뒤쪽인 경구개 위치에서 조음되기 때문에 표기상 '쟈'가 [ʧya]로 발음되지 못하고 [ʧa]로 발음된다. 그래서 표면형에서 [ʧa] : [ʧya]가 대립되지 않는다. 표면형에서는 [ʧa]만 가능하다.

/ㅈ, ㅊ, ㅉ/는 근대국어에 와서 현대국어와 같은 경구개 위치에서 나는 소리로 변화하였다. 그렇기 때문에 구개음화의 발생이 /ㅈ, ㅊ, ㅉ/가 경구개 위치로 이동한 근대국어에 와서야 발생할 수 있었던 것이다. 구개음화 발생 시기와 관련하여는 유희의 『諺文志』(언문지)(1824) 기록도 참고 자료로 쓰인다.

(59) 유희(1773 -1837)의 『언문지』 기록

如東俗댜뎌呼同쟈져 탸텨呼同챠쳐 …… 今唯關西之人 呼天不與千同 呼知不與至同

(여동속댜뎌호동쟈져 탸텨호동챠쳐 …… 금유관서지인 호천불여천동 호지불여지동

又聞鄭丈言 其高祖昆弟 一名知和 一名至和 當時未嘗疑呼 可見디지之混未是久遠也

우문정장언 기고조곤제 일명지화 일명지화 당시미상의호 가견디지지혼 미시구원야)

[해석] 우리나라 속음에 '댜뎌'를 '쟈져'로, '탸텨'를 '챠쳐'로 소리 낸다. …… 오늘날 관서인들만이 天[텬]을 千[천]으로 발음하지 않는다. …… 또 정동유 어른께 들으니 그 분의 고조부 형제가 '知和[디화]'인데 한편으로는 '至和[지화]'로도 불렸다. 그런데 당시에는 이를 혼동하여 부르지 않았다. '디'와 '지'를 혼동하게 된 것은 그리 오래 전의 일이 아닌 것으로 보인다.

'知和'를 고조부 시대에는 '디화'로만 불러서 혼동이 되지 않았는데, 유희가 살던 시기에는 '디화'라고도 부르고 '지화'라고도 불러 혼동되었다고 하고 있다. '디화'와 '지화'가 혼동된 것은 구개음화가 적용된 발음이 통용되었기 때문이다. 그래서 유희

의 고조대까지 약 60년을 거슬러 올라가면 대체로 구개음화의 발생 시기를 18세기 중엽 정도로 추정 가능하게 된다.

구개음화의 조건 환경은 /i, y/ 앞이다. 현대국어에서는 /y/ 앞에서의 구개음화 예를 찾기 어려운데, 그것은 /y/ 앞에서의 구개음화의 경우에는 구개음화된 후에 어간이 모두 재구조화되는 변화를 겪었기 때문이다.

(60) /i/ 모음 앞에서

중세국어	근대국어(18세기)
딕희라 ᄒᆞ고<월석22:49a>	직희게 ᄒᆞ쟈<몽노2:20b>
디ᄂᆞᆫ 나래<두시17:8b>	밤 지나도록 <삼역7:12a>
붑 티다<원각 하2-1:49b>	댱고ᄅᆞᆯ 치다<사략2:51a>
펴디며<월석2:31a>	펴지다<몽유 보37b>
ᄒᆞ디 아니ᄒᆞ고<두시24:24a>	ᄒᆞ지 아녀도<명의2:55a>

(61) /y/ 앞에서

중세국어	근대국어(18세기)
댱마<백련16b>	쟝마<인어8:11a>
뎌레 즁이<두시22:14b>	졀 ᄉᆞ 寺<왜유 상52b>
부텨<석상19:32b>	부쳐ᄅᆞᆯ<경신45b>
됴타<석상3:3a>	죠타<노걸중 상16a>
ᄀᆞ장 듕ᄒᆞ니ᄂᆞᆫ<구간2:109a>	ᄀᆞ장 즁ᄒᆞ니라<경신68b>

(60)은 /i/ 모음 앞에서의 구개음화 예이고, (61)은 /y/ 앞에서의 구개음화 예이다. (61)의 단어들은 '장마, 절, 부처, 좋다, 중하다'처럼 구개음화된 형태로 어간이 재구조화되어 현대국어로 이어졌다.

/ㄷ/ 구개음화가 활발하게 일어나던 18세기 중엽 이후에는 '/ㄱ/ → /ㅈ/'의 /ㄱ/ 구개음화와 '/ㅎ/ → /ㅅ/'의 /ㅎ/ 구개음화도 함께 나타난다.[8] 그런데 /ㄷ/ 구개음화 달리 /ㄱ/ 구개음화와 /ㅎ/ 구개음화는 어두 음절에서만 나타나고, 비어두 음절에서는

일어나지 않는다. (62)가 /ㄱ/ 구개음화의 예이고, (63)이 /ㅎ/ 구개음화의 예이다.

(62)

중세국어	근대국어(18세기)
계집이<번소3:23b>	女 졔집 녀<천자(영장)6a>
仄 기울 칙<광천1b>	仄 지울 측<천자(영장)1a>

(63)

중세국어	근대국어(18세기)
형뎨<번박25a>	셩뎨<오륜 충14b>
혜아리다니<법화2:21b>	셰아리니<남원고사>

/ㄱ/ 구개음화와 /ㅎ/ 구개음화는 /ㄷ/ 구개음화처럼 어간을 재구조화하지는 못하고 소멸된다. 이 과정에서 /ㄱ/ 구개음화가 활발하게 일어나던 시기에 '/ㄱ/ → /ㅈ/'로 교체된 /ㅈ/가 아니라, 원래 /ㅈ/를 /ㄱ/로 잘못 인식하여 어간이 바뀐 예들이 있다. 이는 /ㄱ/ 구개음화된 /ㅈ/를 원래의 /ㄱ/로 교정하는 과정에서 과잉으로 잘못 교정한 것이다. 그래서 이를 '과도 교정', '과잉 교정'이라고도 하고, '역구개음화'라고 하기도 한다.

(64)

	중세국어	근대국어(19세기)
ㄱ.	질삼ᄒᆞ야<내훈3:63a>	길삼ᄒᆞ야<여소학478>
	ᄆᆞᅀᆞᄆᆞᆯ 질드려<법화5:107a>	코끼리를 길들이는<연사 중34a>
ㄴ.	菹 딤ᄎᆡ 져<신증유합 상30a>	나박 김치<국한55>
	아ᅀᆞ 맛디시고<월석1:5a>	돈을 맛기니<국빈소학11a>

(64ㄱ)은 원래 /ㅈ/였던 것인데 /ㄱ/ 구개음화된 /ㅈ/인 줄 알고 /ㄱ/로 잘못 교정한 것이다. 이에 비해 (64ㄴ)은 중세국어에서 /ㄷ/였던 것이 구개음화되어 '짐치, 맛

8. /ㅎ/ 구개음화는 /ㅎ/가 /ㅅ/의 경구개 변이음 [ʃ]로 바뀌는 것을 이른다. 그런데 근대국어, 현대국어에서 [ʃ]는 음운이 아니라 /ㅅ/(/s/)의 조건 변이음이다. 그러니까 /ㅎ/ 구개음화는 음운론적으로는 /ㅎ/가 치조음 /ㅅ/로 바뀌는 것이다. 그래서 '/ㅎ/ → /ㅅ/' 교체를 구개음화라고 부르는 것이 적절하지 않다고 보기도 한다.

지-'가 된 것인데, 이 /ㅈ/를 /ㄱ/ 구개음화된 /ㅈ/인 줄 알고 /ㄱ/로 잘못 교정한 것이다. 중세국어 '디새'의 현대국어가 '기와'인데, '기와' 역시 (64ㄴ)의 예에 해당한다(디새 → 지새 > 기와).

/ㄷ/ 구개음화가 활발하던 시기에 '녀자 → 여자', '량반 → 양반'처럼 어두에서 /ㄴ/, /ㄹ/가 /i, y/ 앞에서 탈락하는 현상이 나타나는데, 이를 '/ㄴ/ 구개음화', '/ㄹ/ 구개음화'라고 한다. 이 시기에 '로인 → 노인'처럼 어두에 /ㄹ/가 제약되는, 즉 소위 두음법칙이라고 부르는 현상도 함께 나타난다. 현대국어에서 두음법칙이라고 부르는 현상이 왜 발생했는지는 설명하기 어렵지만, /ㄴ/ 구개음화, /ㄹ/ 구개음화의 발생과 직접적으로 연동되어 일어난 현상임에는 분명하다. 음성적으로는 'nyV', 'lyV'가 각각 /n/와 /l/의 경구개 변이음으로 바뀌어 [ɲyV], [ʎyV]가 되어 결과적으로 [ɲ], [ʎ]가 탈락한다.[9] 그러나 국어에서 [ɲ], [ʎ]가 음운이 아니라 변이음이기 때문에, 이를 구개음화와 구분하여 '구개변이음화'라고 부르기도 한다. /ㄴ/ 구개음화와 /ㄹ/ 구개음화는 /ㄴ/와 /ㄹ/가 경구개 음소로 교체하는 것이 아니라 각각 경구개 변이음 [ɲ], [ʎ]로 교체한 뒤 결과적으로 탈락한다는 점에서 /ㄷ/, /ㄱ/, /ㅎ/ 구개음화와는 그 성격이 다르다.

2) 움라우트

움라우트가 발생한 것은 적어도 18세기 이후의 일이다. 그러면 중세국어에서는 왜 움라우트가 발생하지 않았는가? 움라우트는 후설 모음이 전설 모음으로 바뀌는 현상이다. 그런데 중세국어 모음체계에서는 전설 모음에 /ㅣ/ 하나밖에 없었다. 표기상 'ㅔ, ㅐ, ㅚ, ㅟ'는 중세국어 당시 각각 [əy], [ay], [oy], [uy]의 이중모음이었고, 'ㅔ, ㅐ, ㅚ, ㅟ'가 현대국어와 같이 단모음 /e/, /ɛ/, /ö/, /ü/로 변화한 것은 근대국어에 와서의 일이다. 움라우트는 후설모음이 전설의 /i, y/에 동화되어 같은 높이의 전설모음으로 교체하는 현상이다. 즉 움라우트는 전설성 동화이므로 당연히 모음체계에서 전설 모음의 존재를 전제한다. 하지만 중세국어에서는 동화될 수 있는 전설 모음이 존

9. 'V'는 모음을 뜻한다. 그러니까 'nyV'는 '냐, 녀, 뇨, 뉴 …'처럼 /ㄴ/에 /y/계 상향 이중모음이 결합한 음절 모두를 이른다. 'lyV' 역시 평행하다. 그리고 [ɲ]는 /n/가 /i, y/ 앞에서의 발음될 때 실현되는 /n/의 경구개 변이음이고, [ʎ]는 /l/가 /i, y/ 앞에서 발음될 때 실현되는 /l/의 경구개 변이음이다.

재하지 않았기 때문에 움라우트가 발생할 수 없었다. 그래서 근대국어에 와서 전설모음 /e, ε, ö, ü/가 음운화되는 변화가 일어난 후에야 비로소 움라우트가 발생하게 된다.

(65)

	중세국어	근대국어(19세기)
ㄱ.	늘근 한아비ᄅᆞᆯ<두시8:61a>	할애비 祖<국한344>
ㄴ.	삿기ᄅᆞᆯ<두시17:32a>	ᄉᆡᆨ기를<명성경33b>
ㄷ.	목숨 앗기디<법화2:172a>	만물을 ᄋᆡᆨ기면<명성경22a>
ㄹ.	죽을 머기면<구간1:101b>	고기를 메기거ᄂᆞᆯ<명성경31b>
ㅁ.	기ᄃᆞ려<원각 상1-2:98b>	사ᄅᆞᆷ을 기ᄃᆡ려<명성경30a>

움라우트는 어간의 형태를 재구조화하지는 못했다. 현대국어의 '애기', '에미', '애비'의 경우에는 어간이 재구조화된 것이라고 할 수도 있겠지만, 움라우트되기 전의 '아기', '어미', '아비'가 여전히 나타난다. 그렇기 때문에 움라우트가 어간을 재구조화시켰다고 할 수 없다.

3) 원순모음화

원순모음화는 양순자음 /ㅂ, ㅍ, ㅃ, ㅁ/ 아래에서 '/ㅡ/ → /ㅜ/'로 바뀌는 현상이다. 대체로 18세기에 이르러 본격적으로 등장한다. 원순모음화의 결과 어간이 원순모음화된 형태로 재구조화되어 현대국어에 이른다.

(66)

	중세국어	근대국어(18세기)
ㄱ.	플<두시8:70a>	풀<몽노4:1b>
ㄴ.	믈와<두시21:29b>	물 먹이지<몽노2:16b>
ㄷ.	ᄡᅳᆯ<구간2:43b>	쇠 ᄡᅮᆯ에<무원록3:83b>
ㄹ.	허믈<원각 하1-1:57a>	말의 허물<경신33b>

4) 전설모음화

전설모음화는 /ㅅ, ㅆ, ㅈ, ㅊ, ㅉ/ 아래에서의 '/ㅡ/ → /ㅣ/' 교체를 이른다. 전설모음화 역시 전설모음화된 형태로 어간이 재구조화되어 현대국어에 이른다.

(67)

	중세국어	근대국어(19세기)
ㄱ.	아ᄎᆞᆷ 먹논<두시25:37a>	아침<국한202>
ㄴ.	즘ᄉᆡᆼ이<두시11:26a>	짐승도<명성경21b>
ㄷ.	거츨ᄉᆡ<두시10:31a>	거칠다<국한184>
ㄹ.	어즈러운 ᄆᆞᅀᆞᄆᆞ로<법화1:221b>	어지러운 ᄉᆡᆼ각으로<죠군38b>

(67ㄱ)의 '아침'은 중세국어 '아ᄎᆞᆷ'에서 /ㆍ/의 1단계 변화, 즉 비어두에서 /ㆍ/ > /ㅡ/ 변화를 겪은 '아츰<두중14:3a>'에 전설모음화가 적용된 것이다(아ᄎᆞᆷ > 아츰 > 아침).

참고로 현대국어의 '부지런하다'는 원순모음화와 전설모음화, /ㆍ/의 2단계 변화가 적용된 결과이다. 이러한 사실을 역으로 적용하면 중세국어의 형태를 추론할 수 있다.

(68) 브즈런ᄒᆞ며<두시7:31b> > 부지런ᄒᆞᆫ<과화6a> > 부지런하다

5) /ㅗ/ > /ㅜ/ 변화

/ㅗ/ > /ㅜ/는 일부 어휘에서 일어난 변화이다. 즉 /ㅗ/를 가지고 있는 어휘들 중에서 일부 어휘에서 일어난 산발적인 변화이다. 변화가 일어난 경우에는 어간이 재구조화되었다.

(69)

	중세국어	근대국어(19세기)
ㄱ.	나모 미틔<석상24:42a>	찔늬나무<광재물보 초만1b>
ㄴ.	마조 안자<구간1:87a>	마주 앉아<연사 상3b>
ㄷ.	ᄌᆞ조<두시11:49b>	자주<연사 하19a>
ㄹ.	싸호ᄂᆞᆫ<법화2:116a>	싸우다<국한73>
ㅁ.	ᄇᆡ호면<법화3:51b>	배우다<국한136>

현대국어에서 나타나는 '나도 → 나두', '하고 → 하구'도 이 변화의 연장선에 있다. '/ㅗ/ > /ㅜ/'는 저모음을 고모음으로 바꾸어 발음하는 것인데, 큰 틀에서 보면 이 변화는 조음의 편의성과 관련되어 있다. 고모음은 저모음에 비해 입을 덜 벌리기 때문에 상대적으로 조음하기가 쉽다. 그러니까 /ㅗ/ > /ㅜ/는 조음을 좀 더 편리하게 하기 위해 일어나는 변화이다. 언어 내적인 이유에 의해서가 아니라, 조음의 편의성 추구에 의한 변화이기 때문에 규칙적이지 않고, 어휘에 따라 산발적인 양상으로 나타난다.

6) /ㅎ/ 종성 체언의 소멸

중세국어에는 /ㅎ/ 종성 체언들이 많이 있었지만, 근대국어 후반부에 이르면서 거의 소멸되었다. /ㅎ/ 종성 체언이 왜 소멸되었는지에 대해서는 현재까지 설득력 있는 설명이 제시되지 못하고 있다. (70)~(71)은 중세국어 /ㅎ/ 종성 체언의 예이다. /ㅎ/ 종성 체언은 (71)에서처럼 축약될 수 있는 자음(/ㅂ, ㄷ, ㅈ, ㄱ/) 이 후행하면 이들 자음과 축약되었다.

(70) ㄱ. 뫼햇 돌히 티면<능엄4:18b>
ㄴ. ᄯᅡ히<두시21:2a>
ㄷ. 하ᄂᆞᆯ히<두시9:33b>
ㄹ. 암히 수흘 좃놋다<두시17:5b>

(71) ㄱ. 뫼콰 돌콰 잡고<월석7:38b>
ㄴ. 하ᄂᆞᆯ콰 ᄯᅡ콰ᄅᆞᆯ 니르니라<석상19:13a>
ㄷ. 암카히<월석23:90b>
ㄹ. 수ᄐᆞᆰ<구간1:110b>

/ㅎ/ 종성 체언은 근대국어까지도 부분적으로 남아 있었지만, 이후 현대국어에서는 '암탉, 암캐', '수탉, 수캐' 등의 합성어에서 /ㅎ/ 종성 체언의 흔적만 확인할 수 있을 뿐 완전히 소멸되었다. 중세국어에서 '암'과 '수'는 원래 /ㅎ/ 종성 체언인 '암ㅎ',

'수ㅎ'이었다. 따라서 중세국어에서 '암ㅎ'과 '수ㅎ'에 '닭'이 결합할 경우에는 종성의 /ㅎ/가 후행하는 '닭'의 /ㄷ/와 축약되어 '암탉', '수탉'으로 실현되었다. 즉 중세국어 당시에 '암탉', '수탉'은 공시적으로 /ㅎ/ 축약 규칙이 적용된 것이다.

그런데 근대국어 이후 /ㅎ/ 종성 체언의 /ㅎ/가 모두 소멸되면서 '암ㅎ', '수ㅎ'은 각각 '암', '수'로 그 형태가 변화하였다. 하지만 중세국어 당시에 만들어진 합성어 '암탉'과 '수탉'은 '암ㅎ', '수ㅎ'의 변화에도 불구하고, 중세국어 당시의 '암탉', '수탉'을 현대국어까지 그대로 유지하고 있는 것이다. '암탕나귀, 수탕나귀, 암코양이, 수코양이…' 등도 마찬가지이다. '조팝나무', '이팝나무'에서도 원래는 '조', '이'가 '조ㅎ', '이ㅎ'의 /ㅎ/ 종성 체언이었음을 알 수 있다(조ㅎ+밥나무 → 조팝나무, 이ㅎ+밥나무 → 이팝나무).

4장.
형태사

4.1. 단어와 단어 형성

새로운 단어를 만드는 방식은 중세국어나 현대국어가 다르지 않다. 즉 중세국어에서도 단어를 만드는 주된 방식은 파생과 합성의 방식이었다. 그러나 모든 단어가 파생과 합성에 의해서만 만들어지는 것은 아니다. 때로는 곡용형이나 활용형이 굳어져서 하나의 단어가 되기도 하고, 구가 긴밀해져서 단어가 되기도 한다.

(1)은 중세국어에서는 원래 곡용형이었던 것이 이후 단어로 변한 것이고, (2)는 중세국어에서는 원래 활용형이었던 것이 단어로 변한 것이다.

(1) ㄱ. 단숨에(단숨 + -에), 대번에(대번 + -에)
　　ㄴ. 새로(새 + -로), 별로(별(別) + -로)

(2) ㄱ. 갖은(<갖- + -ᄋᆞᆫ)
　　ㄴ. 다른(<다ᄅᆞ- + -ᄋᆞᆫ)
　　ㄷ. 이런(<이러ᄒᆞ- + -ᄋᆞᆫ), 저런(<뎌러ᄒᆞ- + -ᄋᆞᆫ), 그런(<그러ᄒᆞ- + -ᄋᆞᆫ)

(3)은 중세국어에서는 구 구성이었던 것이 단어가 된 것이다. (3)은 중세국어에서

는 '명사 + 속격조사 + 명사' 구성이었다. (3ㄱ)에서는 '-ᄋᆡ/의'가 속격 조사이고, (3ㄴ)에서는 '-ㅅ'이 속격 조사이다. 중세국어에서는 유정물의 속격에는 '-ᄋᆡ/의'가, 무정물의 속격에는 '-ㅅ'이 각각 결합하여 속격 조사가 구분되어 사용되었다.

(3) ㄱ. 쇠고기(<쇼ᄋᆡ 고기)
  ㄴ. 냇가(<내ㅅ가)

파생과 합성, 파생어와 합성어에 대한 개념 및 이를 설명하는 이론적인 바탕은 현대국어의 그것과 같다. 다만 설명의 대상이 되는 단어가 현대국어에는 없는 단어들이 많을 뿐이다. 그래서 중세국어의 형태소와 단어를 어느 정도 머릿속에 넣으면 중세국어의 파생어와 합성어에 대한 분석도 쉬워질 수 있다.

파생은 '어근 + 접사'의 구성이고, 합성은 '어근 + 어근'의 구성이다. 파생의 방식으로 만들어진 단어를 파생어라고 하고, 합성의 방식으로 만들어진 단어를 합성어라고 한다. 파생어와 합성어를 아울러 복합어라고 한다. 파생어인지 합성어인지를 구분하는 핵심은 단어를 처음 두 개로 쪼개었을 때, 쪼개진 두 구성 요소 중 어느 하나라도 접사이면 파생어이다.

단어를 처음 두 개로 쪼개는 것을 직접구성요소 분석 또는 IC-분석(Immediately Constituent Analysis)이라고 한다. 합성어는 처음 두 개로 쪼개었을 때, 두 구성 요소가 모두 접사가 아닐 때, 즉 어근일 때이다. 접사가 아니면 어근으로 해석한다. 반면 두 구성 요소 중에서 어느 하나라도 접사이면 파생어이다. 특이하게 '풋내기'처럼 둘 다 접사인 경우도 있는데, 두 구성 요소 중 하나라도 집사이면 파생어이니까 '풋내기'는 정의상 당연히 파생어이다.

(4) 사ᄅᆞᆷ
 /\
살 ᄋᆞᆷ

(5) 밤낮
 /\
밤 낮

(4)의 '사ᄅᆞᆷ'은 처음 두 개로 쪼갠 것 중에 '-ᄋᆞᆷ'이 접사이므로 파생어이다. 이에 비해 (5)의 '밤낮'은 처음 두 개로 쪼갠 '밤'과 '낮' 어느 것도 접사가 아니므로 '어근 +

어근'의 합성어이다.

어떤 단어가 파생어인지 합성어인지는 직접구성요소 분석을 했을 때, 즉 처음 두 개로 쪼개었을 때, 쪼개어진 두 구성 요소의 성격에 의해 결정된다. 그래서 처음 두 개로 쪼개진 것을 다시 분석한 결과는 해당 단어가 파생어인지 합성어인지를 결정하는 데 관여하지 않는다.

```
(6)  쓴웃음        (7)  헛웃음
       /\                /\
     쓴  웃음           헛  웃음
           /\                 /\
          웃  음             웃  음
```

(6)의 '쓴웃음'의 경우 직접구성요소 분석을 한 '쓴-웃음'에서 구성요소 중의 하나인 '웃음'에는 접미사 '-음'이 있다. 하지만 '웃음'에 접미사 '-음'이 있다는 것이 '쓴웃음'이 파생어인지 합성어인지를 결정하는 데 관여하지는 않는다. '쓴-웃음'에서 보듯이 직접구성요소 분석을 한 두 구성 요소는 '쓴'과 '웃음'이고, '쓴'도 접사가 아니고 '웃음'도 접사가 아니므로 '쓴웃음'은 합성어이다. 반면 (7)의 '헛웃음'의 경우 직접구성요소 분석을 한 '헛-웃음'에서 '웃음'은 접사가 아니지만 '헛-'이 접사이므로 '헛웃음'은 파생어이다.

'웃음' 자체는 '웃-음'으로 직접구성요소 분석이 되므로 파생어이다. 이렇게 만들어진 파생어 '웃음'은 '쓴웃음', '헛웃음'에서처럼 어근으로 다시 새로운 조어에 참여한다. 합성에 의해 만들어진 합성어 역시 또 다시 새로운 합성이나 파생의 어근으로 참여한다. '소고깃국'은 합성어 '소고기'가 다시 합성에 참여한 예이고, '거짓말쟁이'는 합성어 '거짓말'이 다시 파생에 참여한 예이다.

파생어인지 합성어인지에 대한 구분이 직접구성요소 분석의 결과에 의해 결정되기 때문에, 직접구성요소 분석을 어떻게 하느냐에 따라 파생어인지 합성어인지에 대한 판단이 달라질 수 있다.

(8) ㄱ. 아기나히　　ㄴ. 아기나히

　　／＼　　　　　／＼

아기낳　이　　　아기　나히

'아기나히'를 (8ㄱ)처럼 직접구성요소 분석을 할 수도 있고, (8ㄴ)처럼 직접구성요소 분석을 할 수도 있다. (8ㄱ)처럼 직접구성요소 분석을 하면 파생어가 되고, (8ㄴ)처럼 직접구성요소 분석을 하면 합성어가 된다. 이 문제는 형태론 분야에서 오랫동안 논쟁이 되어온 주제이다. (8ㄱ)처럼 직접구성요소 분석을 할 경우 '아기나히'는 '아기(를) 낳-'이라는 VP(동사구)에 접미사 '-이'가 결합한 것으로 해석한다. 그래서 '아기나히'를 어근에 접사가 결합하는 파생과 구분하여 'VP-파생' 또는 '동사구 파생'이라고 한다.

(9) N - 아기나히

　　／＼

VP　-이

　／＼

NP　V

｜　｜

아기　낳-

중세국어에서 현대국어까지 변화 없이 그대로 이어진 어휘도 있다. 그렇지만 많은 경우 음운 변화나 여타의 변화에 의해 형태가 바뀐 것도 있고, 또 소멸된 어휘도 있다. 언어가 고정불변하는 것이 아니라 시간의 흐름에 따라 끊임없이 변화하는 대상이라는 사실을 이해한다면 이는 지극히 자연스러운 현상이다. 그래서 형태사를 공부하기 위해서는 먼저 중세국어의 어휘 목록을 어느 정도 익히는 것이 필요하다.

4.2. 품사

4.2.1. 품사의 정의

품사의 언어학적 정의는 단어를 그 형태적 특성이나 기능, 의미에 따라 분류한 것이다. 즉 품사라는 말에는 이미 그 대상이 단어라는 것을 전제하고 있다. 그러면 단어의 정의는 무엇이냐? 단어는 최소의 자립 형식이다.

- 품사 : 단어의 갈래. 즉 단어를 그 형태적 특성, 기능, 의미에 따라 분류한 것
- 단어 : 최소의 자립 형식(minimal free form)

품사와 단어의 정의에 따르면 '○(○)사'에 해당하는 것은 단어이어야 한다. 그리고 단어는 문장에서 홀로 쓰이는 자립 형식이어야 한다. 여기서 핵심은 자립인데, 자립의 의미는 문장에서 다른 요소의 도움 없이 홀로 쓰일 수 있느냐 없느냐이다. 다시 말해 자립의 의미가 아무 것도 없이 자기 혼자 쓰일 수 있느냐 없느냐가 아니라는 뜻이다.

'새', '헌', '갖은' 같은 관형사는 그 자체로 혼자 쓰일 수는 없다. 즉 관형사는 반드시 자신이 수식하는 대상, 즉 피수식어와 함께 쓰인다. 이처럼 관형사는 자신이 수식하는 피수식어와 분리될 수 없는 제약이 있기는 하지만, 관형사 자체는 다른 요소와의 결합 없이 자기 혼자서 쓰인다. 즉 동사 어간처럼 반드시 어미와 결합해야만 문장에 쓰일 수 있는 제약이 없다. 그래서 관형사는 자립 형식이고, 자립 형식이므로 단어이다.

관형사가 피수식어와 분리될 수 없는 것은 자립이냐 의존이냐의 문제가 아니라 '수식어-피수식어' 제약과 관련된 것이다. 즉 국어에서 '관형어 + 피수식어' 구성은 분리될 수 없고, 항상 하나의 단위로 움직여야 한다는 제약이 있다. 관형사는 문장에서 항상 관형어로 쓰인다. 자립의 개념이 문장에서 다른 요소의 도움 없이 혼자 쓰일 수 있느냐의 유무라는 것을 이해했다면, 동사와 형용사 어간은 문장에서 반드시 어미와 결합해야만 쓰인다는 점에서 자립 형식이 아니라는 것도 이해할 수 있을 것이다.

우리가 받아들이고 있는 단어의 정의는 굴절어인 인구어를 대상으로 정의된 개념

이다. 그래서 교착어인 국어에 이러한 단어의 정의를 그대로 적용하게 되면, 맞지 않는 부분이 생길 수밖에 없다. 대표적인 것이 동사, 형용사 그리고 조사이다. 동사, 형용사는 실질 형태소이기는 하지만, 자립 형태소가 아닌, 의존 형태소이다. 더군다나 조사는 실질 형태소도 아니고, 자립 형태소도 아니다. 그럼에도 동사와 형용사는 단어이고, 또한 품사의 하나로 설명한다. 개론서 중에서는 조사도 독립된 품사로 분류하는 경우도 있고, 학교문법에서도 조사를 독립된 하나의 품사로 분류하고 있다. 독립된 품사로 분류한다는 것은 단어임을 전제로 하고 있다.

국어의 품사 분류에서 동사와 형용사가 의존 형태소임에도 단어로 분류하고 있다는 점에서 국어에서 단어의 정의는 자립 형태소가 아니라, 실질 형태소의 개념에 더 부합한다. 그런데 단어의 정의를 실질 형태소로 수정한다 해도 조사는 의존 형태소이면서 또한 형식 형태소이어서 여전히 단어의 정의에 부합하지 않는다. 그래서 적어도 형태론적으로는 조사가 단어의 범주에 들어오기 어렵다. 그럼에도 일부 개론서나 학교문법에서 조사를 단어로 분류하는 것은 단어의 정의에 부합해서가 아니라 그렇게 하자는 일종의 약속인 셈이다.

조사의 형태론적인 특성은 단어의 정의에 부합하지 않는다. 하지만 통사론적으로 조사는 단어하고만 결합하는 것이 아니라 단어보다 큰 단위와도 결합하여 그 특성이 단순하지는 않다.

(10) ㄱ. 그는 착한 사람이다.
ㄴ. 별이와 달이가 손을 잡고 학교에 갔다.

(10ㄱ)에서 서술격 조사 '-이-'는 '사람'이 아니라 '착한 사람'하고 결합했다고 보아야 한다. 관형어 '착한'이 서술어 '사람이다'를 수식한다고 할 수는 없고, 관형어와 피수식어는 분리될 수 없기 때문이다. (10ㄴ)에서도 주격 조사 '-가'는 '달이'가 아니라 '별이와 달이'에 결합했다고 보아야 한다. 서술어 '가다'의 주어는 '달이'가 아니라 '별이와 달이'이기 때문이다. 이처럼 조사가 단어보다 더 큰 단위와도 결합할 수 있다는 사실은 조사를 단순히 형태론적인 차원에서 의존 형태소라는 개념으로 한정해서 보기 어렵게 만든다.

품사 분류 기준이나 품사 분류 체계는 중세국어나 현대국어가 다르지 않다. 즉 중세국어 품사 분류 기준이나 분류 체계는 현대국어 품사 분류 기준과 분류 체계에 의해 설명된다. 그래서 중세국어를 위한 별도의 품사 분류 기준이나 분류 체계가 있는 것은 아니다.

4.2.2. 현대국어와 차이가 있는 몇 가지 특징

형태는 중세국어와 현대국어가 다르지 않지만, 기능은 중세국어와 현대국어가 다른 단어들이 있다. 형태가 같은데, 중세국어와 현대국어의 기능이 다르다는 것은 동일한 단어가 중세국어에서의 품사와 현대국어에서의 품사가 다르다는 말과 같다. 이는 중세국어에서 현대국어에 이르는 동안 단어의 기능에 변화가 있었다는 것을 말해준다.

(11) ㄱ. 네 일즉 므스 일 ᄒᆞ다가 온다<육조 중95a-?>
　　　므스 거스로 道(도)ᄅᆞᆯ 사ᄆᆞ료<월석9:22b>
　ㄴ. 므스기 어려우미 이시며<금삼3:21b>
　　　두 소니 다 뷔어늘 므스글 노ᄒᆞ라 ᄒᆞ시ᄂᆞ니잇고<월석7:54-1a>
　　　俱夷(구이) 묻ᄌᆞᄫᆞ샤ᄃᆡ 므스게 ᄡᅳ시리<월석1:10b>
　ㄷ. 므슴 그를 ᄆᆞᄅᆞ쇼려 ᄒᆞ시ᄂᆞᆫ고<석상3:8b>
　　　善知識(선지식)아 定慧(정혜)ᄂᆞᆫ 므슴과 ᄀᆞᆮᄒᆞ뇨<육조 중6b-8>
　　　用(용)은 므슴ᄃᆞᆯᄒᆞᆯ 브트뇨<육조下44b-7>

(11ㄱ)에서 '므스', (11ㄴ)에서 '므슥', (11ㄷ)에서 '므슴'을 확인할 수 있는데, 의미는 현대국어의 '무슨'에 해당한다. '므스'는 관형사로만 쓰이고, '므슥'은 대명사로만 쓰였다. 이에 비해 '므슴'은 관형사로도 쓰이고 대명사로도 쓰였다. (11ㄱ)에서 보듯이 '므스'는 항상 뒤에 체언이 오는 구성에서만 나타나고, 후행하는 체언을 수식하는 기능을 한다. 그래서 관형사라는 것을 확인할 수 있다. '므슥'이 대명사라는 것은 (11ㄴ)에서 '므스기(므슥+-이), 므스글(므슥+-을), 므스게(므슥+-에)'처럼 각각

주격 조사, 목적격 조사, 부사격 조사와 결합한 것을 통해 알 수 있다. 단어 중에서 격조사와 결합하는 것은 체언이다. 그래서 격조사와 결합하였다는 것은 대명사라는 것은 증언한다. 그리고 (11ㄷ)에서 '므슴 그를'에서는 '므슴'이 후행하는 '글'을 수식하는 것을 통해서 관형사라는 것을 알 수 있고, '므슴과(므슴 + -과)'에서는 공동격 조사 '-과'와 결합한 것을 통해서 '므슴'이 대명사라는 것을 알 수 있다. '므슴ᄃᆞᆯㅎ'의 경우에도 복수의 의미를 나타내는 접미사 '-ᄃᆞᆯㅎ'이 체언과 결합한다는 사실을 통해서 이때의 '므슴' 역시 대명사라는 것을 알 수 있다.

'어느'는 현대국어에서는 관형사로만 쓰이지만, 중세국어에서는 관형사 외에도 대명사, 부사로도 쓰였다.

(12) ㄱ. 어늬 解脫(해탈)이 아니리오<영가 하16a>
어느ᄅᆞᆯ 닐온 正法眼(정법안)고<금삼2:69a>
ㄴ. ᄀᆞᄅᆞ맷 구루믄 어느 바ᄆᆡ ᄀᆞ마니 이실고<두시21:26a>
ㄷ. 시름이 업거니 저픈 ᄠᅳ디 어느 이시리잇고<월천45a>

(12ㄱ)의 '어느'는 대명사이고, (12ㄴ)의 '어느'는 관형사, (12ㄷ)의 '어느'는 부사이다. (12ㄱ)의 '어늬(어느 + -이)'에서는 '어느'가 주격 조사와 결합하였고, '어느ᄅᆞᆯ(어느- + -ᄅᆞᆯ)'에서는 '어느'가 목적격 조사와 결합하였다. 격조사와 결합하는 것은 체언이므로 이를 통해서 '어느'가 대명사라는 것을 확인할 수 있다. (12ㄴ)에서는 '어느'가 명사 '밤'을 수식하고 있으므로 관형사라는 것을 알 수 있다. 그리고 (12ㄷ)에서는 '어느'가 서술어인 형용사 '이시리잇고'를 수식하는 사실을 통해서 부사라는 것을 확인할 수 있다. 부사로 쓰인 '어느'는 현대국어의 '어찌' 정도의 의미이다.

'새' 역시 현대국어에서는 관형사로만 쓰이지만, 중세국어에서는 관형사 외에 명사로도 쓰였다.

(13) ㄱ. ᄂᆞᆯᄀᆞ닐 덜오[1] 새ᄅᆞᆯ 더으며<원각 상1-2:188b>

---

1. 'ᄂᆞᆯᄀᆞ닐 덜오'를 형태소 분석하면 'ᄂᆞᆰ+ᄋᆞᆫ+이+ㄹ 덜+오(←고)'이다. 의미는 '낡은 것을 덜어 내고'이다.

녜ᄅᆞᆯ 올마 새예 갈씨 일후미<능엄7:83b>

ㄴ. 이븐 남ᄀᆡ 새 닢 나니이다<용가84장>

(13ㄱ)의 '새'는 '새ᄅᆞᆯ', '새예'에서 각각 목적격 조사, 부사격 조사와 결합하였는데, 이를 통해서 '새'가 명사라는 것을 확인할 수 있다. 관형사는 격조사와 결합할 수 없으므로 (13ㄱ)의 '새'가 관형사일 수 없다. (13ㄴ)의 '새'는 명사 '닢'을 수식하는 관형사이다.

'아니' 역시 현대국어에서는 부사로만 쓰이지만, 중세국어에서는 명사로도 쓰였다.

(14) ㄱ. 이 生(생)이며 生 아니ᄅᆞᆯ ᄀᆞᆯᄒᆡᄂᆞ니<법화5:30a>

ㄴ. 두 아기 아니 안기시니<월석20:55a>

(14ㄱ)의 '아니ᄅᆞᆯ'에서 목적격 조사와 결합한 '아니'를 확인할 수 있다. 부사가 격조사와 결합할 수는 없으므로 이때의 '아니'는 명사라는 것을 확인할 수 있다. (14ㄴ)에서의 '아니'는 서술어인 동사 '안기시니'를 수식하므로 부사이다.

현대국어의 '내', '네', '제'는 대명사이지만, 중세국어에서 '내', '네', '제'는 단어가 아니라 격조사가 결합한 곡용형이었다. (15)는 주격 조사 '-ㅣ/y/'가 결합한 곡용형이고, (16)은 속격 조사 '-ᄋᆡ/의'가 결합한 곡용형이다.

(15) ㄱ. 내 비록 나히 늙고도 ᄉᆞᆫᄌᆡ 貪(탐)ᄒᆞ야<월석13:15b>

ㄴ. 네 몬져 주그리로다<석상24:18b>

ㄷ. 샹녜 慈悲(자비)ᄅᆞᆯ 行(행)ᄒᆞ야 제 부텨 ᄃᆞ욀ᄯᆞᆯ 아라<법화3:45a>

(16) ㄱ. 내 이베 들에 ᄒᆞ라<두시3:32b>

ㄴ. 네 스승이 누고<석상23:41b>

ㄷ. ᄆᆡ샹 제 아ᄃᆞᄅᆞᆯ ᄉᆡᆼ각ᄒᆞ며 ᄯᅩ<법화2:189b>

'내', '네', '제'가 주격 조사가 결합한 곡용형인지, 속격 조사가 결합한 곡용형인지는 문장 구조를 분석함으로써 알 수 있다. (15ㄱ~ㄷ)에서 '내, 네, 제'는 주어이고, (16ㄱ~ㄷ)의 '내, 네, 제'는 각각 후행하는 명사 '입, 스승, 아ᄃᆞᆯ'을 수식하는 관형어이다. 이를 통해 '내, 네, 제'가 (15)에서는 주격 조사가 결합한 곡용형이라는 것을, (16)에서는 속격 조사가 결합한 곡용형이라는 것을 알 수 있다.

주격형과 속격형은 성조에 의해서도 구분이 되었다. 중세국어에서 성조는 글자의 왼쪽에 점으로 표시하였는데, 한 점은 거성, 두 점은 상성, 무점은 평성이었다. (17)에서 글자 왼쪽 점이 성조를 나타낸 것이다.

(17)

주격 조사 '-이' 결합형	속격 조사 '-ᄋᆡ/의' 결합형
·내 (거성)	내 (평성)
:네 (상성)	네 (평성)
:제 (상성)	제 (평성)

'내', '네', '제'는 중세국어에서는 단어가 아니라 곡용형이었지만, 현대국어에서는 대명사이다. 즉 원래는 곡용형이었지만 이후 단어가 되었다. 언중들이 '내', '네', '제'에 있는 격조사를 분석해 내지 못하게 되면서 하나의 단어로 인식하게 되는 변화가 일어난 것이다. 여기에는 근대국어에 새로 생긴 주격조사 '-가'도 중요한 영향을 미쳤다. 중세국어에는 주격 조사가 '-이' 하나밖에 없었는데, 근대국어에 이르러 주격 조사 '-가'가 새로 생겼다. 이로 인해 현대국어처럼 선행하는 체언이 자음으로 끝나면 '-이'가 결합하고, 선행하는 체언이 모음으로 끝나면 '-가'가 결합하였다. 이러한 새로운 결합 규칙에 의해 '내', '네', '제'도 모음으로 끝났기 때문에 다시 주격 조사 '-가'가 결합한 (18)의 형태로 쓰이게 된다.

(18) 내가, 네가, 제가

(18)처럼 이미 주격형인 '내', '네', '제'에 다시 주격 조사 '-가'가 결합하기 시작하면서, 자연스럽게 '내', '네', '제'를 하나의 단어로 인식하게 된 것이다.

그런데 '내', '네', '제'가 하나의 단어가 되었지만, 원래 격조사가 결합한 곡용형이었던 흔적이 화석처럼 남아 있다. 그래서 격조사와의 결합에 (19)에서처럼 제약이 있다.

(19)

ㄱ.	내가	네가	제가
ㄴ.	×내를	×네를	×제를
ㄷ.	×내의	×네의	×제의

(19ㄱ)처럼 주격 조사와는 결합할 수 있는데 반해 (19ㄴ)처럼 목적격 조사, (19ㄷ)처럼 관형격 조사와는 결합하지 못한다. 주격, 목적격, 관형격은 서로 중첩될 수 없다. 그러나 동일한 격은 중첩되더라도 문법적으로 문제가 되지 않는다. 이러한 사실을 고려하면, '내', '네', '제'에 화석처럼 남아 있는 격조사는 주격 조사였다고 추론할 수 있다.

(19ㄴ)처럼 '내', '네', '제'가 목적격 조사와 결합하지 못하는 것은 '내, 네, 제'에 화석처럼 남아 있는 주격 조사의 흔적 때문이다. (19ㄷ)처럼 관형격 조사와의 결합이 제약되는 것도 평행하게 설명할 수 있다. 즉 비록 하나의 단어가 되었지만, '내, 네, 제'에는 화석처럼 주격이 남아 있어서, 목적격 조사나 관형격 조사와는 결합하지 못하는 것이다. 다만 (19ㄱ)에서 주격 조사와 결합이 가능한 것은 '내, 네, 제'에 화석으로 남아 있는 주격, 그리고 실제 주격 조사가 동일한 격이기 때문이다.

4.3. 접사와 파생

접두사가 결합한 접두 파생어는 파생 전후에 어근의 품사가 바뀌지 않는다. 이에 비해 접미사가 결합한 접미 파생어 중에는 파생의 결과 어근의 품사가 바뀌기도 한다. 즉 국어에서 접두사는 결합하는 어근의 품사를 바꾸지 않는다. 하지만 접미사는 결합하는 어근의 품사를 바꾸는 것도 있다. 품사를 바꾸는 기능이 없는 접사를 '한정적 접사', 품사를 바꾸는 기능이 있는 접사를 '지배적 접사'라고 하기도 한다. 이러한 분류에 따른다면, 국어에서 접두사는 모두 한정적 접사라고 할 수 있다. 그리고 접미사는 한정적 접사도 있고 지배적 접사도 있다.

접두사가 어근의 품사를 바꾸지 않는 것은 국어의 특징이지 일반 언어학적인 특징은 아니다.

(20) en-rich, en-large

(20)에서 보듯이 당장 영어만 하더라도 어근의 품사를 바꾸는 접두사가 있다. (20)에서 접두사 'en-'은 어근인 형용사 'rich', 'large'를 동사로 바꾼다.

단어 형성에서 외현적으로 어떤 접사가 결합한 것은 아니지만, 눈에 보이지 않은 어떤 접사가 결합했다고 가정하기도 한다. (21)의 단어들은 명사 어간과, 동사 또는 형용사 어간의 형태가 같다. 국어에서 명사가 동사가 되거나 동사가 명사가 되기 위해서는 접미사가 결합해야 하는데, (21)의 예들에서는 아무런 접사도 결합하지 않았다. 그러나 보이지 않는 어떤 접사가 결합하였다고 가정할 수 있는데, 이렇게 보이지 않는 접사에 의한 파생을 영파생이라고 한다.

(21) ㄱ. 신 ⇆ 신다
ㄴ. 낛 ⇆ 낛다 > 낚다
ㄷ. 긏 ⇆ 긏다
ㄹ. ᄀᆞ몰 ⇆ ᄀᆞ몰다 > 가물다
ㅁ. 너출 ⇆ 너출다(넌출이 지다)

(21ㄱ)에서 '신'은 명사이고, '신다'의 어간 '신-'은 동사인데, 명사 '신'과 동사 어간 '신-'은 그 형태가 같다. 형태가 같으면서 품사는 다르다. (21ㄴ~ㅁ) 역시 평행하다. 그런데 명사가 바로 동사가 된다고 할 수 없고, 동사가 바로 명사가 된다고 할 수도 없다.

그래서 명사 '신'에 외현적으로 형태는 없지만 명사를 동사로 바꿔 주는 어떤 접미사가 결합하여 동사 '신-'이 파생되었다고, 또는 동사 어간 '신-'에 외현적으로 형태는 없지만 동사를 명사로 바꿔 주는 어떤 접미사가 결합하여 명사 '신'이 파생되었다고 가정할 수 있다. 이렇게 가정할 경우, 형태가 보이지 않는 형태소, 즉 영형태소

(zero-morpheme)를 상정하게 된다. 영형태소에 의한 파생을 영파생이라고 한다.

4.3.1. 접두사와 파생어

국어에서는 접두사가 결합하여 어근의 품사를 바꾼 예를 찾기는 어렵다. 이는 중세국어에서도 마찬가지이다. 그래서 접두사의 경우에는 결합하는 어근의 성격, 즉 어근의 품사가 무엇이냐에 초점을 두고 분석하는 것이 좋다.

아래의 접두사들은 명사 어근에 결합하여 명사를 파생시키는 접두사들이다. 접사인지 어근인지에 대한 판단은 학자들마다 차이가 있다. 중세국어의 경우에는 자료의 제약으로 인해 명확히 접사인지 아닌지를 확정하기가 더 어렵다. 여기서는 비교적 논란이 적은 접두사의 예들만 제시한다. 접두 파생어의 경우에는 크게 두 가지 유형이 있다.

1) 명사 어근에 결합하여 명사를 파생시키는 접두사
2) 동사 어근에 결합하여 동사를 파생시키는 접두사

1) 명사 어근에 결합하여 명사를 파생시키는 접두사

(22)는 명사 어근에 결합하여 명사를 파생시키는 접두사의 목록이다.

(22) ᄀᆞᆯ-, 갈-, 댓-, 들-, 새-, ᄉᆡ-, 아ᄎᆞᆫ-, ᄎᆞᆯ-, 참-

각각의 접두사가 결합한 파생어의 예들은 아래와 같다.

㉮ ᄀᆞᆯ-

ㄱ. ᄀᆞᆯ가마괴 > 갈까마귀
- 鴉 ᄀᆞᆯ가마괴 아<훈몽 상:9a>

ㄴ. ᄀᆞᆯ거믜<훈몽 상11a>

㉯ **갈**-

ㄱ. 갈웜 > 갈범

- 虎 갈웜 호<훈몽 상:9b>

ㄴ. 갈외(진딧물)

- 蟠 갈외 반<훈몽 상12b>

㉰ **댓**-(크고 억센)

ㄱ. 댓무수

- 댓무수 ᄡᅵ<구간1:36b>

ㄴ. 대ᄡᆞ리(댓- + ᄡᆞ리)

- 대ᄡᆞ릿ᄡᅵ어나<구간3:108a>

㉱ **들**-(야생의)

ㄱ. 들ᄣᅢ

- 荏 듧ᄶᅢ 심<훈몽 상:7a>

ㄴ. 들기름

- 蘇油(소유) 들기름<역어 상:52a>[2]

㉲ **새**-(희고 밝은)

ㄱ. 새별

- 새벼리 나ᄌᆡ 도ᄃᆞ니<용가101장>

ㄴ. 새매

- 鸇 새매 젼<훈몽 상:8b>

ㄷ. 새삼

- 새삼 여름<구간7:43b>

---

2. 중세국어 자료에서는 '들기름'이 문증되지 않는다. 『역어유해』(1690)는 17세기 자료이다.

[배] **싀**-(시집의)

ㄱ. 싀어미

- 싀어미 싀아비ᄅᆞᆯ 拜謁(배알)ᄒᆞ리오<두시8:67b>

ㄴ. 싀아비

- 싀아비 업스면 싀어미 늙ᄂᆞ니<내훈1:51a>

[새] **아ᄎᆞᆫ**-(작은)

ㄱ. 아ᄎᆞᆫ아ᄃᆞᆯ

- 아ᅀᆞ와 아ᄎᆞᆫ아ᄃᆞᆯ왜 비록 이시나<두시11:13a>

ㄴ. 아ᄎᆞᆫᄯᆞᆯ

- 동ᄉᆡᆼ형뎨게 난 아ᄎᆞᆫᄯᆞᆯ<번노 하:33b-35a>

ㄷ. 아ᄎᆞᆫ설날(섣달 그믐)

- 아ᄎᆞᆫ설날<온역4a>

[애] 출-(끈기가 있는)

ㄱ. 출ᄡᆞᆯ

- 출ᄡᆞᆯ 플로<구간1:96b>

ㄴ. 출조ᄡᆞᆯ

- ᄒᆡᆫ 출조ᄡᆞᆯ<구간1:12a>

ㄷ. 출콩

- 豌 출콩 완<훈몽 상:7a>

ㄷ. 출ᄯᅥᆨ

- 胡餠(호병)ᄋᆞᆫ 출ᄯᅥᆨ이오<금삼 3:51a>

[재] ᄎᆞᆷ-

ㄱ. ᄎᆞᆷ기름

- ᄎᆞᆷ기름을 ᄇᆞᄅᆞ고<구간2:52a>

ㄴ. ᄎᆞᆷᄣᅢ

- ᄎᆞᆷᄣᅢ ᄒᆞᆫ ᄃᆡ ᄃᆞ마<법화5:210b>

2) 동사 어근에 결합하여 동사를 파생시키는 접두사

(23)은 동사 어근에 결합하여 동사를 파생시키는 접두사의 목록이다.

(23) 가ᄅᆞ-, 티-, 횟/휫-, 것ᄆᆞᄅᆞ-, ᄇᆞᆫ-, 져-, 에-

각 접두사가 결합한 파생어의 예들은 아래와 같다.

㉮ **가ᄅᆞ**-(걸쳐)

ㄱ. 가ᄅᆞ드듸다

- 하ᄂᆞᆯ해 가ᄅᆞ드듸옛ᄂᆞ니<두시9:31a>

ㄴ. 가ᄅᆞᄃᆞᆫ니다

- 六道(육도)애 가ᄅᆞᄃᆞᆫ녀<법화1:189b>

ㄷ. 가ᄅᆞ메다

- 부모ᄅᆞᆯ 두 엇게예 가ᄅᆞ메오<은중18a>

㉯ **티**-(위로 향하게)

ㄱ. 티ᄎᆞ다

- 象(상)ᄋᆞᆯ 티ᄎᆞ며<월천14b>

ㄴ. 티디르다

- 氣運(기운)은 별 밧긔 티딜엇고<두시21:9b>

ㄷ. 티받다

- 山峽(산협)은 ᄀᆞ장 길오 티바댓도다<두시14:4a>

㉰ **횟-/휫-**

ㄱ. 횟돌다

- 머리ᄅᆞᆯ 횟돌아 보니<두시7:24b>

ㄴ. 휫두르다

- 누니 휫두르며 손밠 히미 올ᄆᆞ며<구급방 상31a>

㉣ **것ᄆᆞᄅᆞ-**

것ᄆᆞᄅᆞ죽다(까무러쳐 죽다)

- 阿難(아난)이 이 말 듣고 것ᄆᆞᄅᆞ주거<석상23:21a>

㉤ ᄇᆞᆯ-

ᄇᆞᆯᄃᆞᆼ기다(힘주어 꽉 당기다)

- 네 이제 모ᄃᆞᆫ 衆生(중생)과 ᄇᆞᆯᄃᆞᆼᄀᆡᄂᆞᆫ ᄆᆞᅀᆞᄆᆞᆯ ᄢᅧ<능엄1:81a>

㉥ **져-**

져ᄇᆞ리다 > 저버리다

- 平生(평생)앳 ᄠᅳ들 져ᄇᆞ린 ᄃᆞᆺᄒᆞ도다<두시11:52b>

㉦ **에-**

에굳디(매우 굳다) > 에꽂다

- 에구든 衆生(중생)ᄋᆞᆯ 受苦(수고)ᄅᆞ비 度脫(도탈)ᄒᆞ논<석상11:8a>

접두사의 경우에는 명확히 접사라고 하기 어려운 경우가 많다. 즉 실질 형태소와 접사의 경계선상에 있는 것들이 있다. 또 접두사는 접미사에 비해 해당 접두사가 결합하여 만들어진 단어가 현격히 적다. '것ᄆᆞᄅᆞ-'는 '것ᄆᆞᄅᆞ죽다' 외에는 다른 예를 찾기 어려우며, '에-' 역시 '에굳다' 외에는 다른 예를 찾기가 어렵다. 이렇다 보니 접사인지 실질 형태소인지를 확정하기가 더 어렵기도 하다.

4.3.2. 접미사와 파생어

접미사의 이름은 해당 접미사가 결합하여 만들어진 파생어의 최종 품사에 따라 명사 파생 접미사, 동사 파생 접미사, 부사 파생 접미사 등으로 명명한다. 그리고 명사 파생 접미사가 결합하여 만들어진 파생어를 파생 명사, 동사 파생 접미사가 결합하여 만들어진 파생어를 파생 동사, 부사 파생 접미사가 결합하여 만들어진 파생어를 파생 부사라고 한다.

4.3.2.1. 명사 파생 접미사

용언 어근에 결합하여 명사를 파생시키는 것과, 명사 어근에 결합하여 명사를 파생시키는 것으로 크게 나누어 볼 수 있다. 전자는 어근의 품사를 바꾸는 지배적 접사이고, 후자는 어근의 품사를 바꾸지 않는 한정적 접사이다.

1) 용언 어근에 결합하여 명사를 파생시키는 접미사

용언 어근에 결합하여 명사를 파생시키는 접미사에는 '-ᄋᆞᆷ/음', '-암/엄', '-애/에', '-개/게', '-ᄋᆡ/의', '-이'가 있다. 이들은 동사나 형용사 어근에 결합하여 동사나 형용사를 명사로 파생시킨다.

㉮ -ᄋᆞᆷ/음

ㄱ. 사ᄅᆞᆷ(살- + -ᄋᆞᆷ) > 사람
- 녯 사ᄅᆞ미 닐오ᄃᆡ<석상20:44b>

ㄴ. 싸홈(싸호- + -ᄋᆞᆷ) > 싸움
- 싸홈 이기다 ᄒᆞ논<월석25:85b>

ㄷ. 거름(걷- + -음) > 걸음
- 닐굽 거름 거르시니<월석2:37a>

ㄹ. ᄎᆞ림(ᄎᆞ리- + -음)
- 王(왕)이 듣고 ᄎᆞ림 몯ᄒᆞ야<월석25:103a>

ㅁ. 어름(얼- + -음) > 얼음
- 므레 어름 녹ᄃᆞᆺ ᄒᆞ야<능엄4:118a>

현대국어에서는 명사 파생 접미사도 '-음'이고, 명사형 어미도 '-음'으로 그 형태가 같다. 하지만 중세국어에서는 명사 파생 접미사와 명사형 어미가 형태상으로 구별이 되었다. 즉 명사 파생 접미사는 '-ᄋᆞᆷ/음'이었고, 명사형 어미는 '-옴/움'이었다. 근대국어에 오면서 의도법 선어말어미 '-오/우-'의 소멸과 비슷한 시기에 '-옴/움'이 사라지면서, 명사 파생 접미사와 명사형 어미가 '-ᄋᆞᆷ/음'으로 단일화되었다. 이후 /ㆍ/의 소멸로 '-음'으로 단일화되어 현대국어로 이어졌다. 의도법 선어말어미에 대해서는 6.4.3.에서 자세히 설명하고 있다.

(24)는 중세국어에서 명사형 어미가 결합한 용언의 활용형이다.

(24) ㄱ. 사롬(살- + -옴)
- 楊雄(양웅)이 오래 사로ᄆᆞᆯ<월석18:32a>

ㄴ. 주굼(죽- + -움)
- 孔聖(공셩)이 나죄 주구믈<월석18:32a>

ㄷ. 거룸(걷- + -움)
- 거름 거루미 곤[3] ᄀᆞᄐᆞ시며<월석2:57a>

(24ㄱ)에서 '양웅(揚雄)'은 서술어 '사로ᄆᆞᆯ'의 주어라는 사실, 그리고 '사로ᄆᆞᆯ'이 부사 '오래'의 수식을 받고 있는 것을 통해서 '사로ᄆᆞᆯ'의 '사롬'이 명사형 어미 '-옴/움'이 결합형 동사 '살-'의 활용형이라는 것을 확인할 수 있다. (24ㄴ)에서도 '공셩(孔聖)'이 서술어 '주구믈'의 주어이고, '주구믈'이 부사어 '나죄'의 수식을 받고 있는 것을 통해 '주굼'이 명사형 어미 '-옴/움'이 결합한 동사 '죽-'의 활용형이라는 것을 확인할 수 있다. (24ㄷ)에서는 '거루미'가 목적어 '거름'을 취하는 것을 통해서 '거룸'이 동사 '걷-'의 활용형이라는 것을 알 수 있다. 명사가 주어나 목적어를 취한다거나, 명사가 부사어의 수식을 받을 수는 없다.

그런데 명사형 어미 '-옴/움'이 결합한 활용형 중의 일부가 그대로 명사가 된 것들이 있다. (25)는 '-옴/움'이 결합한 형태이지만, 활용형이 아니라 명사이다.

(25) ㄱ. 우숨(웃- + -움) > 웃음
- 우숨 우ᅀᅥ셔<두시25:25a>

3. '고니'의 고형.

ㄴ. 춤(츠- + -움)

• 춤 츠ᄂᆞᆫ<두시6:13a>

ㄷ. ᄌᆞ오롬(ᄌᆞ올- + -옴) > 졸음

• 둘흔 瞋恚[4](진에)오 세흔 ᄌᆞ오로미오<원각 상2-3:9a>

(25ㄱ~ㄷ)의 '우ᅀᅮᆷ', '춤', 'ᄌᆞ오롬'은 동사 어간에 명사형 어미 '-옴/움'이 결합한 활용형이 그대로 명사가 된 것들이다. 원래는 명사형 어미가 결합한 형태이지만 명사가 되어 이미 명사로 존재하고 있었기 때문에 명사 파생 접미사 '-ᄋᆞᆷ/음'이 결합한 파생 명사를 따로 만들지 않았다. 이는 '밝기'가 이미 명사로 존재하기 때문에 명사 파생 접미사 '-이'가 결합한 '밝이(×)'가 만들어지지 않고, 거꾸로 '넓이'가 이미 명사로 존재하기 때문에 '넓기(×)'가 만들어지지 않는 것과 평행한 현상이다.

[나] -암/엄

ㄱ. 주검(죽- + -엄)

• 가히의 주검<법화2:113b>

ㄴ. 무덤(묻- + -엄)

• 내 <u>무덤써리예</u><월석22:47b>
무덤+ㅅ+서리+예

ㄷ. 구지럼(구짇- + -암) > 꾸지람

• 구지라ᄆᆞᆯ <u>드로ᄃᆡ</u><월석17:84b>
듣+오ᄃᆡ

중세국어에는 '-암/엄'이 명사 파생 접미사로 존재했지만, 현대국어로 오면서 접미사 '-암/엄'은 소멸되었다. 그래서 현대국어에 '주검'을 공시적으로 '죽-엄'으로 분석할 수는 있지만, '-엄'이 단어 형성에 참여하는 일이 전혀 없는, 이미 죽은 형태소이다. 그래서 만일 '주검'을 '죽-엄'으로 분석하는 것은 공시적으로 '-엄'이 존재하지 않는데 존

4. '진에'는 불교에서의 십악(十惡)의 하나로, 자기 뜻이 어그러지는 것을 노여워하는 것을 이른다.

재한다고 하는 것과 같다. '무덤', '꾸지람' 역시 마찬가지이다. 이처럼 분석적 차원에서 '주검'을 '죽-엄'으로 분석할 수는 있지만, 형성적 차원에서는 '-엄'이 단어 형성에 참여하지 않을 뿐만 아니라 이미 사어가 된 형태소이기 때문에 분석할 수 없다.

이러한 성격 때문에 현대국어 공시태에서 '주검', '무덤', '꾸지람'은 단일어로 분류하기도, 그렇다고 파생어로 분류하기도 애매한 단어이다. 분석적 관점을 중요시하면 파생어로 분류할 수도 있겠지만, 형성적 관점을 중요시하면 단일어로 분류하게 된다.

다 -애/에

ㄱ. 부체(붗- + -에) > 부채

• 부체로 부츠라<구급방 상10b>

ㄴ. 둘에(두르- + -에) > 둘레

• 明月(명월)ㅅ 둘에예 ᄂᆞ려<두시24:24a>

ㄷ. 마개(막- + -애)

• 珥 귀마개 이<유합 상31a>

라 -개/게

ㄱ. 벼개(벼- + -개) > 베개

• 블근 벼개ᄅᆞᆯ<월석12:30a>

ㄴ. 집게(짚- + -게)

• 집게로 ᄡᅢ혀 내며<구급방 하32a>

ㄷ. 둡게(둪- + -게) > 덮개

• 둡게를 여러 보니<석상24:16a>

중세국어에서는 종성 표기에 /ㅂ, ㄷ, ㅅ, ㄱ, ㅁ, ㄴ, ㅇ, ㄹ/ 8개의 자음만 허용하는 8종성법이었기 때문에 '짚게', '둪게'가 표기상으로는 '집게', '둡게'로 나타난다.

마 -ᄋᆡ/의

'-ᄋᆡ/의'는 주로 형용사 어간에 결합하여 척도를 나타내는 명사를 파생시키는 접미사이다. 근대국어를 거쳐 현대국어로 오면서 접미사 '-ᄋᆡ/의'가 '-이'로 단모음화되었다(-ʌy/ɨy > -i). 그래서 그 형태도 '높이, 너비, 길이, 키, 굽이'로 변화하였다.

ㄱ. 노ᄑᆡ(높- + -ᄋᆡ) > 높이
  • 나못 노ᄑᆡ 五百(오백) 由旬(유순)이오<법화4:123a>
ㄴ. 너븨(넙- + -의) > 너비
  • 기릐와 너븨왜 막디 아니ᄒᆞᆫ 고ᄃᆞᆯ<金三4:48b>
ㄷ. 기릐(길- + -의) > 길이
  • 火光(화광)이 다 기릐 두ᅀᅥ 자히로ᄃᆡ<능엄9:108b>
ㄹ. 킈(크- + -의) > 키
  • 아ᄒᆡ 킈예 놉더니<두시17:18b>
ㅁ. 구븨(굽- + -의) > 굽이
  • 山川(산천)ㅅ 구븨예 逍遙(소요)ᄒᆞ며<영가 하127a>

(26)의 '치ᄫᅱ, 더ᄫᅱ'도 접미사 '-ᄋᆡ/의'가 결합한 것으로 해석하기도 한다. 이는 '치ᄫᅱ', '더ᄫᅱ'가 '칩- + -의 → 치ᄫᅴ → 치ᄫᅱ', '덥- + -의 → 더ᄫᅴ → 더ᄫᅱ'의 과정을 겪은 것으로 해석하는 것이다.

(26) 모ᄀᆡ 벌에며 <u>더ᄫᅱ</u> <u>치ᄫᅱ</u>로 셜ᄫᅥ ᄒᆞ다가<월석9:26a>

그런데 '치ᄫᅴ<월석25:15b>'는 문헌에서 문증이 되지만, '더ᄫᅴ'는 확인되지 않는다. 또한 '치ᄫᅴ > 치ᄫᅱ'로 설명하려면, 중세국어에 원순모음화를 상정해야 한다. 하지만 원순모음화는 18세기 말에나 되어야 본격적으로 나타난다. 그래서 '치ᄫᅱ', '더ᄫᅱ'를 '치ᄫᅴ > 치ᄫᅱ', '더ᄫᅴ > 더ᄫᅱ'로 볼 경우에는 시기적으로는 맞지 않은 난점이 있기는 하다.

중세국어에서 명사는 '노ᄑᆡ'이고 부사는 '노피'로 형태상 서로 구분이 되었다. 즉 명사 파생 접미사는 '-ᄋᆡ/의'였고, 부사 파생 접미사는 '-이'로 구분이 되었다. 현대국어에서는 명사도 '높이'이고, 부사도 '높이'로 형태상으로는 구분이 되지 않는다. (27)의 '노피', '너비', '키'는 형용사 '높-', '넙-', '크-'에 부사 파생 접미사 '-이'가 결합한 부사이다.

(27) ㄱ. 노피(높- +-이) : 벼개ᄅᆞᆯ 노피 볘여<두시22:19a>
ㄴ. 너비(넙- + -이) : ᄠᅳ들 너비 펴니라<법화2:249a>
ㄷ. 키(크- + -이) : 길흘 키 여르시니<권공17b>

근대국어 후기에 이중모음 '-ᄋᆡ/의'가 단모음화되는 변화가 일어났다. 그래서 명사 '노ᄑᆡ', '기릐'가 '노ᄑᆡ > 노피', '기릐 > 기리'로 단모음화되면서 형태상으로 명사와 부사의 구분이 없어졌다. 이로 인해 '높이'가 명사인지 부사인지는 문장에서의 기능을 통해 판단할 수밖에 없다.

(28) ㄱ. 그 산은 높이를 가늠할 수 없다.
ㄴ. 새가 높이 날아올랐다.

(28ㄱ)의 '높이'는 '가늠하다'의 목적어 논항이며 목적격 조사 '-를'과 결합하였다는 사실에서 명사라는 것을 알 수 있다. 주어나 목적어로 쓰이고 격조사와 결합하는 것은 명사이다. 그리고 (28ㄴ)의 '높이'는 서술어인 동사 '날다'를 수식하고 있으므로 부사라는 것을 알 수 있다. 이처럼 명사와 부사 모두 '높이'로 그 형태는 같지만, 문장에서의 기능을 통해 명사인지 부사인지를 분명하게 판단할 수 있다.

배 -이

ㄱ. 죽사리(죽살- + -이)
- 여러 가짓 죽사리ᄅᆞᆯ 닛고<법화6:158b>

ㄴ. 이바디(이받- + -이)
- 노ᄑᆞᆫ 이바디ᄅᆞᆯ 일워리아<두시15:45a>

ㄷ. 마지(맞- + -이)
- ᄒᆞᆫ 잔 술 먹져 마지 아니ᄒᆞᆯ 것가<번노 하6b>

(29가) 역시 동사 어근에 접미사 '-이'가 결합하여 만들어진 파생 명사이다.

(29)

		가. 파생어	나. 합성어
ㄱ.	옷거리<내훈1:4a>	옷걸- + -이	옷 + 걸이
ㄴ.	거름거리<법화2:14b>	걸음걷- + -이	걸음 + 걸이
ㄷ.	녀름지ᅀᅵ<두시19:35b>	녀름지ᇫ- + -이	녀름 + 지ᇫ이
ㄹ.	아기나히<월석1:44b>	아기낳- + -이	아기 + 낳이
ㅁ.	ᄒᆡ도디<월석2:35a>	ᄒᆡ돋- + -이	ᄒᆡ + 돋이

그런데 (29나)처럼 분석하게 되면 두 구성 요소 중에 어느 것도 접사가 아니므로 합성어가 된다. 즉 직접구성요소 분석을 '옷걸-이'로 하게 되면 접미사 '-이'가 결합한 파생 명사이지만, 직접구성요소 분석을 '옷-걸이'로 하게 되면 합성어이다. (29)는 학문적으로 여전히 파생어와 합성어에 대한 논쟁이 진행 중이다.

만일 '옷거리'를 파생어로 해석하게 되면, 이는 앞서 (9)에서 살펴본 것처럼 동사구(VP)에 명사 파생 접미사 '-이'가 결합하여 파생 명사가 된 것이다. 그래서 이를 동사구 파생(VP 파생)이라고 한다. '옷걸이'의 파생 과정은 (30)과 같다.

(30)

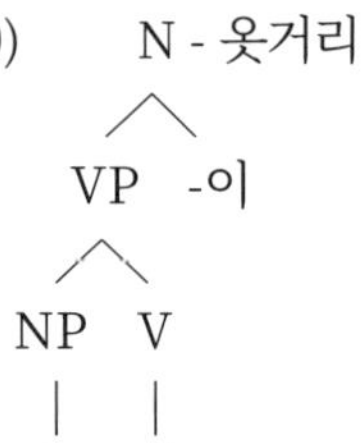

2) 명사 어근에 결합하여 명사를 파생시키는 접미사

다음의 접미사들은 명사 어근에 결합하여 명사를 파생시킨다. 접미사가 결합하기 전 어근의 품사도 명사이고, 접미사가 결합한 파생어의 품사도 어근과 같은 명사이다.

가 -억

ㄱ. 터럭(털 + -억)

- 머리 터럭 나며<능엄10:82a>

ㄴ. 주먹(줌 + -억)

- 제 주먹 쥐디 아니ᄒᆞ니<영가 상67b>

ㄷ. 브석(븟 + -억)(부엌)

- ᄯᅡᄒᆞᆯ 파 브석ᄀᆞ티 ᄒᆞ야<구간1:74a>

나 -아지(-야지)

ㄱ. 가ᇰ아지 ~ 강아지

- 가ᇰ아지와 ᄃᆞᆰ과ᄅᆞᆯ<구급방 상10a>
- 강아지어나 ᄃᆞᆰ이어나<구간1:35a>

ㄴ. 숑아지 ~ 쇠야지 > 송아지

- ᄀᆞᆺ난 숑아지 플 먹디 아니ᄒᆞ야셔<구간2:113b>
- 누른 쇠야지<두시25:51a>

ㄷ. ᄆᆞ야지 ~ ᄆᆡ야지 > 망아지

- 아랫 ᄆᆞ야지ᄅᆞᆯ 티디 말라<두시23:36b>
- 흰 ᄆᆡ야지<두시3:8a>

종성에 'ㆁ(옛이응)'의 '가ᇰ아지'와 'ㅇ'의 '강아지'가 15세기 국어에 함께 나타난다. 이는 15세기 국어에 이미 음운 /ŋ/과 문자 'ㆁ'의 결합이 흔들리기 시작했음을 보여준다. 즉 종성 /ŋ/을 나타내는 문자로 'ㆁ(옛이응)'과 'ㅇ'의 혼용이 15세기 국어에서부터 이미 그 단초가 나타난다.

'숑아지', 'ᄆᆞ야지'의 '-아지'는 명사 어근 '쇼', 'ᄆᆞ'에 결합한 접미사임이 분명하다. '강아지'의 '-아지'도 마찬가지이다. 그런데 '쇠아지', 'ᄆᆡ야지'의 '아지'는 접사로 보기 어렵다. '쇠아지', 'ᄆᆡ야지'는 '쇼ᄋᆡ 아지', 'ᄆᆞᄋᆡ 아지'의 구 구성이 축약된 형태이기 때문이다. 속격 조사 뒤에 접사가 올 수는 없으므로, 이때의 '아지'는 오히려 명사에 해당한다. 그러니까 15세기 국어에서 '-아지'는 접사와 명사의 경계에 있었던 형태소로 추정할 수 있고, 이후 접사로 변했다고 할 수 있다.

[다] -질

ㄱ. 불무질

- 中散(중산)이 山陽(산양)애셔 불무질 ᄒᆞ고<두시8:65a>

ㄴ. 슈질(수 놓는 일)

- 繡 슈질 슈<훈몽 하9a>
- 실로 슈질ᄒᆞᆫ 털릭과<번박72a>

[라] -옹

기동(긷 + -옹) > 기둥

- 柱 기동 듀<신증유합 상23a>

[마] -님

ㄱ. 아바님

- 아바님 겨싫 저긔<월석23:72b>

ㄴ. 어마님

- 어마님 위ᄒᆞ샤<석상11:1a>

ㄷ. 스ᇰ님 ~ 스승님

- 스ᇰ님<법화3:153a> ~ 스승님<월석23:84b>

[바] -희

ㄱ. 너희

- 너희 무리 ᄯᅩ 일후믈<능엄5:20b>

ㄴ. 저희

- 저희 서르 즐겨<두시10:42b>

[사] -ᄃᆞᆶ > **-들**

ㄱ. 아ᄒᆡᄃᆞᆶ

- 아ᄒᆡᄃᆞᆯ히 ᄌᆞ라ᄂᆞ니<두시15:16a>

ㄴ. 사ᄅᆞᆷᄃᆞᆶ

- 어딘 사ᄅᆞᆷ ᄃᆞᆯ콰<아미16b>

ㄷ. 아ᄃᆞᆯᄃᆞᆶ

- 나와 아ᄃᆞᆯ ᄃᆞᆯ콰<월석12:26b>

[아] **-맡**

머리맡

- 부텨와 難陁(난타)와ᄂᆞᆫ 머리마ᄐᆡ 셔시고<월석10:10a>

[자] **-어리**

ᄃᆞᆼ어리

- ᄃᆞᆼ어리 글키고<두시15:4a>

[차] **-차히** ~ **-채** / **-자히** ~ **-재**

(가)는 '-차히(~ -채)'의 예이고, (나)는 '-자히(~ -재)'의 예이다. '-채'와 '-재'는 '-차히', '-자히'에서 /ㅎ/ 탈락 후 둘째 음절 /i/가 /y/로 반모음화된 것이다. 반모음화되어 음절 차원에서는 2음절에서 1음절로 음절 축약이 일어났다(-자히(ʦahi) → 자이[tsai] → -재[tsay]).[5] 현대국어의 '첫째, 둘째, 셋째 …'의 '-째'가 중세국어 '-재'에 소급된다.

(가) ㄱ. 둘차히, 세차히, 네차히, 다ᄉᆺ차히, 여ᄉᆺ차히 …

- 둘차히<금삼4:28b>

---

5. 중세국어의 'ㅈ'의 음가는 현대국어보다 앞쪽에서 조음되는 /ts/였고, 근대국어로 오면서 현대국어와 같은 경구개 위치로 조음 위치가 이동하는 변화가 일어나 /ʧ/로 변하였다. 그러니까 문자 'ㅈ'은 중세국어에서부터 현대국어까지 변화가 없었지만, 문자 'ㅈ'의 내용, 즉 음가는 'ts > ʧ'로 변화하였다.

- 열여슷차히ᄂᆞᆫ<월석13:31a>

ㄴ. 둘채, 세채, 네채, 다ᄉᆞᆺ채, 여슷채 …

- 둘채<원각 하3-2:83a>
- 아홉채라<원각 상2-2:154b>

(나) ㄱ. 여슷자히, 닐굽자히, 열자히 …

- 여슷자히라<금삼1:11a>
- 닐굽 자히 ᄒᆞᆫ<금삼4:23a>
- 열자히<두시10:40a>

ㄴ. 다ᄉᆞᆺ재, 여슷재, 닐굽재, 여듧재, 아홉재

- 다ᄉᆞᆺ재ᄂᆞᆫ<원각 상2-1:30b>
- 여슷재라<원각 상2-2:167a>

4.3.2.2. 동사 파생 접미사

동사 파생 접미사는 파생의 결과 동사를 파생시키는 접미사이다. 접미사에 따라 결합하는 어근의 성격이 다양하다. 강조의 의미를 더하는 접미사 '-받/왇-'을 제외하면 대부분의 동사 파생 접미사들은 동사가 아닌 어근에 결합하여 동사를 파생시킨다.

피동 접미사와 사동 접미사도 파생의 결과 동사를 파생시키는 접미사이다. 피동 접미사는 타동사 어근에 결합하여 자동사를 파생시킨다. 파생되기 전의 어근도 동사이고, 파생된 파생어도 동사이므로 피동 접미사는 품사를 바꾸지 않는다. 하지만 파생의 결과 타동사에서 자동사로 동사의 성격이 바뀐다.

사동 접미사는 자동사, 타동사, 형용사 어근에 결합하여 타동사를 파생시킨다. 피동 접미사에 비해 결합하는 어근의 종류가 다양하다. 어근이 자동사와 타동사일 때는 파생된 사동사 역시 동사이므로 품사가 바뀌지는 않는다. 하지만 어근이 형용사인 경우에는 파생의 결과 타동사가 되므로 파생의 결과 어근의 품사가 바뀐다.

다음은 동사 파생 접미사의 종류와 해당 접미사에 의해 파생된 파생 동사의 예이다.

가 -ᄒᆞ-

'-ᄒᆞ-'는 체언 어근 또는 부사 어근에 결합하여 동사를 파생시키는 접미사이다. 체언 어근과 결합한 예가 부사 어근에 결합한 예보다 더 많다. (가)는 체언 어근에 결합한 예이고, (나)는 부사 어근에 결합한 예이다.

'-ᄒᆞ-'는 4.3.2.3.의 형용사 파생 접미사 '-ᄒᆞ-'와 그 형태가 같다. 그리고 형용사 파생 접미사 '-ᄒᆞ-'도 명사 어근에 결합한다. 하지만 파생의 결과 형용사가 된다는 점에서 동사 파생 접미사 '-ᄒᆞ-'와 다르다.

(가) ㄱ. 시름ᄒᆞ다(시름 + -ᄒᆞ-)

- 나랏 이ᄅᆞᆯ 시름ᄒᆞ야<두시24:21b>

ㄴ. ᄢᅬᄒᆞ다(ᄢᅬ + -ᄒᆞ-)

- 수를 ᄀᆞ장 머거셔 됴ᄒᆞᆫ 바ᄆᆡ 醉(취)호ᄆᆞᆯ ᄢᅬᄒᆞ고져 ᄒᆞ노니<두시11:36b>

(나) ㄱ. 다ᄆᆞᆺᄒᆞ다(다ᄆᆞᆺ + -ᄒᆞ-)(같이하다, 더불어 하다)

- 그듸와 다ᄫᆞᆺᄒᆞ야<두시8:68b>

ㄴ. 잘ᄒᆞ다(잘 + -ᄒᆞ-)

- 釋迦牟尼佛(석가모니불)이 甚(심)히 ᄡᅥᆯᄫᅳᆫ 쉽디 몯ᄒᆞᆫ 이ᄅᆞᆯ 잘ᄒᆞ야<월석7:77a>

'Xᄒᆞ-'의 'ᄒᆞ-'에 대해서 접미사가 아니라 동사 'ᄒᆞ-'로 해석하기도 한다. 즉 '시름ᄒᆞ다', '다ᄆᆞᆺ 하다'와 같은 구 구성이 긴밀해져서 단어가 되었다고 보는 것이다. 이렇게 볼 경우 'Xᄒᆞ-'의 'ᄒᆞ-'는 접미사가 아니라 동사이고, 이들 단어들은 파생어가 아니라 합성어가 된다.

나 -거리-

'-거리-'는 부사 어근에 결합하여 동사를 파생시키는 접미사이다. 현대국어의 '반짝거리다, 아롱거리다, 뒤뚱거리다'의 '-거리-'와 같은 접미사이다.

구믈어리다(구믈- + -거리-) > 꾸물거리다

- 微細(미세)ᄒᆞᆫ 구믈어리ᄂᆞᆫ 거시<원각 하1-1:23a>

중세국어에 공시적으로 존재한 /i, y, ㄹ/ 뒤에서 /ㄱ/가 탈락하는 규칙이 적용되어 '구물거리다 → 구물어리다'가 되었다.

㉰ -이-

부사 어근에 결합하여 동사를 파생시킨다.

ᄀᆞᆷᄌᆞ기다(ᄀᆞᆷᄌᆞᆨ- + -이-)(깜짝이다)

- 누늘 ᄌᆞ조 ᄀᆞᆷᄌᆞ기며<월석2:13b>

㉱ -ᄇᆞᆮ/왇-

동사 어근에 결합하여 동사를 파생시키는 접미사이다. 어근의 의미를 강조하는 의미를 더하고, 어근의 품사를 바꾸지는 않는 접미사이다. '-왇-'은 /ㅸ/ > /w/ 변화에 의해 '-ᄇᆞᆮ- > -왇-'이 된 것이다.

ㄱ. 니르ᄇᆞᆮ다(니르- + -ᄇᆞᆮ-)(일으키다)

- 吉蔗(길자)ᄂᆞᆫ 주검 니르ᄇᆞᆮᄂᆞᆫ 귓거시라<석상21:25b>

ㄴ. 벙으리왇다(벙으리- + -왇-)(벌리다)

- 입을 벙으리왇고 더운 오좀을 브ᅀᅳ라<구간1:78b>

㉲ 피동 파생 접미사

피동 파생 접미사는 동사를 피동사로 만드는 접미사이다. 피동 파생 접미사와 결합하는 어근은 동사 중에서도 타동사이다. 그리고 타동사 어근이 피동 접미사와 결합하여 피동사가 되고 나면 자동사로 그 성격이 바뀐다. 어쨌든 타동사에서 자동사로 바뀌는 것이므로 피동 파생 접미사가 어근의 품사를 바꾸지는 않고, 어근의 성격만 바꾼다.

중세국어 피동 파생 접미사는 '-이-', '-히-', '-기-'가 있었고, '-리-'가 일부의 예에서 나타난다. 시기적으로 '-리-'가 가장 늦게 나타나는데, 피동 접미사 '-리-'가 본격적으로 나타나는 시기는 근대국어에서이다.

ⓐ -이-

ㄱ. 두피다(둪- + -이-) > 덮히다

• ᄯᅡ 우희 차 두피고<월석8:18b>

ㄴ. 열이다(열- + -이-) > 열리다

• 地獄門(지옥문)이 절로 열이고<월석23:84a>

ㄷ. 조치다(좇- + -이-) > 쫓기다

• 모딘 사ᄅᆞᄆᆡ그에 조치여<석상21:04a>

ㄹ. 들이다(듣- + -이-) > 들리다

• 名稱(명칭)이 너비 들이시니<법화1:39a>

접미사와 결합한 어근 '둪-', '열-', '좇-', '듣-'은 모두 타동사이다. 아래의 나머지 피동 접미사, ⓑ의 '-히-', ⓒ의 '-기-', ⓓ의 '-리-'와 결합한 어근 역시 마찬가지로 모두 타동사이다.

ⓑ -히-

ㄱ. 다티다(닫- + -히-)

• 東門(동문)이 도로 다티고<월석23:80b>

ㄴ. 자피다(잡- + -히-)

• 有情(유정)이 나랏 法(법)에 자피여<월석9:25a>

ⓒ -기-

ㄱ. ᄃᆞᆷ기다(ᄃᆞᆷ- + -기-) > 담기다

• 有情(유정)이 ᄠᅥ러디여 三界(삼계)예 ᄃᆞᆷ기게 ᄒᆞᄂᆞᆫ<원각 상1-2:86a>

ㄴ. ᄌᆞᆷ기다(잠- + -기-) > 잠기다

• 제 ᄆᆞᅀᆞ미 … 空애 ᄌᆞᆷ기며<육조 중22a-7>

ㄷ. 안기다(안- + -기-)

• 님금이 보샤 아노려 커시ᄂᆞᆯ 두 아기 아니 안기시니<월석20:55a>

ⓓ -리-

ㄱ. 블리다(브르- + -리-) > 불리다

• 녯 宰相(재상)이 恩命(은명)으로 블려 간 後(후)에<두시 15:27a>[6]

ㄴ. 열리다(열- + -리-)

• 누니 돌면 이비 ᄯᅩ 열리니<구급방 상:8b>

㖰 사동 파생 접미사

사동 파생 접미사는 사동사로 만드는 접미사이다. 피동 접미사가 타동사 어근하고만 결합하는데 비해, 사동 접미사는 타동사 어근뿐만 아니라 자동사 어근 및 형용사 어근과도 결합한다. 이렇게 파생된 사동사는 모두 목적어를 필요로 하는 타동사가 된다. 어근이 형용사인 경우에는 사동 파생 접미사가 결합하여 동사가 되므로, 파생되기 전의 어근의 품사(형용사)와 파생어가 된 후의 품사(동사)가 달라진다. 그리고 어근이 자동사인 경우는 사동 파생의 결과 어근의 성격이 자동사에서 타동사로 바뀐다.

ⓐ -이-

ㄱ. 올이다(오ᄅᆞ- + -이-) > 올리다

• 樹神(수신)이 塔(탑)ᄋᆞᆯ 가져와 내게 올이고<월석25:38b>

ㄴ. 쓰이다(쓰- + -이-)

• 내 冠(관) 쓰이고<석상24:27b>

ㄷ. 살이다(살- + -이-)(거주하게 하다)

• 城(성) 밧긔 닐굽 뎔 일어 즁 살이시고<월석2:77a>

ㄹ. 더러ᄫᅵ다(더러ᇦ- + -이-) > 더럽히다

• 어버ᅀᅴ 일후믈 더러ᄫᅵᄂᆞ다 ᄒᆞᄂᆞ니<월석8:97a>

---

6. '블려'가 '브르-'의 불규칙 활용으로 해석될 여지도 없지는 않다. 그러나 'ᄒᆞ르-'의 중세국어 활용형이 '흘러'라는 점에서 '브르-'도 같은 불규칙이었다면 '블러'가 되었을 것이다. 따라서 '블려'는 '블리+어'에서 /y/ 반모음화가 일어난 것으로 보는 것이 맞다(블리어/pɨlli+ə/ → 블려/pɨllyə/).

‘올이다’, ‘쓰이다’의 어근 ‘오ᄅᆞ-’, ‘쓰-’는 타동사이고, ‘살리다’의 어근 ‘살-’은 자동사, ‘더러ᄫᅵ다’의 어근 ‘더럽-’은 형용사이다. 그러니까 ‘올이다’, ‘쓰이다’는 타동사 어근 ‘오ᄅᆞ-’, ‘쓰-’에 ‘-이-’가 결합하였고, ‘살이다’는 자동사 어근 ‘살-’에 ‘-이-’가 결합하였다. ‘살이다’는 현대국어의 ‘살리다’와는 의미가 다르다. 현대국어의 ‘살리다’에 대응하는 중세국어 사동사는 아래 ⓗ의 ‘사ᄅᆞ다’이다. 그리고 ‘더러ᄫᅵ다’는 형용사 어근 ‘더러ᇦ-’에 ‘-이-’가 결합하였다. 그러니까 ‘더러ᄫᅵ다’에 결합한 접미사 ‘-이-’는 어근의 품사를 바꾸었다. 이처럼 사동 접미사는 타동사 어근, 자동사 어근 및 형용사 어근과도 결합하였고, 이렇게 파생된 사동사는 모두 목적어를 요구하는 타동사가 된다.

‘올이-’에서는 /ㄹ/가 연철되지 않았다. 이에 대해 두 가지 해석이 대립된다.[7] 첫째, ‘올이-’를 /olɦi-/처럼 ‘ㅇ’이 /ɦ/였기 때문에 연철될 수 없었다는 것이다. 둘째, ‘오ᄅᆞ-’에서 /ㆍ/ 탈락 후 남은 /ㄹ/가 어간의 요소임을 나타내기 위해 연철시키지 않고 어간 말음으로 표기했다는 것이다. 첫째로 해석할 경우 접미사 ‘-이-’는 /-i-/가 아니라 /-ɦi-/라고 해야 한다. 그런데 이럴 경우 ‘올이-’, ‘살이-’의 ‘-이-’와 ‘더러ᄫᅵ다’의 ‘-이-’가 다른 ‘-이-’라고 해야 한다. ‘더러ᄫᅵ다’의 ‘-이-’는 /ㅸ/가 연철되는 ‘-이-’이므로 /-ɦi-/가 아니라 /-i-/라고 해야 하기 때문이다.

ⓑ -히-

ㄱ. 구피다(굽- + -히-) > 굽히다

• 허리ᄅᆞᆯ 구피고 누워<구간7:45b>

ㄴ. 니피다(닙- + -히-) > 입히다

• 내 옷 니피고<석상24:27b>

ㄷ. 안치다(앉- + -히-)

• 나ᄅᆞᆯ 天姥山(천모산) 아래 안치니<두시16:30a>

ⓒ -기-

ㄱ. 안기다(안- + -기-)

• 엇더 나ᄅᆞᆯ 아니 안기ᄂᆞ다<월석20:88a>

7. 이와 관련된 자세한 내용은 3.1.2.의 ‘마)’에 자세히 정리되어 있다.

ㄴ. 벗기다(벗- + -기-)

• 觀音(관음)ㅅ苦(고) 벗기샤<법화7:94a>

ㄷ. 싯기다(싯- + -기-) > 씻기다

• 比丘(비구)ᄃᆞᆯ히 香湯(향탕)ᄋᆞ로 菩提樹(보리수)를 싯기니<석상24:48a>

ⓓ -리-

ㄱ. 놀리다(놀- + -리-)

• 一生(일생)ᄋᆞᆯ 놀리니 이 現世(현세)예 便安(편안)호미라<법화 3:22a>

ㄴ. 믈리다(므르- + -리-) > 물리다

• 뫼ᅀᆞᄫᆞᆫ 사ᄅᆞᆷ 믈리시고<석상 3:19b>

ⓔ -오/우-

ㄱ. 도도다(돋- + -오-) > 돋우다

• 壇(단)ᄋᆞᆫ ᄡᅡ ᄒᆞᆯ 닷가 도도온 거시라<월석2:72b>

ㄴ. 모도다(몯- + -오-) > 모으다

• 나랏 고ᄫᆞᆫ 겨지블 다 太子(태자)ㅅ講堂(강당)애 모도시니<석상3:11b>

ㄷ. 일우다(일- + -우-) > 이루다

• 九農(구농)이 德業(덕업)을 일우니<두시11:9a>

ㄹ. 거두다(걷- + -우-)

• 말 몯고 四肢(사지)를 거두디 몯ᄒᆞ고<구급방 상13b>

중세국어에서는 어근의 모음이 양성모음이면 '-오-', '-호-'가, 어근의 모음이 음성모음이면 '-우-', '-후-'가 결합하였다. 이후 근대국어에 '자조 > 자주', '호도 > 호두'처럼 비어두의 /ㅗ/ 모음이 /ㅜ/ 모음으로 변하는 /ㅗ/ > /ㅜ/ 변화가 일어났다. 이 변화에 의해 '도도다 > 돋우다', '모도다 > 모두다', '마초다 > 맞추다', '솟고다 > 솟구다'가 되었다.

ⓕ -호/후-

ㄱ. 나토다(낟- + -호-)

• 둘흔 거츤 法(법)을 나토ᄂᆞᆫ ᄠᅳ디라<월석11:67a>

ㄴ. 머추다(멎- + -후-) > 멈추다

• 兵馬(병마)ᄅᆞᆯ 머추어시니<용가54장>

ㄷ. 마초다(맞- + -호-) > 맞추다

• 根(근)을 브터 理(리)ᄅᆞᆯ 마초건댄<원각 하2-2:42a>

ⓖ -고-

솟고다(솟- + -고-) > 솟구다

• 바ᄅᆞᆳ 므를 솟고ᄂᆞ니라<법화1:51a>

ⓗ -ᄋᆞ/으-

ㄱ. 사ᄅᆞ다(살- + -ᄋᆞ-) > 살리나

• 冷水(냉수)는 能(능)히 닶겨 주그닐 도로 사ᄅᆞᄂᆞ니<법화2:203a>

ㄴ. 도ᄅᆞ다(돌- + -ᄋᆞ-) > 돌리다

• ᄇᆡᄅᆞᆯ 도ᄅᆞ디 아니ᄒᆞ놋다<두시23:54a>

ㄷ. 이르다(일- + -으-)[8] > 이루다

• 뎔 이르샤 두 쥬ᇰ을 살에 ᄒᆞ시고<월석2:67a>
(절을 이루시어 두 중을 살게 하시고)

중세국어에서는 드물지만 ⓗ처럼 형태상으로 '-ᄋᆞ/으-'가 접미사로 결합한 것으로 해석할 수밖에 없는 몇 예들이 있다. 그래서 '-이-'가 결합한 '살이다'와 '-ᄋᆞ-'가 결합한 '사ᄅᆞ다'가 (31)에서 보듯이 의미적으로 구분되어 쓰였다.

8. 현대국어의 '이루다'에 해당하는 사동사가 중세국어에는 '이르다(일- + -으-)', '일우다(일- + -우-)' 2개가 있었는데, '일우다'가 일반적이고 '이르다'는 상대적으로 적게 나타난다. 현대국어의 '이루다'는 '일우다 > 이루다'의 '이루다'이다.

(31) ㄱ. 城(성) 밧긔 닐굽 뎔 일어 즁 살이시고<월석2:77a>
ㄴ. 神力(신력)으로 몸 ᄉᆞᄅᆞ샤<법화6:144b>

(31ㄱ)의 '살이다'는 '어떤 곳에 거주하게 하다.'의 의미이다. 이에 비해 (31ㄴ)의 '사ᄅᆞ다'는 현대국어의 '살리다'의 의미이다.

■ **피동사와 사동사의 구분**

피동 접미사 '-이/히/기/리-'와 사동 접미사 '-이/히/기/리-'는 그 형태가 같다. 그래서 어근이 같을 때는 피동사와 사동사의 형태가 같다. 피동사와 사동사가 형태가 같더라도 둘을 구분하는 데 어려움은 없다.

첫째, 목적어의 유무를 통해서도 피동사와 사동사를 구분할 수 있다.
둘째, 문장의 의미를 통해서도 피동사와 사동사를 구분할 수도 있다.

사동사는 타동사이므로 반드시 목적어 논항을 필요로 한다. 그렇기 때문에 목적어가 있을 경우 일차적으로 사동사로 판단할 수 있다.

(32) ㄱ. 그 도ᄌᆞ기 後(후)에 닛위여 도ᄌᆞᆨᄒᆞ다가 王ᄭᅴ 자피니<월석10:25b>
ㄴ. 모딘 이리 귀예 들이디 아니케 ᄒᆞ리니<월석21:88b>

(33) ㄱ. 呪術(주술) 잘 ᄒᆞᄂᆞᆫ 사ᄅᆞᆷ 五百(오백)ᄋᆞ로 門(문) 자피고<석상23:51b>
ㄴ. 각시 世間(세간)ㅅ 風流(풍류)를 들이ᅀᆞᆸ더니<월천19a>

(32)의 서술어 '자피니', '들이디'가 이끄는 문장에는 목적어가 없다. 반면 (33)의 서술어 '자피고', '들이ᅀᆞᆸ더니'가 이끄는 문장에는 각각 목적어 '문', '풍류를'이 있다. 그래서 (32)의 '자피다', '들이다'는 피동사이고, (33)의 '자피다', '들이다'는 사동사라는 것을 알 수 있다.

4.3.2.3. 형용사 파생 접미사

형용사 파생 접미사도 명사 어근에 결합하는 것과, 동사나 형용사 어근에 결합하는 것으로 구분된다.

- 명사 어근에 결합: -ᄒᆞ-, -ᄃᆞᆸ-, -ᄅᆞᆸ-, -스럽-, -젓-
- 동사 어근에 결합: -ᄇᆞ/브- ~ -ㅂ-
- 동사/형용사 어근에 결합: -갑- ~ -압/업-

㉮ -ᄒᆞ-

ㄱ. 맛당ᄒᆞ다(맛당 + -ᄒᆞ-) > 마땅하다

- 말ᄊᆞ미 보ᄃᆞ라바 모ᄃᆞᆫ ᄆᆞᅀᆞ매 맛당케 ᄒᆞᄂᆞ니<월석11:99a>

ㄴ. 가난ᄒᆞ다(가난 + -ᄒᆞ-)

- 지비 가난ᄒᆞ야<두시16:58b>

ㄷ. 아ᄃᆞᆨᄒᆞ다[9](아ᄃᆞᆨ + -ᄒᆞ-)

- ᄆᆞᅀᆞ미 아ᄃᆞᆨ호미 夢(몽)이라<능엄7:68b>

'-ᄒᆞ-'는 4.3.2.2.의 동사 파생 접미사 '-ᄒᆞ-'와 형태가 같다. 동사 파생 접미사 '-ᄒᆞ-'와 형용사 파생 접미사 '-ᄒᆞ-'의 구별은 형성된 파생어의 품사에 의해 귀납적으로 결정된다. 즉 결과적으로 동사를 파생시켰으면 동사 파생 접미사 '-ᄒᆞ-'이고, 형용사를 파생시켰으면 형용사 파생 접미사 '-ᄒᆞ-'이다.

동사 파생 접미사 '-ᄒᆞ-'는 명사와 결합하기도 하고 부사와 결합하기도 하는데 비해, 형용사 파생 접미사 '-ᄒᆞ-'는 명사와 결합한 예만 보인다. '아ᄃᆞᆨᄒᆞ다'의 어근 '아ᄃᆞᆨ'의 경우에는 명확히 명사라고 하기는 어렵지만, 명사에 준하는 어근으로 본다. 현대국어에서도 '착하다'의 '착'의 경우 명사라고 하기는 어렵기 때문에 그냥 '어근'이라고만 하는데, '아ᄃᆞᆨ'도 '착'과 평행한 성격의 것이다.

---

9. '아ᄃᆞᆨ'의 품사는 명사라고 확정할 수 없는데, '-ᄒᆞ-'를 접사로 보게 되면 어찌 되었건 어근으로 보게 된다.

이러한 상황은 현대국어에서도 마찬가지이다.

(34) ㄱ. 일하다, 공부하다, 정리하다
ㄴ. 잘하다, 너무하다, 못하다

(35) ㄱ. 조용하다, 고요하다, 깨끗하다
ㄴ. 착하다, 훤하다, 밋밋하다

(34)의 '-하-'는 동사 파생 접미사 '-하-'이고, (35)의 '-하-'는 형용사 파생 접미사이다. 동사 파생 접미사 '-하-'는 (34ㄱ)처럼 명사뿐만 아니라 (34ㄴ)처럼 부사와도 결합한다. 이에 비해 형용사 파생 접미사 '-하-'는 (35ㄱ)처럼 명사하고 결합한 예는 있지만, 부사와 결합한 예는 없다. 그리고 (35ㄴ)의 '착', '훤', '밋밋'은 명사라고 할 수는 없지만, 접사 '-하-'에 대응하는 요소이므로 어근이라고 한다. 아무튼 '착', '훤', '밋밋'이 부사가 아닌 것만은 분명하다.

㉯ -ᄃᆞᆸ- ~ -ᄃᆞᄫᆡ-, -ᄅᆞᆸ- ~ -ᄅᆞᄫᆡ-[10]

'-ᄃᆞᆸ-'과 '-ᄅᆞᆸ-'은 기본적으로 명사(또는 명사에 준하는) 어근과 결합한다. '-ᄃᆞᆸ-'과 '-ᄅᆞᆸ-'은 음운론적인 조건에 따른 상보적 분포를 보이는 것으로 설명되기도 한다. 즉 (가)에서 보듯이 '-ᄃᆞᆸ-'에 선행하는 어근은 모두 자음으로 끝나는, 즉 종성이 있다는 공통점이 있다. 반면 (나)에서 '-ᄅᆞᆸ-'에 선행하는 어근은 모두 모음으로 끝나는 공통점이 있다. 즉 어근의 마지막 음절이 자음으로 끝나면 '-ᄃᆞᆸ-'이, 모음으로 끝나면 '-ᄅᆞᆸ-'이 결합한다.

10. 기저형을 '-ᄃᆞᆸ-/-ᄅᆞᆸ-'으로 보기도 하고, '-ᄃᆞᇦ-/-ᄅᆞᇦ-'으로 보기도 한다. 전자로 보든, 후자로 보든 일장일단이 있다. '-ᄃᆞᆸ-/-ᄅᆞᆸ-'이 기저형이라고 보는 경우에 '疑心ᄃᆞᄫᆡ니'의 /ᄫ/는 모음 사이에서 'ㅂ → ᄫ' 규칙의 적용을 받은 것으로 해석한다. 이에 비해 '-ᄃᆞᇦ-/-ᄅᆞᇦ-'이 기저형이라고 보는 경우에는 '疑心ᄃᆞᆸ거신마ᄅᆞᆫ'의 /ㅂ/를 자음으로 시작하는 어미 앞에서 'ᄫ → ㅂ' 규칙이 적용된 것으로 해석한다.

(가) ㄱ. 疑心(의심)ᄃᆞᆸ다(疑心 + -ᄃᆞᆸ-)

- 疑心ᄃᆞᆸ거신마ᄅᆞᆫ<법화5:135a>
- 疑心ᄃᆞᄫᆡ니<월석1:15a>
- 疑心ᄃᆞ외니라<법화1:49a>

ㄴ. 아ᄅᆞᆷ답다(아ᄅᆞᆷ + -ᄃᆞᆸ-)

- 아ᄅᆞᆷ답도다<두시6:47b>
- 아ᄅᆞᆷ다온 사ᄅᆞ미로소니<두시25:31a>

ㄷ. 쥬변ᄃᆞᆸ다(쥬변 + -ᄃᆞᆸ-)

- 쥬변ᄃᆞᆸ고<금삼5:34b>
- 쥬변ᄃᆞ외며<금삼5:38a>

(나) ㄱ. 겨르ᄅᆞᆸ다(겨르 + -ᄅᆞᆸ-)

- 겨르ᄅᆞᆸ도다<금삼5:49b>
- 겨르ᄅᆞᄫᆡᆫ ᄡᅡ히어나<석상19:1b>
- 겨르ᄅᆞ왼 ᄡᅡ해<법화1:77b>

ㄴ. 조ᅀᆞᄅᆞᆸ다(조ᅀᆞ + -ᄅᆞᆸ-)

- 조ᅀᆞᄅᆞᆸ디<석상 서1:4b>
- 조ᅀᆞᄅᆞᄫᆡᆫ 거시라<석상21:41a>
- 조ᅀᆞᄅᆞ외신 거시며<법화7:140a>

ㄷ. 외ᄅᆞᆸ다(외 + -ᄅᆞᆸ-)

- ᄒᆞᆫ ᄃᆞ리 외ᄅᆞᆸ도다<금삼1:18a>
- 외ᄅᆞᄫᆡ니<월석9:22b>
- 외ᄅᆞ왼 셔미 어듸 잇ᄂᆞ니오<두시23:43b>

'-ᄃᆞᆸ-'은 어미의 두음이 자음이면 '疑心ᄃᆞᆸ거신마ᄅᆞᆫ'처럼 '-ᄃᆞᆸ-'으로, 어미의 두음이 모음이면 '疑心ᄃᆞᄫᆡ니'처럼 '-ᄃᆞᄫᆡ-'로 나타난다. '-ᄅᆞᆸ-' 역시 어미의 두음이 자음이면 '겨르ᄅᆞᆸ도다'처럼 '-ᄅᆞᆸ-'으로, 어미의 두음이 모음일 때는 '겨르ᄅᆞᄫᆡᆫ'처럼 '-ᄅᆞᄫᆡ-'로 나타난다. '疑心ᄃᆞᆸ-', '겨르ᄅᆞᆸ-'에 '-ᄋᆞᆫ'이 결합하면, '疑心ᄃᆞᄫᆞᆫ', '겨르ᄅᆞᄫᆞᆫ'이 되어야 한다. 하지만 '-ᄋᆞᆫ'이 결합했을 때 '疑心ᄃᆞᄫᆡᆫ', '겨르ᄅᆞᄫᆡᆫ'처럼 '-ᄃᆞᄫᆡ-', '-ᄅᆞᄫᆡ-'로 나타난다. 그래서 '의심ᄃᆞᄫᆡᆫ', '겨르ᄅᆞᄫᆡᆫ'은 '疑心ᄃᆞᄫᆡ- + -ᄋᆞᆫ', '겨르ᄅᆞᄫᆡ- + -ᄋᆞᆫ'으로 분석할 수밖에 없다. '疑心ᄃᆞ외니라', '겨르ᄅᆞ왼'은 /ᄫ/ > /w/ 변화가 적용된 것이다(-ᄃᆞᄫᆡ- > -ᄃᆞ외-, -ᄅᆞᄫᆡ- > -ᄅᆞ외-).

이유는 알 수 없지만, 중세국어 자료를 통해서 보면 결과적으로 '-ᄃᆞᆸ-'과 '-ᄅᆞᆸ-'의 분포는 음운론적으로 상보적인 것처럼 나타난다. 즉 (36)에서 '-ᄃᆞᆸ-'과 결합한 어근 '시름, 영총, 욕, 이익'은 모두 마지막 음절이 자음으로 끝나는, 즉 종성이 있는 음절이다. 반면 (37)에서 '-ᄅᆞᆸ-'과 결합한 어근 '새, 외, 수고, 보ᄇᆡ, 지혜'는 모두 마지막 음절이 모음으로 끝나는 음절이다. 이처럼 '-ᄃᆞᆸ-'과 '-ᄅᆞᆸ-'은 선행하는 어근이 자음으로 끝나느냐 모음으로 끝나느냐에 따른, 즉 음운론적으로 조건된 이형태처럼 나타난다.

(36) 시름ᄃᆞ왼<두시6:23a>, 榮寵(영총)ᄃᆞ왼<두시5:42b>
　　辱(욕)ᄃᆞ왼<두시24:20b>, 利益(이익)ᄃᆞᄫᆡ에<월석20:103b>

(37) 새ᄅᆞᆸ도다[11]<금삼3:48b>, 외ᄅᆞ왼<금삼3:41a>, 受苦(수고)ᄅᆞ왼<능엄5:49b>
　　보ᄇᆡᄅᆞ왼<두시3:73a>, 智慧(지혜)ᄅᆞ왼<두시8:8b>

참고로 파생어 'Xᄃᆞᆸ-', 'Xᄅᆞᆸ-'에 부사 파생 접미사 '-이'가 결합하여 부사를 파생시킬 때는 (38)에서 보듯이 'X다ᄫᅵ', 'Xᄅᆞᄫᅵ'로 나타난다.

(38) ㄱ. 法(법)다ᄫᅵ<월석17:22b>, ᄠᅳᆮ다ᄫᅵ<월석25:45b>
　　ㄴ. 受苦(수고)ᄅᆞᄫᅵ<월석9:29a>, 조ᅀᆞᄅᆞᄫᅵ<목우자11a>

---

11. '새롭다'의 '새'는 중세국어에서는 명사였다.

- ᄂᆞᆯᄀᆞ닐 덜오 새ᄅᆞᆯ 더으며<원각 상1-2:188b>
  (낡은 것을 덜고 새로운 것을 더하며)

'새'는 동사 '더으다'의 목적어로 목적격 조사 '-ᄅᆞᆯ'과 결합하였다. 목적격 조사와 결합하여 목적어로 쓰인다는 것은 '새'가 명사임을 증언한다.

다 -스럽-

ㄱ. 핀잔스럽다<몽류 상,15b>

ㄴ. 좀스럽다<몽류 보,36a>

ㄷ. 폐스럽다<인어5,17b>

ㄹ. 어룬스러온<역어 보,56a>

ㅁ. 원슈스러온<방언, 술부방언,13b>

중세국어에서는 접미사 '-스럽-'이 결합한 파생어가 나타나지 않는다. '-스럽-'이 결합한 파생어는 근대국어에 와서야 나타난다. 위 예들은 모두 18세기 자료인데, 18세기 자료에서도 그 예가 많지는 않다. '-스럽-'은 '-ᄃᆞᆸ-/-ᄅᆞᆸ-'과 마찬가지로 명사(또는 명사에 준하는) 어근과 결합하여 형용사를 파생시키는 접미사이다.

라 -젓-

ㄱ. 힘저ᇫ다(힘 + -저ᇫ-)

- 힘저ᅀᅳᆫ ᄡᅳ디라<석상9:18a>

ㄴ. 利益(이익)젓다(利益 + -젓-)

- 利益젓게<법화4:160a>

ㄷ. 香氣(향기)젓다(香氣 + -젓-)

- 香氣저ᄉᆞ니라<월석1:44b>

현대국어의 '미심쩍다, 겸연쩍다'의 '-쩍-'이 '-젓-'에서 변화된 것이다(-젓- > -쩍-).

마 -ᄇᆞ/브- ~ -ㅂ-

'-ᄇᆞ/브-'와 '-ㅂ-'은 음운론적 조건에 따른 이형태이다. 즉 선행하는 어근이 자음으로 끝나면 (가)에서처럼 '-ᄇᆞ/브-'가, 선행하는 어근이 모음으로 끝나면 (나)에서처럼 '-ㅂ-'이 결합하였다. '-ᄇᆞ/브-'는 동사 어근에 결합하여 동사를 형용사로 파생시키는 접미사이다.

(가) ㄱ. 깃브다(겄- + -브-) > 기쁘다

- 깃브니<법화3:115b>

ㄴ. 골ᄑᆞ다(곯- + -ᄇᆞ-) > 고프다

- ᄇᆡ 골ᄑᆞ고<월석22:50b>

ㄷ. 알ᄑᆞ다(앓- + -ᄇᆞ-) > 아프다

- 허리 알ᄑᆞ거든<구간2:44b>

ㄹ. 슬프다(슳- + -브-)

- 법 듣고 ᄆᆞᅀᆞ미 슬프며<원각 상1-2:98b>

ㅁ. 저프다(젛- + -브-)

- 저프거늘<법화2:85b>

(나) ㄱ. 그립다(그리- + -ㅂ-)

- 그립거나<월석22:37b>
- 그리ᄫᅳᆫ ᄠᅳ들<월석17:15a>

ㄴ. 두립다(두리- + -ㅂ-)

- 두립더니<월석7:5b>
- 두리ᄫᅳ며<월석12:35b>

ㄷ. 믭다(믜- + -ㅂ-) > 밉다

- 믜ᄫᅳᆫ ᄆᆞᅀᆞ미<월석9:36-2b>

(나)에서 모음으로 끝나는 어근에 결합하는 '-ㅂ-'은 모음으로 시작하는 어미가 후행하면 '그리ᄫᅳᆫ, 두리ᄫᅳ며, 믜ᄫᅳᆫ'처럼 '-ㅸ-'으로 나타난다. (나ㄷ)의 '믭-'의 경우 15세기 국어에서 문증되지는 않지만, '믜ᄫᅳᆫ'의 존재를 통해 '믭-'이 존재했음을 알 수 있다. 그리고 '믭-'이 '믜- + -ㅂ'의 파생어라는 것은 '生死ᄅᆞᆯ 믜ᄂᆞ니<원각 하3-1:45a>'의 어간 '믜-'를 통해서 확인할 수 있다.

㉥ -갑-, -압/업-

'-갑-'은 형용사 어근에 결합하여 형용사를 파생시키는 접미사였다. '-압/업-' 역시 주로 형용사 어근에 결합하였는데, '-갑-'과 달리 동사 어근에 결합한 것도 있다.

(가) -갑-

ㄱ. 맞갑다(맞- + -갑-)

- 맛갑다<석상6:24a>
- 맛가ᄫᆞ시며<월석2:58a>

ㄴ. ᄂᆞᆽ갑다(ᄂᆞᆽ- + -갑-)

- ᄂᆞᆺ갑고<훈언13b>
- ᄂᆞᆺ가ᄫᅡ<월석18:71a>

ㄷ. 녙갑다(녙- + -갑-)

- 녇갑고<월석18:43b>
- 녇가ᄫᅡ<월석13:10b>

(가ㄱ)의 '맞갑-'은 '마땅하다, 알맞다'의 의미이고, (가ㄴ)의 'ᄂᆞᆽ갑-'의 'ᄂᆞᆽ-'은 현대국어의 '낮다'의 어간 '낮-'이다(ᄂᆞᆽ- > 낮-). (가ㄷ)의 '녙갑-'의 '녙-'은 현대국어의 '옅-'이다(녙- > 옅-). 15세기 국어의 종성 표기법이 8종성이었기 때문에 '맞갑-', 'ᄂᆞᆽ갑-', '녙갑-'이 표기상으로는 각각 '맛갑-', 'ᄂᆞᆺ갑-', '녇갑-'으로 나타난 것이다.

(나) -압/업-

ㄱ. 앗갑다(앗기- + -압-) > 아깝다

- 앗가ᄫᆞᆫ<월석8:91b>

ㄴ. 즐겁-(즐기- + -업-)

- 즐겁고<법화5:3a>
- 즐거ᄫᅳᆫ<석상19:15a>

ㄷ. 붓그럽다(붓그리- + -업-) > 부끄럽다

- 붓그럽도다<영가 상26a>

ㄹ. 므겁다(므기- + -업-) > 무겁다

- 므겁고<두시10:38a>
- 므거ᄫᅥ<월석11:117a>

(가)의 '-갑-'은 자음으로 끝나는 어근 뒤에 결합하였고, (나)의 '-압/업-'은 모음으로 끝나는 어근 뒤에 결합하여 분포상으로 상보적 분포를 보인다. 그래서 '-갑-'과 '-압/업-'을 음운론적으로 조건된 이형태로 해석하기도 한다.

4.3.2.4. 부사 파생 접미사

부사 파생 접미사 중에서 [가]의 '-이'와 [나]의 '-오/우'는 용언 어근에 결합하여 부사를 파생시키는 접미사였다. 이에 비해 [다]의 '-소'와 [라]의 '-리'는 명사 어근에 결합하여 부사를 파생시키는 접미사였다.

[가] -이

ㄱ. 노피(높- + -이)

- 벼개ᄅᆞᆯ 노피 베여<두시22:19a>

ㄴ. 너비(넙- + -이)

- ᄠᅳ들 너비 펴니라<법화2:249a>

ㄷ. 키(크- + -이)(크게)

- 길흘 키 여르시니<권공17b>

ㄹ. 달이(다ᄅᆞ- + -이) > 달리

- 달이 ᄃᆞ외니<능엄2:27b>

ㅁ. ᄇᆞᆯ기(ᄇᆞᆰ- + -이)

- 義天(의천)이 ᄇᆞᆯ기 비취요니<원각 서70a>

ㅂ. 수ᄫᅵ(숩- + -이)

- 수ᄫᅵ 니겨 날로 ᄡᅮ메<훈언3b>

ㅅ. 슬히(슳- + -이)

- 슬히 너기니<월석17:20a>

ㅇ. 어엿비(어엿브- + -이)

- 어엿비 너겨<훈언2b>

ㅈ. 오래(오라- + -이)

- 오래 안자시니<두시7:24a>

앞서 중세국어에서 명사 파생 접미사는 '-ᄋᆡ/의', 부사 파생 접미사는 '-이'로 서로 형태가 달랐다고 설명한 바 있다. 그래서 '노ᄑᆡ'는 명사이고, '노피'는 부사이다. 그런데 근대국어 말 무렵에 '-ᄋᆡ/의 > -이' 변화가 일어나면서, 명사와 부사 모두 같은 형태인 '높이'가 되었다. 그래서 현대국어에서는 명사 '높이'와 부사 '높이'가 형태상으로는 구분이 되지 않고, 문장에서의 기능에 의해 그 품사가 결정된다.

㉯ -오/우

ㄱ. 골오(고ᄅᆞ- + -오) > 고루

- 世尊(세존)이 大慈悲心(대자비심)ᄋᆞ로 福(복)ᄋᆞᆯ 골오 주리라<석상23:24a>

ㄴ. 너모(넘- + -오) > 너무

- ᄡᅡ해 너모 반ᄃᆞᆨᄒᆞᆫ 거슬<월석25:26a>

ㄷ. 마조(맞- + -오) > 마주

- 서르 마조 보아<두시9:23a>

ㄹ. 자조(잦- + -오) > 자주

- 將軍(장군)의 지븨 와 ᄌᆞ조 밥 먹고<두시14:12b>

근대국어에서 2음절 이하의 /ㅗ/ 모음이 /ㅜ/ 모음으로 바뀌는 변화가 일어나는데, 이 변화에 의해 '골오 > 고루', '너모 > 너무', '마조 > 마주', '자조 > 자주'로 어간이 재구조화되었다. '/ㅗ/ > /ㅜ/' 변화는 어휘에 따라 일어나기도 하고 일어나지 않기도 한 산발적인 변화였다.

참고로 명사 '호두', '자두', '나무', '오줌'도 각각 '호도', '자도', '나모', '오좀'에서 /ㅗ/ > /ㅜ/ 변화에 의해 어간이 재구조화된 것이다.

㉰ -ᅀᅩ

ㄱ. 손ᅀᅩ > 손수

- 고기ᄅᆞᆯ 손ᅀᅩ 버혀 매ᄅᆞᆯ 주신대<월석11:4b>

ㄴ. 몸ᅀᅩ > 몸소

- 몸ᅀᅩ 받 가다가[12]<두시6:34a>

[관] -리

ㄱ. 이리(이 + -리)

• 곧 이리 가면 뭀 ᄀᆞᆺ과 수플 아래 ᄃᆞ리 ᄎᆞ며<금삼5:7b>

ㄴ. 뎌리(뎌 + -리) > 저리

• 世俗(세속)이 시혹 뎌리 ᄒᆞ샤ᄆᆞᆯ<월석18:32b>

ㄷ. 그리(그 + -리)

• 나도 그리 호리라<석상6:12a>

ㄹ. 아ᄆᆞ리(아ᄆᆞ + -리) > 아무리

• 사ᄅᆞᆷ 求(구)호ᄆᆞᆯ 아ᄆᆞ리 호ᄆᆞᆯ 몯ᄒᆞ야<금삼3:8b>

4.4. 합성

둘 이상의 형태소로 이루어진 단어 중에서 '어근 + 어근'으로 이루어진 단어를 합성어라고 한다.

(39) ㄱ. 믈들다(믈 + 들-)
　　ㄴ. ᄉᆞᆯ지다(ᄉᆞᆯ + 지-)
　　ㄷ. 져므니(졂-은 + 이)

(39ㄱ)은 '명사 + 동사'의 합성어인데 합성의 결과 품사는 동사이고, (39ㄴ)은 똑같이 '명사 + 동사'의 합성어인데 품사는 형용사이다. 이처럼 합성어를 이루는 '어근 + 어근'의 두 구성 요소의 품사가 무엇이냐가 합성어의 최종 품사를 결정하는 데 반드시 예측적이지는 않다. (39ㄷ)은 '형용사의 관형사형 + 의존명사' 구성의 합성어로 품사는 명사이다.

---

12. 현대국어에서는 활용에서 /ㄹ/ 탈락이 '/ㄴ, ㅅ/ 앞'에서만 일어나는데(아니, 아시고), 중세국어에서는 /ㄹ/ 탈락의 환경이 '/ㄴ, ㅅ, ㄷ, ㅈ/ 앞'으로 현대국어에 비해 넓었다. 그래서 '가다가'는 '갈- + -다가 → 가다가'처럼 어간 말음 /ㄹ/가 /ㄷ/ 앞에서 탈락한 것이다.

중세국어의 합성의 방식이 현대국어의 합성의 방식과 별반 다르지 않으며, 합성어의 정의 역시 현대국어와 같다. 굳이 현대국어와 차이가 나는 중세국어 합성의 특성에 대해 언급하자면, 현대국어에 비해 상대적으로 '용언 어간 + 용언 어간' 구성의 비통사적 합성어가 많았다는 정도이다.

(40) ㄱ. 빌먹다(빌- + 먹-)

- ᄒᆞᆫ 盲眼(맹안)이 주으려 빌먹다가<월석11:10a>

ㄴ. 듣보다(듣- + 보-)

- 善惡(선악)ᄋᆞᆯ ᄀᆞᆯᄒᆡ디 몯ᄒᆞ야 눈귀예 듣보미 업거든<월석21:126b>

ㄷ. 나들다(나- + 들-)

- 菩薩(보살)ᄋᆞᆫ 塵勞(진노)애 나들어시ᄂᆞᆯ<월석13:17b>

통사적 합성어와 비통사적 합성어는 합성어를 이루는 두 구성 요소의 결합이 문장에서 나타나는 구성이냐 아니냐에 의해 구분한다. 문장에서 두 용언이 나란히 나타날 때는 '들어 보다, 알게 하다, 듣고 보다'처럼 선행하는 용언에 연결어미가 결합하여서 나타난다. (40)처럼 용언 어간과 용언 어간이 어미 없이 바로 결합하는 구성은 문장에서 나타나지 않는다. 그래서 (40)은 비통사적 합성어이다.

비통사적 합성어의 또 다른 예로 'ᄡᅮᆺ돌<구간3:110a>(숫돌)'을 들 수 있다. 동사 'ᄡᅮᆺ-'에 체언이 바로 결합하였는데, 문장에서는 이러한 구성이 나타나지 않는다. 문장에서 체언 앞에 용언이 나타날 때는 관형사형 어미가 결합한 상태로 나타난다. 그래서 'ᄡᅮᆺ돌'은 비통사적 합성어이다. 참고로 현대국어의 '접칼', '꺽쇠', '먹거리'[13]도 'ᄡᅮᆺ돌'과 같은 구성의 비통사적 합성어이다.

'늘그니(늙은 + 이)'처럼 '관형어 + 체언' 구성, 그리고 '본받-(본 + 받-)'처럼 '체언 + 용언' 구성, '몯ᄒᆞ(몯 + ᄒᆞ-)'처럼 '부사 + 용언' 구성은 모두 문장에서 나타나는 구성이다. 그래서 이러한 구성의 합성어는 통사적 합성어이다.

---

13. '먹다'의 어간 '먹-'에 바로 '거리'가 결합하였으므로 비통사적 합성어이다. 이에 비해 '볼거리', '읽을거리'는 '용언의 관형사형 + 체언' 구성이기 때문에 통사적 합성어이다.

합성에 의해 결과된 단어의 품사에 따라 '합성 명사', '합성 동사', '합성 형용사', '합성 부사'처럼 명명한다.

4.4.1. 합성 명사

(41)은 '명사 + 명사' 구성의 합성 명사이다.

(41) ㄱ. 밤낮(밤 + 낮)

• 살며 주그며 가며 오미 밤나지 ᄀᆞᆮᄒᆞ시니라<월석18:34a>

ㄴ. ᄯᅩᇰ오좀 ~ ᄯᅩᇰ오줌(ᄯᅩᇰ + 오좀/오줌)

• 糞尿(분뇨)ᄂᆞᆫ ᄯᅩᇰ오조미라<월석21:77a>

• ᄯᅩᇰ오줌내 나ᄂᆞᆫ ᄡᅡ해<법화2:111a>

ㄷ. 아라우ㅎ(아라 + 우ㅎ)

• 아라우히 悠悠(유유)ᄒᆞ야<남명 상45a>

ㄹ. ᄆᆞ쇼(ᄆᆞᆯ + 쇼)

• ᄆᆞ쇼 머길 한아비와<두시8:34a>

ㅁ. 화살(활 + 살)

• 사ᄅᆞᆷ ᄃᆞᆯ히 화살와 槍(창)과 여러가짓 싸호맷 연자ᅀᆞᆯ<석상23:50a>

(42)는 '체언 + 속격조사 + 체언' 구성의 합성 명사이다.

(42) ㄱ. 빗믈(비 + -ㅅ + 믈)

• 潦 빗믈 료<훈몽 상3a>

ㄴ. 묏기슭(뫼 + -ㅅ + 기슭)

• 麓 묏기슭 록<훈몽 上2a>

ㄷ. 믌고기(믈 + -ㅅ + 고기)

• ᄃᆞᆰ과 믌고기와 마ᄂᆞᆯ와<구간6:85a>

ㄹ. ᄃᆞᆯᄀᆡ알 > 달걀(ᄃᆞᆰ + -ᄋᆡ + 알)

• 달ᄀᆡ알 세 낫과<구간7:60b>

ㅁ. ᄉᆈ고기(쇼 + -ᄋᆡ + 고기) > 쇠고기

• ᄉᆈ고기 먹고<구급방 하59a>

(42ㄱ~ㄷ)은 선행 어근이 무정물이기 때문에 속격 조사 '-ㅅ'이 결합하였고, (42ㄹ~ㅁ)은 선행 어근이 유정물이기 때문에 속격 조사 '-ᄋᆡ/의'가 결합하였다. (42ㅁ)의 'ᄉᆈ고기'는 '쇼'에 속격 조사 '-ᄋᆡ'가 결합한 '쇼ᄋᆡ'에서 속격 조사 '-ᄋᆡ/ʌy/'의 핵모음 /ʌ/가 탈락한 후 음절 축약이 일어난 형태이다(syo-ʌy → syoy).

무정물 속격 조사 '-ㅅ'은 근대국어에 이르러서야 소멸된다. 그래서 근대국어에 나타나는 (42ㄱ~ㄷ)은 명확히 합성 명사라고 할 수 있다. 하지만 중세국어 공시태에서 (42ㄱ~ㄷ)이 합성어였는지는 구 구성이었는지를 확정적으로 말하기는 어려운 점이 있다. 그러니까 (42ㄱ)의 중세국어의 '빗물'은 '비의 물'이라는 구 구성이었을 수도 있고, 합성어였을 수도 있다. 그러나 속격 조사 '-ㅅ'이 소멸된 근대국어의 '빗물'은 명확히 명사이다. '-ㅅ'이 속격 조사로서의 기능은 소멸되있지만, '-ㅅ'이라는 형태는 그대로 남아 '빗물'이 되었다. (43ㄹ~ㅁ) 역시 구 구성으로 해석할 수도 있고, 합성어로 해석할 수도 있다.

(43)은 '관형어 + 명사' 구성의 합성 명사이다. (43ㄱ~ㄷ)은 용언의 관형사형이 체언을 수식하는 구성의 합성 명사이고, (43ㄹ~ㅁ)은 관형사가 체언을 수식하는 구성의 합성 명사이다.

(43) ㄱ. 져므니(졈-은 이)

• 나히 스믈헤 비록 나히 져므니라 ᄒᆞ나<능엄:6b>

ㄴ. 늘그니(늙-은 이)

• 아ᄒᆡ와 늘그니와 긔운 약ᄒᆞᆫ 사ᄅᆞᄆᆞᆫ<구간2:57b>

ㄷ. ᄌᆞᄆᆞᆯ쇠(ᄌᆞᄆᆞᆯ-ᄋᆞᆯ 쇠)

• ᄌᆞᄆᆞᆯ쇠ᄅᆞᆯ 섈리 믄듯 닫디 몯ᄒᆞ도다<두시24:30b>

ㄹ. 한비(한 비)

• 한비 사ᄋᆞ리로ᄃᆡ 뷔어ᅀᅡ ᄌᆞᄆᆞ니이다<용가67장>

ㅁ. 요주ᅀᅮᆷ(요 주ᅀᅮᆷ) > 요즘

- 요주ᅀᅮᆷ 누녯 가ᄉᆡ<두시25:9b>

(43ㄷ)의 경우에는 두 가지 해석이 가능하다. 하나는 위에서처럼 'ᄌᆞᄆᆞᆯ-'에 관형사형 어미 '-ᄋᆞᆯ'이 결합한 활용형 'ᄌᆞᄆᆞᆯ'에 '쇠'가 결합하였다고 보는 것이고, 다른 하나는 어간 'ᄌᆞᄆᆞᆯ-'에 바로 '쇠'가 결합하였다고 보는 것이다. 그런데 현대국어에서 '자물쇠'가 [자물쐬]처럼 후행 요소의 첫소리가 된소리로 발음되는 것으로 미루어 볼 때는 관형사형 'ᄌᆞᄆᆞᆯ'에 '쇠'가 결합한 통사적 합성어로 보는 것이 더 타당하다. '잘 자리[잘짜리]', '먹을 밥[머글빱]'처럼 관형사형 어미 '-을' 뒤에서 된소리가 되는 것은 자연스럽다.

4.4.2. 합성 동사

중세국어에는 용언 어간이 어미 없이 바로 후행 용언과 결합한 비통사적 합성 동사가 현대국어에 비해 상대적으로 많았다. (44)는 비통사적 합성 동사이다.

(44) ㄱ. 오ᄅᆞᄂᆞ리다(오ᄅᆞ- + ᄂᆞ리-) > 오르내리다

- 이 양ᄋᆞ로 세 번 오ᄅᆞᄂᆞ리샤<석상23:11a>

ㄴ. 노니다(놀- + 니-) > 노닐다

- 阿育王(아육왕)이… 밧東山(동산)애 가 노니다가<월석25:75a>

ㄷ. 죽살다(죽- + 살-)

- 그듸 이제 <u>죽살</u> ᄡᅡ해 가ᄂᆞ니<두시8:67b>
  죽살+ᄋᆞᆯ → 죽살

ㄹ. 받들다(받- + 들-)

- 두 소ᄂᆞᆯ 받드러 노티 말면<구간1:46a>

ㅁ. 딕먹다(딕- + 먹-)(찍어 먹다)

- 외로왼 그려기 믈 마시며 딕먹디 아니ᄒᆞ고<두시17:20b>

아래 (45)~(47)은 통사적 합성 동사이다. (45)는 선행하는 용언의 활용형에 용언

이 결합한, '용언-어미 + 용언'의 통사적 합성 동사이다.

(45) ㄱ. 나ᅀᅡ가다(나ᇫ-아 + 가-) > 나아가다

• 두리ᄫᅥ ᄂᆞ외야 나ᅀᅡ가디 몯ᄒᆞ며<월석14:76a>

ㄴ. 도라오다(돌-아 + 오-) > 돌아오다

• 그 아비 지븨 도라오니<법화5:153b>

ㄷ. 도라보다(돌-아 + 보-) > 돌아보다

• 그듸 져머셔 나ᄅᆞᆯ 도라보아 슬허ᄒᆞᄂᆞ니<두시19:39b>

ㄹ. 니러셔다(닐-어 + 셔-) > 일어서다

• 四衆(사중)이 니러셔 合掌(합장)ᄒᆞ야<법화4:130b>

(46)은 '부사 + 용언' 구성의 합성 동사이다.

(46) ㄱ. 몯ᄒᆞ다(몯 + ᄒᆞ-)

• ᄒᆞ논 이ᄅᆞᆯ 일우디 몯ᄒᆞ야셔<영가 상19a>

ㄴ. 아니ᄒᆞ다(아니 + ᄒᆞ-)

• 구루미 노피셔 나가디 아니ᄒᆞᄂᆞ니<두시15:17a>

ㄷ. 갓고로디다(갓고로 + 디-)(거꾸러지다)

• ᄡᅡ해 갓고로디거늘<월석20:37a>

(47)은 '체언 + 용언' 구성의 합성 동사이다.

(47) (가) ㄱ. 믈들다(믈 + 들-)

• ᄆᆞᅀᆞ미 믈드디 아니호ᄆᆞᆯ<육조 중10a-5>

ㄴ. 빗나다(빛 + 나-)

• 번겟 비치 빗나며<법화3:34b>

ㄷ. 나틀다(나ㅎ + 들-)

• 智慧(지혜) 기프며 나틀며 힝뎍 조ᄒᆞ며<월석2:23a>

(나) ㄱ. 본받다(본 + 받-)

• 님금 ᄒᆞ시논 이ᄅᆞᆯ 百姓(백성)이 다 본받ᄌᆞ보미<월석2:72a>

ㄴ. 벋삼다(벋 + 삼-)

• 더브러 벋삼디 마롤 디니라<번소3:23b>

ㄷ. 힘ᄡᅳ다(힘 + ᄡᅳ-)

• 明公(명공)ᄋᆞᆫ 제여곰 힘ᄡᅳ라<두시20:10b>

(47)은 '어근 + 어근'의 합성어로 해석하기도 하지만, 통사적 구성이 긴밀해져서 단어가 된 것으로 해석하기도 한다. 왜냐하면 (47가)는 '주어 + 서술어' 구성이고, (47나)는 '목적어 + 서술어' 구성이기 때문이다. (47)을 통사적 구성이 긴밀해져서 단어가 된 것으로 보게 되면, (47)의 단어들은 합성어가 아니라고 할 수도 있다. 합성의 방식으로 형성된 단어를 합성어라고 하는데, 형성된 방식이 합성이 아니기 때문이다. 그러나 형성된 단어의 두 구성 요소 중 어느 것도 접사가 아니므로 여전히 합성어로 분류할 수 있다.

4.4.3. 합성 형용사

(48)은 '형용사 어근 + 형용사 어근'의 비통사적 합성 형용사이다.

(48) ㄱ. 됴쿶다(둏- + 궂-)

• ᄆᆞᅀᆞ미 正티 몯ᄒᆞ야 <u>됴쿠주믈</u><월석9:57b>

ㄴ. 검붉다(검- + 붉-)

• 검블근 버듨 니픈<두시10:36a>

ㄷ. 감ᄑᆞᄅᆞ다(감- + ᄑᆞᄅᆞ-)(검푸르다)

• 눉ᄌᆞᅀᅴ 감ᄑᆞᄅᆞ며 힌 ᄃᆡ<월석2:41a>

(49)는 '주어 + 형용사' 구성의 통사적 합성 형용사이다. (49)는 (47가)의 합성 동사의 구성과 같은 '주어 + 서술어' 구성의 합성 형용사이다. 그래서 합성에 의해 만들

어진 합성어로 보지만, 통사적 구성이 긴밀해져서 단어가 된 것으로 보기도 한다.

(49) ㄱ. ᄉᆞᆯ지다(ᄉᆞᆯ + 지-)(주름살 지다)

• ᄉᆞᆯ히 누르고 가치 살지고<두시3:50a>

ㄴ. 값없다(값 + 없-)

• 값업슨 寶珠(보주)로 옷 소배 ᄆᆡ야<월석15:22b>

ㄷ. 힘세다(힘 + 세-)

• 勇(용)ᄋᆞᆫ 힘세며 ᄂᆞᆯ날 씨오<석상3:21b>

4.4.4. 합성 부사

(50)은 '부사 + 부사' 구성의 합성 부사이다.

(50) ㄱ. 몯다(몯 + 다)

• 千佛(천불)이 모다 닐어도 몯다 니ᄅᆞ리로다<석상20:28b>

ㄴ. 몯내(몯 + 내)

• 五百夫人(오백부인)이 몯내 기써ᄒᆞ더니<석상11:34a>

(51)은 동일한 두 어근이 반복된 합성 부사이다.

(51) ㄱ. 아ᄃᆞᆨ아ᄃᆞᆨ(아ᄃᆞᆨ + 아ᄃᆞᆨ)

• 비 아ᄃᆞᆨ아ᄃᆞᆨ 오ᄂᆞ니<두시3:41b>

ㄴ. 너운너운(너운 + 너운)

• 너운너운 오ᄂᆞᆫ 구룸 氣運(기운)이 둗겁고<두시9:36b>

ㄷ. 구믈구믈(구믈 + 구믈)

• 그 도기 ᄉᆞᆯ해 이셔 구믈구믈 알ᄑᆞ고<구간6:55a>

ㄹ. 섬섬(섬 + 섬)

• 陽燄(양염)ᄋᆞᆫ 陽氣(양기) 섬섬 노ᄂᆞᆫ 거시니<금삼5:27a>

4.5. 문법화

중세국어에서는 실질 형태소였는데, 현대국어로 오면서 형식 형태소로 변한 어휘들이 있다. 이처럼 실질 형태소가 형식 형태소로 변화하는 것을 문법화(grammaticalization)라고 한다. 현대국어의 보조사 '-부터', '-조차', '-까지', 그리고 격조사 '-더러'가 대표적인 경우이다.

(52) ㄱ. 法性(법성) 모ᄆᆞᆯ 브터 得(득)ᄒᆞ시며<석상20:14a>
　　ㄴ. 샹녯 이ᄅᆞᆯ 조차 ᄒᆞᄂᆞᆫ<석상19:25a>
　　ㄷ. 婆羅門(바라문)ᄋᆞᆯ ᄃᆞ려 닐오ᄃᆡ<석상6:13b>
　　ㄹ. 님금 셤기ᅀᆞ보ᄆᆞᆯ ᄒᆡᇝ ᄀᆞ장 ᄒᆞᆯ씨<월석2:63a>

중세국어에서 '브터', '조차', 'ᄃᆞ려'는 '븥- + -어', '좇- + -아', 'ᄃᆞ리- + -어'처럼 각각 동사 '븥-', '좇-', 'ᄃᆞ리-'의 활용형이다. (52ㄱ)에서 '브터'는 목적어 논항 '모ᄆᆞᆯ(몸 + -ᄋᆞᆯ)'을 가지며, (52ㄴ)에서 '조차'는 목적어 논항 '이ᄅᆞᆯ'을, (52ㄷ)에서 'ᄃᆞ려'는 목적어 논항 '바라문ᄋᆞᆯ(婆羅門 + ᄋᆞᆯ)'을 가진다. 목적어 논항을 가진다는 것은 이들이 동사라는 것을 증언한다.

그리고 (52ㄹ)의 'ᄀᆞ장'은 명사이다. 'ᄒᆡᇝ ᄀᆞ장'에서 '힘'에 속격 조사 '-ᄉ'이 결합했다는 것은 후행하는 'ᄀᆞ장'이 명사라는 것을 증언한다. 속격 조사는 체언에 결합하여 그 체언이 후행하는 체언을 수식하는 관형어로 기능할 수 있게 해 주는 조사이다. 그러니까 속격 조사가 결합한 체언의 수식을 받는 말은 체언이다. 다시 말해 속격 조사에 후행하는 말은 체언이다.

그런데 근대국어로 오면 활용형이었던 '브터', '조차', 'ᄃᆞ려'가 보조사로 문법화된다. 그리고 명사였던 'ᄀᆞ장' 역시 보조사로 문법화된다. (53)은 17세기 자료이다.

(53) ㄱ. 므슴 瘡(창)인디 언제브터 낫ᄂᆞ뇨<박통 상13b>
　　ㄴ. 닙던 옷조차 노코 밤나ᄌᆞᆯ 슬허 울며<동신 열6b>
　　ㄷ. 네 가 主人ᄃᆞ려 무러<노걸 상62a>

ㄹ. 이제야 문ᄭᆞ지 왓ᄉᆞᆸᄂᆡ<첩해초1:1b>

(53ㄱ)의 '-브터', (53ㄴ)의 '-조차', (53ㄷ)의 '-ᄃᆞ려'는 보조사로 기능하고 있다. (53ㄱ)에서 '언제'가 '브터'의 목적어가 아니며, (53ㄴ)에서 '옷'이 '조차'의 목적어가 아니며, (53ㄷ)에서 '주인'이 'ᄃᆞ려'의 목적어가 아니다. 즉 '브터', '조차', 'ᄃᆞ려'가 동사로서의 기능이 없다. 그래서 '-브터', '-조차', '-다려'가 더 이상 동사가 아니라 보조사로 문법화되었음을 확인할 수 있다.

그리고 (53ㄹ)에서 '문ᄭᆞ지'는 서술어 '왔ᄉᆞᆸᄂᆡ'를 수식하는, 즉 부사어로 기능하고 있다. 이를 통해서 '-ᄭᆞ지'가 보조사로 문법화되었음을 알 수 있다. 중세국어 명사 'ᄀᆞ장(極)'에서 그 형태가 '-ᄭᆞ지'로 재구조화되면서 그 기능도 명사에서 보조사로 문법화되었다(ᄀᆞ장 > ᄭᆞ장 > 까지). 만일 'ᄭᆞ지'가 명사라면 '문ᄭᆞ지'는 '명사 + 명사' 구성이 되는데, '명사 + 명사' 구성이 문장에서 부사어로 쓰이지는 않는다. '보람이가 학교 간다.'처럼 간혹 '학교에'에서 부사격 조사가 생략된 '학교'가 부사어로 기능하는 것처럼 보일 수는 있지만, 이는 생략된 부사격 조사에 의해 부사어로 기능하는 것이지 명사 '학교'가 부사어로 기능하는 것은 아니다.

문법화 중에는 실질 형태소가 접사로 변한 것도 있다. 대표적인 것이 '엿보다, 엿듣다'의 '엿-'과 '날고기'의 '날-'이다. 중세국어에서 '엿-'은 동사였고, '날'은 명사였다.

접사는 실질 형태소의 성격을 가진 것에서부터 형식 형태소에 해당하는 것까지, 의미적으로 하나의 긴 스펙트럼을 가진다. 실질 형태소에서 접사가 된 것은 어찌 되었건 실질 형태소보다는 형식 형태소의 성격에 더 근접했다고 할 수 있다. 그런 점에서 실질 형태소가 접사로 된 것 역시 문법화에 해당한다.

(54) ㄱ. 窓(창)으로 여ᅀᅥ 지블 보니<능엄5:72>
엿+어 → 여ᅀᅥ

ㄴ. 믓ᄀᆞᅀᅢ 고기 엿ᄂᆞ니ᄂᆞᆫ 수업슨 가마오디오<번박 상70>
엿+ᄂᆞ+ᄋᆞᆫ 이+ᄂᆞᆫ

(54ㄱ)에서 '엿-'은 '창으로'라는 부사어를 취하고 있고, (54ㄴ)에서 '엿-'은 목적어

‘고기’를 취하고 있는 것을 통해 서술어, 즉 동사라는 것을 확인할 수 있다. 이처럼 ‘엿-’은 원래 동사였는데, 근대국어 이후 동사 ‘엿-’이 소멸되었다. 동사 ‘엿-’은 소멸되었지만, 복합어 ‘엿보다, 엿듣다, 엿살피다’ 등에서는 그대로 남아 있게 된다. 하지만 이미 동사 ‘엿-’이 소멸되었기 때문에 ‘엿보다, 엿듣다’ 등에 남아 있는 ‘엿-’은 접사로 그 성격이 변하였다. 그 결과 중세국어에서는 합성어로 분류되던 것들이, 현대국어에서는 파생어로 분류된다. 현대국어에서 접두사 ‘엿-’은 ‘몰래’의 의미를 가지고 있는데, 중세국어 동사 ‘엿-’도 ‘몰래’의 의미를 포함하고 있었던 것으로 추론할 수 있다.

(55) 이 다ᄉᆞᆺ 가짓 辛(신)ᄋᆞᆫ … <u>ᄂᆞᄅᆞᆯ</u> 머그면 恚(에)를 더으ᄂᆞ니<능엄8:5b>
ᄂᆞᆯ+ᄋᆞᆯ

(55)에서 ‘ᄂᆞᆯ’은 ‘먹다’의 목적어로 목적격 조사 ‘-ᄋᆞᆯ’과 결합하였으므로 명사라는 것을 확인할 수 있다. 근대국어 이후 명사 ‘ᄂᆞᆯ’은 소멸되었다. 명사 ‘ᄂᆞᆯ’은 소멸되었지만 ‘날고기, 날것, 날김치’ 등의 복합어에서는 남아 있게 된다. 하지만 이미 명사 ‘날’이 소멸되었기 때문에, ‘날고기, 날것’ 등에서 ‘날-’은 접사로 그 성격이 변하였다. 그 결과 중세국어에서는 합성어로 분류되던 것들이, 현대국어에서는 파생어로 분류된다.

5장.
곡용

5.1. 체언의 불규칙 곡용

체언 어간에 조사가 결합하는 것을 곡용이라고 하고, 용언 어간에 어미가 결합하는 것을 활용이라고 한다. 곡용과 활용을 아우르는 개념이 굴절이다. 곡용과 활용의 기본적인 개념이나 설명 틀은 현대국어와 다르지 않다. 다만 그럼에도 국어사에 접근하기가 어렵다고 느끼는 주된 이유는 현대국어와 다른 체언과 용언 어휘, 그리고 현대국어와 다른 조사와 어미가 낯설기 때문이다.

현대국어에서는 체언이 불규칙 곡용을 하는 예가 없지만, 중세국어에서는 체언이 불규칙 곡용을 하는 예가 있다. 중세국어에서는 (1㉮)~(1㉱)의 네 가지 유형의 불규칙 곡용이 있었다. (1㉮~㉱) 각각에서 ⓐ는 단독형일 때, 즉 조사 없이 혼자 나타날 때, 그리고 자음으로 시작하는 조사 및 공동격 조사 '-와' 앞에서의 곡용형이고, ⓑ는 모음으로 시작하는 조사 앞에서의 곡용형이다. 간단히 말하면 ⓐ는 ⓑ의 모음으로 시작하는 조사 이외의 환경에서의 곡용형이다.

(1)

가 나모 ~ 남ㄱ	ⓐ	나모<석상3:41b>, 나모도<석상23:22a>, 나모와<월석4:36a>
	ⓑ	남기<월석8:22b>, 남ᄀᆞᆯ<능엄2:52b>, 남ᄀᆡ<법화2:111b>
나 노ᄅᆞ ~ 놀ㅇ	ⓐ	獐 노ᄅᆞ 쟝<훈몽 상,10a>
	ⓑ	샤향 놀이<백련16a>
다 ᄒᆞᄅᆞ ~ ᄒᆞᆯㄹ	ⓐ	ᄒᆞᄅᆞ<월석8:78b>, ᄒᆞᄅᆞ만<월석20:112a>
	ⓑ	ᄒᆞᆯ리<구급방 하72b>, ᄒᆞᆯᄅᆞᆫ<월석2:51a>, ᄒᆞᆯᄅᆞᆯ<법화5:88b>
라 아ᅀᆞ ~ 아ᇫㅇ	ⓐ	아ᅀᆞ<석상24:25b>, 아ᅀᆞ와<두시3:36b>
	ⓑ	아ᇫ이<석상24:27a>, 아ᇫᄋᆞᆯ<두시24:61b>

(1가)에서 ⓐ의 '나모'는 단독형이나 자음으로 시작하는 조사 및 공동격 조사 '와' 앞에서, ⓑ의 '남ㄱ'은 모음으로 시작하는 조사 앞에서 각각 나타난다. 중세국어 공시태에서 '나모'와 '남ㄱ'의 관계를 공시적인 음운 규칙으로 설명할 수는 없다. '나모 → 남ㄱ'의 교체를 설명할 수도 없고, 반대로 '남ㄱ → 나모' 역시 설명할 수 없기 때문이다. 그래서 '나모 ~ 남ㄱ'의 선대형으로 '*나목' 또는 '*나ᄆᆞᆨ'을 재구하고, 각각 '나목 > 나모(/ㄱ/ 탈락)', '나목 > 남ㄱ(/ㅗ/ 탈락)'의 통시적인 변화의 결과로 설명한다.

(1가') 구무(穴), 녀느(他), 불무(풀무), 므스

(1가')의 단어들도 '나모'와 동일한 곡용을 하였다. 즉 '구무, 굼글(굼ㄱ + -을)', '녀느, 년글(년ㄱ + -을)', '불무, 붊글(붊ㄱ + -을)', '므스, 므스글(므스ㄱ + 을)'로 곡용하였다.

(1나)에서 ⓐ의 '노ᄅᆞ'는 단독형이나 자음으로 시작하는 조사 및 공동격 조사 '와' 앞에서, 그리고 ⓑ의 '놀ㅇ'은 모음으로 시작하는 조사 앞에서 나타나 '노ᄅᆞ ~ 놀ㅇ'으로 불규칙 곡용을 하였다. 이는 '놀이', '놀ᄋᆞᆯ'을 '놀ㅇ + -이', '놀ㅇ + ᄋᆞᆯ'로 분석하는 것이고, '놀ㅇ'의 'ㅇ'을 /ɦ/로 해석하는 것이다.

이와 달리 '노ᄅᆞ + -이'에서 체언 어간 '노ᄅᆞ'의 /ㆍ/ 탈락 후 남은 /ㄹ/가 어간의 요소이기 때문에 연철시키지 않고 어간말에 표기했다고 보기도 하는데, 이 관점에서는

'놀이, 놀울'이 불규칙 곡용이 아니다. 단지 연철하는 환경에서 연철하지 않고 분철한 표기일 뿐이다. 유성 후두 마찰음 'ㅇ/ɦ/'에 대한 자세한 설명은 3.1.2.의 '마)'에 가서 보기 바란다.

(1㉯') ᄂᆞᄅᆞ(津)(나루), ᄌᆞᄅᆞ(柄)(자루), 시르(시루)

(1㉯')는 '노ᄅᆞ'와 같은 곡용을 보이는 단어들이다. (1㉯')의 단어들 역시 'ᄂᆞᄅᆞ, 놀이', 'ᄌᆞᄅᆞ, ᄌᆞᆯ이', '시르, 실이'로 곡용하였다.

(1㉰)에서 ⓐ의 'ᄒᆞᄅᆞ'는 단독형이나 자음으로 시작하는 조사 및 공동격 조사 '와' 앞에서, 그리고 ⓑ의 'ᄒᆞᆯㄹ'은 모음으로 시작하는 조사 앞에서 나타나 'ᄒᆞᄅᆞ ~ ᄒᆞᆯㄹ'로 불규칙 곡용을 하였다.

(1㉰') ᄆᆞᄅᆞ(棟, 마루)

'ᄒᆞᄅᆞ'와 같은 곡용을 하는 단어로는 (1㉰')가 추가된다. 즉 'ᄆᆞᄅᆞ, ᄆᆞᆯ리(ᄆᆞᆯㄹ + -이)'로 곡용하였다.

(1㉱)에서 ⓐ의 '아ᅀᆞ'는 단독형이나 자음으로 시작하는 조사 및 공동격 조사 '와' 앞에서, 그리고 ⓑ의 '아ᇫㅇ'은 모음으로 시작하는 조사 앞에서 나타나 '아ᅀᆞ ~ 아ᇫㅇ'으로 불규칙 곡용을 하였다. 이는 (1㉯)의 '놀이'와 마찬가지로 '아ᇫ이'를 '아ᇫㅇ + -이'로 해석하는 것이다.

이와 달리 '아ᇫ이'를 '아ᅀᆞ + -이'에서 /ㆍ/ 탈락 후 남은 /ㅿ/를 선행 음절 종성으로 표기했다고 보기도 하는데, 이 관점에서는 '아ᇫ이'가 불규칙 곡용이 아니다. 단지 연철해야 하는 환경에서 연철하지 않고 분철한 표기일 뿐이다.

'아ᅀᆞ'와 같은 곡용을 하는 예로 (1㉱')가 추가된다. '여ᅀᆞ' 역시 '여ᅀᆞ, 여ᇫ이'로 곡용하였다.

(1㉱') 여ᅀᆞ(여우)

불규칙 곡용을 하던 체언 어간의 이형태들은 현대국어로 오면서 모두 단일 어간으로 재구조화된다. 그래서 현대국어에서는 불규칙 곡용을 하는 체언이 없다. 용언의 활용에서도 체언의 불규칙 곡용인 (1)과 평행한 불규칙 활용이 나타난다. 이에 대해서는 6.1.에서 자세히 설명하고 있다.

5.2. 중세국어 격조사

1) 주격 조사

주격 조사는 주어에 결합하여 주어임을 나타내는 기능을 하는 조사이다. 중세국어 주격 조사 형태소는 '-이/i/'이다. 즉 선행하는 체언 어간 말음이 자음으로 끝날 때는 물론이고 모음으로 끝날 때도 단일하게 '-이'가 쓰였다. 이형태로 '-ㅣ/y/'가 있었다. 이형태 '-ㅣ'의 분포는 체언의 말음절이 /y/계 하향 이중모음을 이룰 수 있는 모음으로 끝날 때이다. 중세국어에는 주격 조사 '-가'가 없었다. 주격 조사 '-가'는 아래 (6)에서 보듯이 17세기 말에 이르러서야 나타난다.

(2) ㄱ. 말ᄊᆞ미 업슬ᄊᆡ<석상13:6b>
말ᄊᆞᆷ+이

ㄴ. ᄉᆡ미 기픈 므른 ᄀᆞᄆᆞ래 아니 그츨ᄊᆡ<용가2장>
ᄉᆡᆷ+이

(3) ㄱ. 부톄 우ᅀᅳ시니<월석20:61b>
부텨+이/put^{h}yə-i/ → 부톄/put^{h}yəy/

ㄴ. 六月(유월)에 프른 볘 하니<두시7:36b>
벼+이/pyə-i/ → 볘/pyəy/

ㄷ. 내 부텨긔 ᄉᆞᆯᄫᅡ 보리이다<월석10:18a>
나+이/na-i/ → 내/nay/

(4) ㄱ. 다리 굵고 ᄡᅢ리 ᄂᆞᆯ캅더니<석상6:32b>
　　'-이' 생략

ㄴ. 불휘 기픈 남ᄀᆞᆫ ᄇᆞᄅᆞ매 아니 뮐ᄊᆡ<용가2장>
　　'-이' 생략

(2)에서 보듯이 중세국어 주격 조사는 '-이/i/'이다. 그리고 (3)처럼 '-이/i/'가 반모음화되어 선행하는 모음과 하향 이중모음을 형성할 수 있을 때는 표면형에서 /y/로 나타난다. 그리고 (4)처럼 선행하는 체언이 /i/나 /y/로 끝나면 아예 실현되지 않기도 하였다.

선행하는 체언이 한자일 때는 (5)에서 보듯이 표기상 '-이' 또는 '-ㅣ'로 나타난다.

(5) ㄱ. 世尊(세존)이 머리 ᄆᆞ니시니<월석21:3a>

ㄴ. 우리 始祖(시조)ㅣ 慶興(경흥)에 사ᄅᆞ샤<용가3장>

　　如來(여래)ㅣ 三行(삼행)ᄋᆞᆯ ᄇᆡ호샤<법하6:123a>

(5ㄱ)처럼 선행하는 한자의 말음절이 자음으로 끝나면 '-이'로 나타난다. 그리고 선행하는 한자의 말음절이 모음으로 끝나면 (5ㄴ)에서 보듯이 모음의 종류와 상관없이 '-ㅣ'로 나타난다.

주격 조사 '-가'가 나타나기 시작하는 것은 근대국어에 와서의 일이다. 즉 중세국어에는 주격 조사 '-가' 없었다. 17세기 말 자료인 『초간첩해신어』(1676)에서 현대국어의 주격 조사 '-가'로 해석될 수 있는 예가 나타나기 시작해서 18세기부터는 광범위하게 나타난다.

(6) ㄱ. ᄇᆡ가 올 거시니<첩해초1:8b>

ㄴ. 東萊(동래)가 요ᄉᆞ이 편티 아냐<첩해초1:26b>

(6)에서 '-가'는 동사 '가다'의 의미가 전혀 나타나지 않는다. 그러면서 선행하는 체언이 모음으로 끝날 때만 나타나고, '-가'가 결합한 체언이 서술어의 주어로 해석된다.

그래서 (6)의 '-가'를 주격 조사로 해석한다.

2) 목적격 조사

목적격 조사는 현대국어와 마찬가지로 선행하는 체언의 음운론적 조건에 따라, 즉 선행하는 체언이 자음으로 끝나면 '-ᄋᆞᆯ/을', 선행하는 체언이 모음으로 끝나면 '-ᄅᆞᆯ/를'이 결합하였다.

(7) ㄱ. 하ᄂᆞᆳ 고ᄌᆞᆯ 잡고<석상23:40b>
곶+ᄋᆞᆯ

ㄴ. 죠ᄒᆡᄂᆞᆫ 부들 무티니<두시20:38a>
붇+을

(8) ㄱ. 부텻 양ᄌᆞᄅᆞᆯ 보아라<석상23:13a>
ㄴ. 부텨를 맛나 잇ᄂᆞ니<석상6:11a>

(7)처럼 선행하는 체언이 자음으로 끝나면 '-ᄋᆞᆯ/을', (8)처럼 선행하는 체언이 모음으로 끝나면 '-ᄅᆞᆯ/를'이 결합하였다. 이는 (9)에서 보듯이 선행하는 체언이 한자일 때도 마찬가지였다.

(9) ㄱ. 衆生(중생)ᄋᆞᆯ 어엿비 너기시논 젼ᄎᆞ로<석상21:35b>
ㄴ. 臣下(신하)ᄅᆞᆯ 손소 주기디니<석상24:13a>

다만 중세국어에서는 (10)에서 보듯이 선행하는 체언이 모음으로 끝날 때 '-ᄅᆞᆯ/를'이 아니라 '-ㄹ'이 결합하기도 하였다.

(10) ㄱ. 아모 城中(성중)에 날 ᄇᆞ리고 逃亡(도망)ᄒᆞ야<법화2:222b>
나+ㄹ

ㄴ. 소ᄂᆞ로 머릴 ᄆᆞ쥬미<법화7:180a>
머리+ㄹ

현대국어에서도 이러한 흔적이 남아 있다. '날 잡아 봐라', '머릴 들어 하늘을 보아라'의 '날(나 + -ㄹ)', '머릴(머리 + -ㄹ)'에서 목적격 조사 '-ㄹ'을 확인할 수 있다.

(10)은 목적격 조사 '-ᄅᆞᆯ/를'의 형성을 설명하는 단서로 삼기도 한다. 즉 '날'이 이미 목적격 조사가 결합한 곡용형지만, '날'을 체언으로 잘못 생각하여 여기에 다시 목적격 조사 '-ᄋᆞᆯ'을 결합시켜 연철시킴으로써 '-ᄅᆞᆯ'이라는 형태가 형성되었다는 것이다(날+ -ᄋᆞᆯ → 나ᄅᆞᆯ → 나 + -ᄅᆞᆯ). 보조사 '-ᄂᆞᆫ/는'의 형성 역시 평행하게 설명한다. 즉 '나는 나다'를 '난 나다'라고도 하는데, 이때 '난'은 이미 '나'에 보조사 '-ㄴ'이 결합한 곡용이다(나+ -ㄴ). 곡용형 '난'이 곡용형인지 모르고 다시 '-ᄋᆞᆫ'을 결합시켜 연철함으로써 '-ᄂᆞᆫ'이 형성되었다는 것이다(난 + -ᄋᆞᆫ → 나ᄂᆞᆫ → 나 + -ᄂᆞᆫ).

참고로 피·사동사 중에도 접미사가 중첩된 것들이 꽤 있다. '씌우다, 띄우다, 재우다' 등이 그것이다. '씌-'가 이미 '쓰- + -이- → 씌-'의 사동사인데, '씌-'가 사동사인지 모르고 다시 사동 접미사 '-우-'를 결합시킨 것이 '씌우다'이다. '띄우다'는 '뜨- + -이- → 띄-'에 다시 '-우-'를 결합시킨 것이고, '재우다'는 '자- + -이- → 재-'에 다시 '-우-'를 결합시킨 것이다.

3) 속격 조사

속격 조사는 관형격 조사와 동의어이다. 국어사에서는 '속격 조사'를 '관형격 조사'보다 더 많이 사용하는 편이다. 현대국어에서 속격 조사는 '-의' 하나뿐이다. 그러나 중세국어에서 속격 조사는 복잡한 양상으로 나타난다.

(11) ㄱ. 사ᄅᆞᄆᆡ ᄉᆞᄉᆡ예<두시3:58a>
사ᄅᆞᆷ+ᄋᆡ

ㄴ. 우리ᄋᆡ 出家(출가)ᄅᆞᆯ 드르쇼셔<석상21:39a>
우리+ᄋᆡ

ㄷ. 하야로비의 누니 ᄀᆞᆮᄒᆞᆯᄊᆡ<월석11:96a>
하야로비+의

(12) ㄱ. 나못 니피<두시3:39b>
나모+ㅅ

ㄴ. 풍륫 소리니<월석11:28a>
풍류+ㅅ

ㄷ. 本來(본래)ㅅ 일훔<법화2:225a>

(13) ㄱ. 부텻 마ᄅᆞᆯ<석상13:34a>

ㄴ. 世尊(세존)ㅅ 말<월석1:1b>

ㄷ. 大王(대왕)ㅅ 차반<법화3:66a>

선행하는 체언이 사람을 포함한 유정물이면 (11)처럼 속격 조사 '-ᄋᆡ/의'가 결합하였고, 선행하는 체언이 무정물이면 (12)처럼 속격 조사 '-ㅅ'이 결합하였다. 그런데 (13)처럼 선행하는 체언이 존칭 체언, 즉 높임의 대상이 되는 인물이면 유정물이지만 속격 조사 '-ㅅ'이 결합하였다. 이를 정리하면 (14)와 같다.

(14) 속격 조사의 실현 양상

속격 조사 이형태	결합 환경	예
-ᄋᆡ/의	유정물 체언	사ᄅᆞᄆᆡ 쁘들, 孔雀(공작)ᄋᆡ 목
-ㅅ	무정물 체언	나랏 말ᄊᆞ미, 金ㅅ빛
	유정물 존칭 체언	世尊(세존)ㅅ일, 부텻 道理(도리)

모음으로 끝난 체언 뒤의 속격 조사 '-ᄋᆡ/의'는 (15)에서처럼 축약된다.

(15) ㄱ. 엇뎨 내 모ᄆᆞᆯ 소기거뇨 ᄒᆞ다니<법화2:96>
나+ᄋᆡ(na-ʌy → nay)

ㄴ. 須達(수달)ᄋᆡ 버릇 업순 주를 보고 네 사ᄅᆞ미 ᄃᆞ외야<석상6:21a>
너+의(nə-ɨy → nəy)
(수달이 버릇 없은 줄을 보고 너의 사람이 되어)

ㄷ. 善友太子(선우태자)ㅣ 긼 가온ᄃᆡ 안잿거늘 쇠 무리 ᄒᆞ마<월석22:51b>
쇼+ᄋᆡ(syo-ʌy → syoy)

음소 단위에서는 속격 조사 '-ʌy', '-ɨy'에서 모음 /ʌ/, /ɨ/가 탈락하고 남은 반모음 /y/가 선행 모음과 결합한 것이다. 국제음성기호로 표기한 부분을 보면 쉽게 파악이 될 것이다. 그러니까 음소 단위에서는 모음 /ʌ/(또는 /ɨ/) 탈락이 일어난 것이다. 그런데 음절 단위에서 보면 음절이 -1이 되면서 탈락한 음절의 흔적이 남아 있다는 점에서 음절 축약이라고 할 수 있다. 이러한 음절 축약은 현대국어에서는 나타나지 않는다. 현대국어에서 '내'는 '내' 자체가 대명사이고, '나의'가 음절 축약되어 '내'가 되지는 않는다.

속격 조사에 선행하는 체언이 한자일 때는 (16ㄱ)처럼 축약되지 않은 '長子ᄋᆡ' 그대로 나타나기도 하고, (16ㄴ)의 '長子ㅣ(長子-y)'처럼 음절 축약형으로 나타나기도 한다.

(16) ㄱ. 長者(장자)ᄋᆡ 지븨 니르나<원각 하1-1:52a>
ㄴ. 長者(장자)ㅣ 지븨 ᄃᆞ려가샤<월석8:94a>

참고로 (16)의 '지븨(집-의)'에서 '-의'는 처격의 의미를 가진 부사격 조사이다.
무정물 속격 조사 '-ㅅ'은 (17)에서 보듯이 부사격 조사 뒤에도 결합하였다.

(17) ㄱ. 귀옛 구슬<월석11:29b>
귀+예+ㅅ
ㄴ. 알ᄑᆡᆺ ᄠᅳᆮ과<월석11:65b>
앒+ᄋᆡ+ㅅ
ㄷ. 뎌 ᄯᅡ햇 六趣衆生(육취중생) ᄋᆞᆯ<월석11:36a>
ᄯᅡㅎ+애+ㅅ

중세국어에서는 내포문의 주어가 주격 조사가 아닌, 속격 조사와 결합한 경우가 있다. (18)에서 '수달ᄋᆡ', '아비의'에서 '-ᄋᆡ/의'가 그것이다. 형태는 속격 조사이지만, '수달ᄋᆡ', '아비의'의 문장 성분은 주어이다. 그러니까 이때의 '-ᄋᆡ/의'는 속격 조사로서의 기능을 하지 않는다. 이처럼 내포문 주어에 결합한 '-ᄋᆡ/의'를 '주어적 속격'이라고 부른다.

(18) ㄱ. 이 東山(동산)ᄋᆞᆫ **[須達(수달)ᄋᆡ 산]** 거시오<석상6:40>

ㄴ. 諸子(제자)ㅣ **[아비의 便安(편안)히 안ᄌᆞᆫ]** ᄃᆞᆯ 알오<법화2:138>

4) 보격 조사

보격 조사는 주격 조사와 마찬가지로 '-이'이다. 주격 조사 '-가'가 17세기 말에나 나타나니까, 보격 조사 '-가' 역시 17세기 말 이후에 나타난다.

(19) ㄱ. 사ᄅᆞ미 겨지비 ᄃᆞ외야<월석1:44a>
겨집+이

ㄴ. 너희ᄃᆞᆯ히 다 당다이 부톄 ᄃᆞ외리라 ᄒᆞ더라<석상19:31a>
부텨+이/put^{h}yə+i/ → 부톄/put^{h}yəy/

ㄷ. 소리이 소리 아니며<남명 상41a>
'-이' 생략

보격 조사의 형태소는 주격 조사와 같은 '-이/i/'이다. 그러니까 '되다', '아니다' 앞에 '-이'와 결합한 성분이 보어이고, 이때의 '-이'가 보격 조사이다. 보격 조사 '-이'가 나타나는 양상은 주격 조사 '-이'가 나타나는 양상과 정확히 일치한다. 즉 (19ㄱ)처럼 체언 어간말이 자음으로 끝나면 '-이/i/', (19ㄴ)처럼 체언 어간말이 /y/나 하향 이중 모음을 형성할 수 있는 모음으로 끝나면 '-ㅣ/y/', (19ㄷ)처럼 체언 어간말이 모음 /i/나 /y/로 끝나면 외현적으로 실현되지 않았다.

선행하는 체언이 한자일 때, 한자의 말음절 음이 자음으로 끝나면 (20ㄱ)처럼 '-이'로, 한자의 말음절 음이 모음이면 모음의 종류와 상관없이 (20ㄴ)처럼 '-ㅣ/-y/'로 나타났다.

(20) ㄱ. 長莊嚴(장장엄)은 素法身(소법신)이 아니시고<법화7:131b>

ㄴ. 苦ㅣ ᄃᆞ외며 惱(뇌)ㅣ ᄃᆞ외야<원각 상2-2:24a>

참고로 보어에 대해서는 보충 설명이 필요할 듯하다. 어떤 문장이 적격한 문장이 되기 위해서는 서술어가 필요로 하는 성분, 즉 서술어의 논항이 모두 실현되어야 한다. 모든 서술어는 주어 논항 하나를 가진다고 가정한다. 그래서 어떤 서술어이든 반드시 주어 논항을 필요로 한다. 그래서 일단 모든 문장은 주어 논항 하나를 가진다. 그리고 동사 중에서 타동사는 반드시 목적어 논항을 요구하므로, 타동사가 서술어일 때는 목적어 역시 반드시 있어야 한다.

그런데 주어 논항도 아니고 목적어 논항도 아니지만, 서술어가 반드시 필요로 하는 논항이 있다. 그리고 그것이 실현되지 않으면 해당 서술어가 이끄는 문장이 적격하지 않게 된다. 이러한 논항을 'complement'라고 하는데, 'complement'를 '보충어'로 번역하기도 하고 '보어'로 번역하기도 한다.

(21) ㄱ. 영이가 어른이 아니다.
ㄴ. 애벌레가 나비가 되었다.
ㄱ'. ×영이가 아니다.
ㄴ'. ×애벌레가 되었다.

(22) ㄱ. 영이는 엄마와 닮았어.
ㄴ. 빠르기가 번개와 같다.
ㄱ'. ×영이는 닮았어.
ㄴ'. ×빠르기가 같다.

(23) ㄱ. 세월이 나를 현자로 만들었다.
ㄴ. 준이가 고양이에게 물을 주었다.
ㄱ.'. ×세월이 나를 만들었다.
ㄴ'. ×준이가 물을 주었다.

(21ㄱ)에서 '어른이', (21ㄴ)에서 '나비가'가 누락되면 적격한 문장이 되지 못하고, (22ㄱ)의 '엄마와', (22ㄴ)의 '번개와'가 누락되어도 역시 적격한 문장이 되지 못한다.

(23ㄱ)에서는 '현자로', (23ㄴ)에서는 '고양이에게'가 누락된 문장 역시 적격한 문장이 되지 못한다.

(21ㄱ)의 '어른이', (21ㄴ)의 '나비가', (22ㄱ)의 '엄마와', (22ㄴ)의 '번개와', 그리고 (23ㄱ)의 '현자로', (23ㄴ)의 '고양이에게'는 주어도 아니고 목적어도 아니다. 하지만 누락되면 문장의 적격성에 문제가 생기는 성분이라는 점에서 공통적이다. 즉 이들은 주어도 아니고, 목적어도 아니지만, 서술어가 반드시 필요로 하는 성분이라는 점에서는 같다. 이러한 성분이 바로 보어/보충어이다.

그런데 학교문법에서는 (21)처럼 '아니다', '되다'의 경우만 '보어'라고 하고, (22)와 (23)의 경우는 '필수적 부사어'라고 하여, 'complement'를 서술어에 따라 보어와 필수적 부사어로 구분하고 이름도 다르게 붙였다. 즉 학교문법에 따르면 서술어 '아니다', '되다'의 'complement'만 보어이고, 나머지 'complement'는 필수적 부사어가 되는 셈이다. 더 정확히 표현하면 '아니다', '되다'의 'complement'가 조사 '-이/가'와 결합해서 나타날 때만 보어이다. 그래서 (24)의 '나비로'는 보어가 아니라 필수적 부사어로 처리된다.

(24) 애벌레가 나비로 되었다.

학교문법에서 (24)의 '나비로'가 '되다' 앞에 오는 성분임에도 보어가 아닌 까닭은 보격 조사 '-이/가'가 아니라 부사격 조사 '-로'가 결합했기 때문이다. 이처럼 학교문법에서는 보격 조사 '-이/가'를 설정하고, '아니다', '되다' 앞에서 오는 성분이 보격 조사 '-이/가'와 결합한 경우에만 보어라고 한다. 그래서 (24)처럼 '되다' 앞의 'compilement'가 부사격 조사와 결합했을 때는 필수적 부사어가 된다.

5) 서술격 조사

서술격 조사의 형태는 현대국어와 마찬가지로 '-이-'였다.

(25) ㄱ. 力士(력사)ᄂᆞᆫ 힘 센 사ᄅᆞ미라<월석2:6b>
사ᄅᆞᆷ-이-라(←다)

ㄴ. 輪(륜)은 <u>바회라</u><월석2:38a>
바회-ø(←이)-라(←다)

ㄷ. 부텨 護念(호념)ᄒᆞ시논 <u>배라</u><월석18:8b>
바-이-라(←다) → 배라[payra]

선행하는 체언이 자음으로 끝나면 (25ㄱ)처럼 연음되었고, 선행하는 체언이 모음으로 끝나면 (25ㄴ)처럼 일반적으로 탈락하였다. 그리고 선행하는 체언의 말음절 모음이 /y/계 하향 이중모음을 이룰 수 있는 모음일 때는 (25ㄷ)에서 보듯이 서술격 조사 '-이-'가 /-y/로 반모음화되었다. 중세국어에서는 'ㅔ, ㅐ, ㅚ, ㅟ'가 /əy, ay, oy, uy/의 하향 이중모음이었기 때문에 선행하는 체언 어간의 말모음이 /a, ə, o, u/일 때는 /-y/와 하향 이중모음을 이룰 수 있었다. 반모음화되고 나면 음절의 수가 줄어들기 때문에 음절 단위에서는 음절 축약이 된다. 참고로 중세국어에서는 종결어미 '-다'가 서술격 조사 '-이-' 뒤에서 '-라'로 교체되었다.

그리고 선행하는 체언이 한자로 표기되었을 때는 한자음의 음운론적 조건에 따라 다르게 실현되었다. (26ㄱ)처럼 한자음이 자음으로 끝나면 '-이-'로, 그리고 한자음이 모음으로 끝나면 (26ㄴ)처럼 일반적으로 탈락하였다. (26ㄷ)처럼 한자음의 말모음이 /y/계 하향 이중모음을 형성할 수 있는 모음일 때는 /y/로, 즉 '-ㅣ'로 표기되었다.

(26) ㄱ. 일후미 極樂(극락)이라<월석7:63a>
ㄴ. 너븐 부텻 世界(세계)라 ᄒᆞ니라<월석11:34b>
ㄷ. 하ᄂᆞᆳ 妙華(묘화)ㅣ라<월석11:34a>

6) 부사격 조사

부사격 조사는 체언에 결합하여 그 체언이 문장에서 부사어로 기능하도록 하는 격조사이다. 부사격 조사는 결합한 체언이 부사어로 기능하게 해 주는 문법적 기능에 더하여 약간의 어휘적 의미가 있는 경우가 대부분이다. 그래서 부사격 조사를 의미에 따라 다시 하위 구분하여 처격 조사, 여격 조사, 비교격 조사, 도구격 조사 등으로 나누기도 한다.

가) 처격

중세국어에서 처격 조사는 선행하는 체언의 음운론적 조건에 따라 그 형태가 다르게 실현되었다.

(27) ㄱ. <u>바ᄅᆞ래</u> ᄇᆡ ᄠᅴ워<두시21:36b>
바ᄅᆞᆯ+애

방하애 디허<석상24:15b>

ㄴ. <u>무더메</u> 하딕ᄒᆞ고<월석23:76a>
무덤+에

그르세 밥 담고<월석25:71a>

ㄷ. 내 <u>머리예</u> 므를 브ᅀᅳ리라<석상24:12b>
머리+예

五百人(오백인) ᄇᆡ예 시러<월석22:5b>

(27ㄱ)처럼 선행하는 체언이 양성모음으로 끝나면 '-애'가, (27ㄴ)처럼 선행하는 체언이 음성모음으로 끝나면 '-에'가, 그리고 (27ㄷ)처럼 선행하는 체언이 /i/나 /y/로 끝나면 '-예'가 결합하였다. '-애 ~ -에'는 모음조화에 따른 이형태이고, '-예'는 '-에'에 반모음 /y/가 첨가된 이형태이다.

속격 조사와 형태가 같은 '-ᄋᆡ/의'가 처격으로 쓰인 경우도 있다. '-ᄋᆡ/의'는 기본적으로 속격 조사로 쓰였지만, 부사격 조사 중에서 처격으로도 쓰였다.

(28) ㄱ. 窓(창)ᄋᆡ 안자셔<두시21:11a>
아ᄎᆞᆷ 뷔여든 ᄯᅩ 나조ᄒᆡ 닉고<월석1:45a>

ㄴ. 머리 우희 엱고<석상23:41a>
이 지븨 자려 ᄒᆞ시니<용가102장>

(28)에서 '-ᄋᆡ/의'가 결합한 '窓ᄋᆡ, 나조ᄒᆡ(나조ㅎ + -ᄋᆡ), 우희(우ㅎ + -의), 지븨(집 + -의)'는 부사어이므로, 이때의 '-ᄋᆡ/의'는 부사격 조사(처격 조사)이다.

나) 여격

여격 조사로는 높임의 대상이 아닐 때는 '-ᄋᆡ게/의게'가, 높임의 대상일 때는 '-ㅅ긔/ᄭᅴ'가 있었다. '-ᄋᆡ게/의게'는 현대국어의 '-에게', 그리고 '-ㅅ긔/ᄭᅴ'는 현대국어의 '-께'로 이어진다. (29)는 '-ᄋᆡ게/의게'의 예이고, (30)은 '-ㅅ긔/ᄭᅴ'의 예이다.

(29) ㄱ. 아ᄃᆞᆯ ᄃᆞᆯ히 各各(각각) 아ᄇᆡ게 닐오ᄃᆡ<월석12:29a>
아비+ᄋᆡ게

ㄴ. 모딘 즁ᄉᆡᆼᄋᆡ게 갓가ᄫᅵ 가게 ᄒᆞ며<월석21:24a>

ㄷ. 比丘(비구)의게 옷 밥 주니ᄂᆞᆫ<월석22:71a>

(30) ㄱ. 目連(일운)이 世尊(세존)ㅅ긔 묻ᄌᆞ보ᄃᆡ<월석23:89b>

ㄴ. 부텻긔 布施(보시) ᄒᆞᆯᄊᆡ<석상24:35a>

ㄷ. 우리 님금ᄭᅴ 받ᄌᆞ오려 ᄒᆞᄂᆞ다<두시5:31b>

ㄹ. 仙人(선인)이 와 王(왕)ᄭᅴ 닐오ᄃᆡ<법화4:154b>

'-ᄋᆡ게'와 '-의게'는 모음조화에 따른 이형태이다. 그리고 '-ㅅ긔'에서 '-ㅅ'은 원래는 속격 조사였던 것이다. 'ᄭᅴ'는 '-ㅅ'이 연철된 것이다.

'-ᄋᆡ게/의게', '-ㅅ긔/ᄭᅴ'를 부사격의 여격 조사로 보지 않고, 각각 '-ᄋᆡ/의 + 긔' 또는 '-ᄋᆡ/의 + 그에', 그리고 '-ㅅ + 긔' 또는 'ㅅ + 그에'로 분석하기도 한다. 이렇게 분석할 때 '긔' 또는 '그에'는 의존명사이다. '긔' 또는 '그에'가 의존명사라는 근거는 (31)이다.

(31) ㄱ. 모딘 사ᄅᆞᄆᆡ그에 조치여<석상21:04a>
사ᄅᆞᆷ+ᄋᆡ 그에

ㄴ. 於(어)는 아모그에 ᄒᆞ논 겨체 ᄡᅳ는 字(자) ㅣ라<훈언3a>
아모+그에

(31ㄱ)에서 '-ᄋᆡ 그에', (31ㄴ)에서 '그에'를 확인할 수 있다.

(32)의 '-ᄃᆞ려' 역시 여격의 의미를 가진 부사격 조사이다. '-ᄃᆞ려'는 현대국어에서 '-더러'로 이어진다.

(32) ㄱ. 부톄 阿難(아난)이ᄃᆞ려 니ᄅᆞ샤ᄃᆡ<석상11:41b>
　　ㄴ. 世宗(세종)이 날ᄃᆞ려 니ᄅᆞ샤ᄃᆡ<월석 서1:11a>

다) 비교격

중세국어에서 비교의 의미를 가진 부사격 조사로는 '-두고', '-라와'가 있었다. 그리고 일반적이지는 않지만 '-에', '-이'도 비교의 의미로 쓰였다. 또한 '-와/과'도 '같다', '다르다' 등과 함께 나타날 때는 비교의 의미로 쓰였다.

(33) ㄱ. 光明(광명)이 ᄒᆡᄃᆞᆯ두고 더으니<월석1:26a>
　　ㄴ. 븘 비ᄎᆞ로 莊嚴(장엄)호미 日月(일월)라와 느러<월석9:15a>
　　ㄷ. 나랏 말ᄊᆞ미 中國(중국)에 달아<훈언1b>
　　　 神通(신통)이 菩薩(보살)애 ᄀᆞᆮᄒᆞ며<법화4:142a>
　　ㄹ. 싁싁ᄒᆞ신 相(상)이 眞金山(진금산)이 ᄀᆞᄐᆞ시니이다<월석7:29a>
　　ㅁ. 부텻 ᄆᆞᅀᆞᆷ과 ᄀᆞᆮᄒᆞ며<능엄8:28b>

(33ㄷ)의 '-에/애'는 비교격으로 쓰였는데, 일반적으로 '-에/애'는 처격으로 주로 쓰였다. (33ㄷ)의 '-에/애'를 비교가 아닌 '기준'의 의미로 해석하기도 한다. (33ㄹ)의 경우, 현대국어라면 '상이 진금산과 같다'처럼 '-와/과'가 쓰이는 자리인데, 중세국어에서는 'A이 B이 같다'와 같은 구조의 문장이 나타난다. 이때의 '-이'는 비교의 의미를 나타내는 조사이다.

(33ㅁ)처럼 '-와/과'가 '같다', '다르다'와 함께 나타날 때는 비교격으로도 쓰였다. 일반적으로 '-와/과'는 (34)에서처럼 '공동'이나 '나열'의 의미로 쓰였다.

(34) ㄱ. 우리 두 사ᄅᆞᆷ도 ᄯᅩ 너와 ᄒᆞᆫᄃᆡ 지소리라<법화2:206a>
　　　 번과 술 머구미 이시리라<두시8:40a>

ㄴ. 비와 구룸괘 ᄉᆞ라디여 업슬씨오<월석10:85b>

四大(사대)ᄂᆞᆫ ᄯᅡ콰 믈와 블와 ᄇᆞᄅᆞᆷ괘라<석상20:43a>

(34ㄱ)은 '공동'의 의미로 쓰인 '-와/과'이고, (34ㄴ)은 '나열'의 의미로 쓰인 '-와/과'이다. (34ㄴ)처럼 '나열'의 의미로 쓰인 '-와/과'는 접속 조사 '-이며'와 같은 기능을 한다. 그래서 (34ㄴ)의 '-와/과'를 부사격 조사가 아닌, 단어와 단어를 접속시키는 접속 조사로 따로 구분하기도 한다.

근대국어에 나타나는 '-도곤/두곤'도 비교의 의미를 가진 부사격 조사이다. '-도곤/두곤'은 중세국어 자료에서는 나타나지 않는다.

(35) ㄱ. 쓴 ᄂᆞ믈 데온 믈이 고기도곤 마시 이셰<송강가사 하5a>

ㄴ. 子貢(자공)이 仲尼(중니)두곤 賢(현)ᄒᆞ니라<논율4:68b>

라) 방향, 도구, 자격, 원인, 변성: -(ᄋᆞ)로/(으)로

'-(ᄋᆞ)로 ~ -(으)로'는 여러 가지 의미로 쓰이는 부사격 조사이다.

(36) ㄱ. 하ᄂᆞᆯ로 도라가니라<월석4:36b>

光(광)이 東(동)녀그로 비취샤<월석11:37b>

ㄴ. 諸佛(제불)이 바리로 바다 좌시ᄂᆞ니<월석4:56a>

菴(암)ᄋᆞᆫ 프ᅀᅥᆼ귀로 지슨 지비라<월석4:65b>

ㄷ. 나그내로 밥 머고매<두시7:23a>

衆生(중생)ᄋᆞ로 부텻 知見(지견)을 열에 코져 ᄒᆞᄂᆞ니라<법화1:133b>

ㄹ. 므슴 病(병)으로 命終(명종)ᄒᆞ뇨<월석9:36-1b>

ㅁ. ᄒᆡ로 變(변)ᄒᆞ며 …… ᄃᆞᆯ로 化(화)ᄒᆞ며<능엄2:7a>

'-(ᄋᆞ)로/(으)로'가 (36ㄱ)에서는 '방향'의 의미, (36ㄴ)에서는 '도구'의 의미, (36ㄷ)에서는 '자격'의 의미, (36ㄹ)에서는 '원인'의 의미, (36ㅁ)에서는 '변성'의 의미를 나타내는 부사격 조사로 쓰였다.

마) 출발점

출발점의 의미를 가진 부사격 조사로는 '-에셔/애셔', '-의셔/ᄋᆡ셔', '-로셔'가 있다.

(37) ㄱ. 이베셔 青蓮花(청련화)ㅅ 香(향) 내 나며<월석1:26b>
江漢(강한)애셔 가고져<두시3:40a>
ㄴ. ᄀᆞᄅᆞᆷ 우희셔 그듸ᄅᆞᆯ ᄉᆞ랑ᄒᆞᄂᆞᆫ<두시21:32a>
부텻 알ᄑᆡ셔 닐오ᄃᆡ<석상21:30b>
나못 가온ᄃᆡ셔 가지예 ᄲᅱ놀며<두시17:5b>
ㄷ. 수프로셔 나오나ᄂᆞᆯ<월석4:33a>
하ᄂᆞᆯ로셔 ᄂᆞ려오고<두시8:15a>

(37ㄱ)의 '이베셔(입 + -에셔)'처럼 체언 어간이 / ㅣ / 모음이나 음성모음이면 '-에셔'가 결합하고, '모매셔(몸 + -애셔)', '江漢애셔'처럼 체언 어간이 양성모음이면 '-애셔'가 결합하였다. (37ㄴ)의 '-의셔'와 '-ᄋᆡ셔' 역시 체언 어간이 음성모음이면 '-의셔'가, 체언 어간이 양성모음이면 '-ᄋᆡ셔'가 결합하였다. '가온ᄃᆡ셔'의 경우 '-셔'가 결합한 것으로 해석될 수도 있지만, '가온ᄃᆡ + -ᄋᆡ셔'여도 '-ᄋᆡ셔'의 'ᄋᆡ' 모음이 탈락하여 '가온ᄃᆡ셔'가 된다는 점에서 '-셔'를 따로 상정할 필요는 없다. (37ㄷ)에서는 '-로셔'를 확인할 수 있다.

7) 호격 조사

중세국어에서 호격 조사는 현대국어와 마찬가지로 '-아 ~ -야/여'이다. 다만 높임의 대상을 부르는, 존칭 호격 조사 '-하'가 있었다는 것이 현대국어와 차이가 나는 부분이다.

(38) ㄱ. 부톄 니ᄅᆞ샤ᄃᆡ 目連(목연)아 네 내 열두 골회 가진 錫杖(석장) 잡고<월석23:83b>
ㄴ. 阿逸多(아일다)야 네 이ᄅᆞᆯ 보라<월석17:53b>
ㄷ. 文殊師利(문수사리)여 有情(유정)ᄃᆞᆯ히 비록 如來(여래)ᄭᅴ 法(법)을 ᄇᆡ화도<월석9:30b>

(38ㄱ) '目連-아'에서 '-아', (38ㄴ,ㄷ) '阿逸多-야', '文殊師利-여'에서 '-야/여'를 확인할 수 있다. 자음 뒤에서는 '-아', 모음 뒤에서는 '-야/여'가 결합하였다.

중세국어에서는 (39)에서 보듯이 현대국어와 달리 높임의 대상을 부르는 호격 조사 '-하'가 별도로 존재하였다.

(39) ㄱ. 世尊(세존)하 디나건 뉘옛 이리 엇더ᄒᆞ니잇고<월석22:22b>

ㄴ. 님금하 아ᄅᆞ쇼셔<용가125장>

(38)과 (39)를 비교해 보면, 부르는 대상이 화자보다 높은 사람이 아닐 때는 (38)처럼 조사 '-아 ~ -야/여'가 결합하였고, 부르는 대상이 화자보다 높은 사람일 때는 (39)처럼 '-하'가 결합하였다. '世尊(세존)'과 '님금'은 당연히 화자보다 높은 사람이다. 그래서 '-하'를 존칭 호격이라고 한다. 존칭 호격 '-하'는 현대국어로 넘어오는 어느 시기에 소멸되었고, 그래서 현대국어에서는 높임의 대상에 결합하는 호격 조사가 따로 없다.

존칭 호격 '-하'는 /ㅎ/ 종성 체언의 /ㅎ/가 호격 조사 '-아'에 연철된 표기와 혼동하지 않게 주의해야 한다.

(40) ㄱ. 善男子(선남자)ᄃᆞᆯ하 내 샹녜 닐오ᄃᆡ<능엄2:15b>

ㄴ. 하ᄂᆞᆯ하 太子(태자)ㅣ 므슷 罪(죄) 겨시관ᄃᆡ 이리 ᄃᆞ외어시뇨<석상24:51b>

(40)에서 표기상 '善男子ᄃᆞᆯ하', '하ᄂᆞᆯ하'에서 존칭 호격 조사 '-하'가 결합한 것처럼 보이지만, 이는 각각 '善男子ᄃᆞᆯㅎ + -아', '하ᄂᆞᆯㅎ + -아'에서 /ㅎ/ 종성 체언의 /ㅎ/가 연철된 '하'이다. 그러니까 (40)에서 호격 조사는 '-하'가 아니라 '-아'이다.

5.3. 중세국어 보조사

격조사는 반드시 체언하고만 결합하는 제약이 있지만, 보조사는 이러한 제약이 없다. 그래서 보조사는 체언 이외의 다른 품사와도 결합할 수 있고, 단어보다 큰 단위에도 결합할 수 있다. 보조사는 격을 나타내는 기능은 없고, 의미를 더해 준다. 격을 나타내는 기능은 없기 때문에 동일한 보조사가 주어와 결합할 수도 있고, 목적어와 결합할 수도 있고, 부사어와 결합할 수도 있다.

아래에서 제시하는 보조사 목록은 중세국어 자료에서 확인되는 보조사의 목록이다. 관점에 따라서는 보조사의 목록이 추가될 수 있고, 또 근대국어까지 포함하면 보조사 목록이 더 늘어난다. 제시 순서는 특별한 기준이 없다.

[A] -ᄋᆞᆫ/**은** ~ ᄂᆞᆫ/**는**
[B] -(ᄋᆞ)**란**/**(으)란**
[C] -**도**
[D] -**만**
[E] -**나마**
[F] -ᄲᅮᆫ
[G] -ᅀᅡ
[H] -**마다**
[I] -**이나**, -**이어나**
[J] -ᄇᆞᆺ/**봇**
[K] -**곳**/**옷**
[L] -**곰**/**옴**
[M] -**가**/**아**, -**고**/**오**
[N] -**브터**
[O] -ᄭᆞ장

다음은 문헌 자료에서 각각의 보조사가 포함된 예를 추출한 것이다. 하나씩 살펴보기로 하자.

[A] -ᄋᆞᆫ/은 ~ -ᄂᆞᆫ/는

'-ᄋᆞᆫ/은 ~ -ᄂᆞᆫ/는'의 의미와 용법은 현대국어의 '-은 ~ -는'과 같다. 즉 의미적으로는 '차이' 또는 '대조'의 의미를 가지고 있다. 그리고 화제나 초점을 나타내기도 한다. (41ㄱ, ㄴ)처럼 선행하는 요소가 자음으로 끝나면 '-ᄋᆞᆫ/은'이, (42ㄷ, ㄹ)처럼 선행하는 요소가 모음으로 끝나면 '-ᄂᆞᆫ/는'이 결합하였다.

(41) ㄱ. 衆生(중생)ᄋᆡ ᄆᆞᅀᆞᄆᆞᆫ 거우루 ᄀᆞᆮᄒᆞ니<원각 하2-1:23a>
ㄴ. 君子(군자)ᄋᆡ ᄠᅳ든 엇더ᄒᆞ뇨<두시21:44a>
ㄷ. 나ᄂᆞᆫ 이제 시르미 기퍼<월석2:5a>
ㄹ. 너는 죽디 마오라<월석20:80a>

선행하는 요소가 모음으로 끝났을 때 (42)에서 보듯이 '-ㄴ'의 형태로도 나타난다.

(42) ㄱ. 바ᄆᆡᆫ 몰애 저지ᄂᆞᆫ 비 하고<두시3:54b>
밤+ᄋᆡ+ㄴ(← -ᄋᆞᆫ)
ㄴ. 이 ᄧᅡᄒᆡᆫ 두ᅀᅥ 지비로다<두시7:7b>
ᄧᅡㅎ+애+ㄴ(← -ᄋᆞᆫ)

그러니까 선행하는 요소가 모음으로 끝났을 때 '-ᄂᆞᆫ/는'과 '-ㄴ'이 자유변이 형태를 이루고, 이 '-ᄂᆞᆫ/는' 및 '-ㄴ'과 '-ᄋᆞᆫ/은'이 상보적 분포를 이루는 이형태이다.

[B] -(ᄋᆞ)란/(으)란

'-(ᄋᆞ)란/(으)란'은 현대국어의 '-은 ~ -는'과 비슷한 의미를 나타내었다.

(43) ㄱ. 나라ᄒᆞ란 大平(태평)을 勸(권)ᄒᆞ시고<월석8:29a>
ㄴ. 이 劫(겁) 일후므란 賢劫(현겁)이라<월석1:40a>
ㄷ. 子息(자식)으란 孝道(효도)ᄅᆞᆯ 勸(권)ᄒᆞ시고<월석8:29a>

[C] -도

'-도'는 현대국어와 마찬가지로 '역시'의 의미를 나타내었다.

(44) ㄱ. 우리도 ᄯᅩ 반ᄃᆞ기 다ᄅᆞᆫ 國土(국토)애 이 經(경)을 너비 닐오리니<법화4:185b>

ㄴ. 열 잔애도 ᄯᅩ 醉(취)티 아니호ᄆᆞᆫ<두시19:43b>

ㄷ. 밤낫 닐웨ᄅᆞᆯ ᄀᆞᆷᄌᆞᆨ도 아니ᄒᆞ야<월석1:52a>

D -만

'-만'은 현대국어와 마찬가지로 '단독'의 의미를 나타내었다.

(45) ㄱ. 나ᄅᆞᆯ 닐웨만 王이 ᄃᆞ외에 ᄒᆞ쇼셔<석상24:50b>

ㄴ. 사ᄅᆞ미 다 믈만 먹논 고ᄃᆞᆯ 아ᄂᆞ니<두시21:35a>

ㄷ. 즐거ᄫᅳᆫ 것만 주어도<월석17:48b>

E -나마

'-나마'는 현대국어의 '-나마'와 크게 다르지 않다. '어떤 상황이 이루어지거나 어떻다고 말하기에는 부족한 조건이지만 아쉬운 대로 인정됨' 정도의 의미를 나타내었다.

(46) ㄱ. 一千(일천) 디위나마 절ᄒᆞ거늘<월석23:74b>

ㄴ. ᄒᆞᄅᆞᆺ바ᄆᆡ 므리 두 자히나마 노ᄑᆞ니<두시10:4b>

F -ᄲᅮᆫ

'-ᄲᅮᆫ'은 현대국어의 '-뿐'의 선대형이다(-ᄲᅮᆫ > -뿐). '한정'의 의미를 나타내었다.

(47) ㄱ. 세 기짓 옷ᄲᅮᆫ 가져<월석7:31b>

ㄴ. 뫼콰 ᄀᆞᄅᆞᆷᄲᅮᆫ 잇고<두시10:6b>

G -ᅀᅡ

'-ᅀᅡ'는 '강조'의 의미를 나타내었다. 현대국어에서 '그거야 내가 제일이지', '사과야 부사가 제일 맛있지.'의 '-야'가 중세국어 '-ᅀᅡ'와 연결된다.

(48) ㄱ. 뉘ᅀᅡ 能(능)히 對答(대답)ᄒᆞ려뇨<석상13:15a>

ㄴ. 說法(설법)ᄒᆞ신 後(후)에ᅀᅡ 블 ᅘᅧ리이다<월석7:54-2b>

H -마다

'-마다'는 현대국어의 '-마다'와 의미와 용법에 차이가 없다. '낱낱이 모두'의 의미를 나타내었다.

(49) ㄱ. 말ᄊᆞᆷ마다 그지업슨 微妙(미묘)ᄒᆞᆫ 쁘들<월석 서1:8a>
ㄴ. 사ᄅᆞᆷ마다 수ᄫᅵ 아라<석상 서1:6b>
ㄷ. 방핫소리ᄂᆞᆫ 집마다 나고<두시10:32a>

I -이나, -이어나

'-이나', '-이어나'는 기본적으로 '선택'의 의미인데, 그 선택은 마음에 차지 않거나, 최소한 허용되어야 하는 선택 정도의 의미이다.

(50) ㄱ. 얼구리나 幻質(환질)이 ᄃᆞ외ᄂᆞ니<월석2:21b>
ㄴ. ᄒᆞᆫ 法(법)이나 이시면<원각 상1-1:57a>
ㄷ. 녀나ᄆᆞᆫ 乘(승)이 둘히어나 세히어나 업스니라<범하1:182a>

(50ㄱ, ㄴ)에서는 '-이나'를, (50ㄷ)에서 '-이어나'를 확인할 수 있다.

J -ᄇᆞᆺ/봇

'-ᄇᆞᆺ/봇'은 '강조'의 의미를 나타내었다.

(51) ㄱ. ᄭᅮᆷᄇᆞᆺ 아니면 서르 보ᅀᆞᇙ 길히 업건마ᄅᆞᆫ<월석8:95a>
ㄴ. 王(왕)ᄇᆞᆺ 너를 ᄉᆞ랑티 아니ᄒᆞ시린댄<석상11:30a>
ㄷ. 쥬ᅀᅵᆫ봇 절ᄒᆞ거든<여씨 존경27a>

K -곳 ~ -옷

'-곳 ~ -옷'은 '단독'의 의미를 나타내었다. 모음 또는 /ㄹ/ 뒤에서는 '-옷'이, 그밖의 환경에서는 '-곳'이 나타난다.

(52) ㄱ. 내 말옷 아니 드르시면<월석2:5b>

ㄴ. 즁곳 내 門(문) 알ᄑᆡ 오나ᄃᆞᆫ<월석23:73a>

L -곰 ~ -옴

'-곰 ~ -옴'은 현대국어의 접미사 '-씩'과 비슷한 의미이다. 그래서 '-곰/옴'을 접사로 보기도 한다. 모음 또는 /ㄹ/ 뒤에서 '-옴'이, 그밖에 환경에서는 '-곰'이 나타난다.

(53) ㄱ. ᄒᆞᆫ 亭舍(정사)옴 짓게 ᄒᆞ야<석상6:23a>
　　 ㄴ. 닐굽 거름곰 거르시니<월석2:37a>

(53)의 '-곰 ~ -옴'의 '-곰'과 형태는 같지만 (53')의 '-곰'은 그 의미가 다르다. 그래서 같은 형태소가 아니다. (53')의 '-곰'은 '강조'의 의미를 나타내고, 음운론적 조건에 상관없이 항상 '-곰'으로만 나타난다.

(53') ㄱ. 이리곰 火災(화재)호ᄆᆞᆯ 여ᄃᆞᆲ 번 ᄒᆞ면<월석1:49b>
　　 ㄴ. 눌 보리라 ᄒᆞ야 우러곰 온다<월석8:101a>
　　 ㄷ. 아ᄃᆞ리 아ᄇᆡ 나해셔 곱ᄀᆡ곰 사라<월석1:47b>

M -가/아, -고/오

'-가/아', '-고/오'는 의문문을 만드는 기능을 하는 보조사였다. 그래서 '의문 보조사'라고 명명하기도 한다. 현대국어에서 의문문은 의문형 종결어미에 의해서만 실현된다. 중세국어 역시 대부분의 의문문은 의문형 종결어미에 의해 실현되었다.[1] 그런데 중세국어에서는 보조사 '-가/아', '-고/오'에 의해서도 의문문이 만들어져 현대국어와 차이가 있다.

'-가/아'와 '-고/오'는 의문문을 만든다는 점에서는 같지만, 의문문의 종류는 달랐다. '-가/아'는 의문사 없는 의문문, 즉 판정 의문문에 쓰였고, '-고/오'는 의문사가 있

1. 판정 의문문과 설명 의문문에 대해서는 6.3.1.의 '2) 의문형 종결어미'에서 자세히 설명하고 있다. 판정 의문문과 설명 의문문은 어미 모음에 의해 구별되었는데, 판정 의문문은 '-잇가', '-냐'처럼 /ㅏ/ 계열의 어미가, 설명 의문문은 '-잇고', '-뇨'처럼 /ㅗ/ 계열의 어미가 결합하였다. 그리고 설명 의문문은 '엇던, 누, 므슷'과 같은 의문사가 함께 쓰였다.

는 의문문, 즉 설명 의문문에 쓰였다.

(54) ㄱ. 이 ᄯᆞ리 너희 죵가<월석8:94>

ㄴ. 이 두 사ᄅᆞ미 眞實(진실)로 네 항것가<월석8:94b>

ㄷ. 이ᄂᆞᆫ 賞(상)가 罰(벌)아<몽산53b>

(55) ㄱ. 이 엇던 光明(광명)고<월석10:7>

ㄴ. 六師(육사)ㅣ 무로ᄃᆡ 부톄 누고<월석21:195a>

ㄷ. 子息(자식) 업더니 므슷 罪(죄)오<월석1:7a>

(54ㄷ)에서 '罰아'의 '-아'는 /i, y, ㄹ/ 뒤에서 /ㄱ/ 탈락이 적용된, 즉 '-가'의 /ㄱ/가 탈락한 것이다. '-고 ~ -오'의 이형태 교체도 마찬가지이다. (54ㄷ)의 '罰아'에서 '-아'는 '罰(벌)'이 /ㄹ/로 끝났기 때문이고, (55ㄷ)의 '罪오'에서 '-오'는 '罪(죄)'가 /y/로 끝났기 때문이다.

(54)의 '-가/아', (55)의 '-고/오'가 보조사이냐 어미이냐 하는 것은 논란이 된다. (54), (55)에서 보면 서술격 조사 '-이-'를 선행시키지 않은 채 체언에 바로 결합하였다. 그래서 보조사로 보는 견해가 우세하다.

'-가/아', '-고/오'를 어미로 보려면, 서술격 조사 '-이-'가 생략되었다고 해야 한다. 어미가 체언에 바로 결합할 수는 없기 때문이다. 물론 선행하는 체언이 모음으로 끝났을 때는 서술격 조사 '-이-'가 생략되었다. 이는 현대국어에서도 마찬가지이다. 즉 '이것은 새다(← 새이다)', '소는 소다(← 소이다)'에서 서술격 조사 '-이-'가 생략된다. 그러나 자음으로 끝난 체언 뒤에서는 서술격 조사 '-이-'가 생략되지 않는다. 이는 중세국어에서도 현대국어에서도 마찬가지이다.

그런데 (54ㄱ)의 '죵가', (55ㄱ)의 '光明고'에서 보면 선행하는 체언이 자음으로 끝났기 때문에 서술격 조사 '-이-'가 생략될 수 있는 환경이 아니다. 그래서 명사 '죵', '光明'에 '-가', '-고'가 바로 결합했다고 볼 수밖에 없다. 체언에 바로 결합할 수 있는 문법 형태소는 현재의 문법 체계에서는 보조사 외에 다른 것을 상정하기 어렵다. '-가/아', '-고/오'는 의문문을 만드는데, 그래서 '의문 보조사'라고 한다. 달리 '의문 첨사'라고 하기도 하는데, 첨사는 첨가되는 형태소라는 뜻으로 문법적인 범주에 대한 규정을 회피한 용어이다.

'-가', '-고'가 보조사라고 한다고 해서 문제가 해결되는 것은 아니다. 단지 어미로 보는 것에 비해 보조사로 볼 때, 해결해야 하는 문제가 좀 더 가볍다는 정도이다. '-가', '-고'를 보조사라고 할 경우에는 서술어가 없는 문장을 상정해야 한다. [이 ᄯᆞ리 녀희 좋가], [이 엇던 光明고]에는 서술어가 없다. 서술어가 없는 문장을 상정해야 하는데, 이는 문장의 원론적인 정의에 위배된다. 문장은 반드시 서술어가 있어야 하고, 서술어는 주어 하나를 요구한다. 그리고 국어에서 서술어가 될 수 있는 것은 동사, 형용사 그리고 'NP + -이-' 세 개 외에는 없다.

N -브터

'-브터'는 현대국어 '-부터'의 선대형이다. 중세국어에서 '-브터'는 (56)처럼 보조사로 분석되는 예도 있지만, (57)에서 보듯이 동사 '븥-'에 어미 '-어'가 결합한 활용형 '브터'도 있다. 그래서 중세국어에서는 형태만 보고 판단하면 안 되고, 문장 구조를 보아야 한다.

(56) ㄱ. 녜브터 ᄉᆞ랑ᄒᆞ던<두시24:5a>
ㄴ. 내 오래브터 오매<원각 상2-2:25a>
ㄷ. 오ᄂᆞᆯ브터 後(후)엔 나혼 아ᄃᆞᆯ ᄀᆞ티<월석13:25a>

(57) ㄱ. 病(병)이 머므러 브터쇼매 더으ᄂᆞ니<두시20:20b>
븥+어 시[2]+옴+애
ㄴ. ᄡᅡ해 브터셔 ᄌᆞᆷ겨<杜詩7:36b>
ㄷ. 나ᄂᆞᆫ 어버ᅀᅵ 여희오 ᄂᆞᄆᆡ 그에 브터 사로ᄃᆡ<석상6:5a>

(56)의 '-브터'는 주어 논항 및 목적어 논항이 상정되지 않을뿐더러, 그렇기 때문에 서술성도 없다. 그래서 (56)의 '-브터'는 보조사로 문법화했다는 것을 알 수 있다. 문법화에 대해서는 앞의 4.5.에서 설명한 바 있다.

2. 중세국어에서는 '이시다'와 같은 뜻을 가진 '시다'도 있었다.

반면 (57)의 '브터'는 동사 '븥-'의 활용형 '브터(븥- + -어)'이다. (57ㄱ)의 '브터'는 연결어미 '-어'가 결합한 '머므러(머물- + -어)'에 후행하는데, 연결어미 '-어' 뒤에는 용언이 오는 것이 일반적이다. (57ㄴ)에서는 '브터셔'가 부사어 'ᄯᅡ해'의 수식을 받고 있으므로, (57ㄷ)에서는 '브터'가 부사어 'ᄂᆞᄆᆡ 그에'의 수식을 받고 있으므로 용언이라는 것을 알 수 있다.

[O] -ᄭᆞ장

'-ᄭᆞ장'은 명사 'ᄀᆞ장'이 문법화한 보조사이다. '-ᄭᆞ장'은 현대국어 '-까지'의 선대형이다(-ᄭᆞ장 > -까지).

(58) ㄱ. 제 목숨ᄭᆞ장 사라<석상9:35b>
ㄴ. 이제 져믄 저그란 안ᄌᆞᆨ ᄆᆞᅀᆞᆷᄭᆞ장 노다가<석상6:11a>

5.4. 접속 조사

부사격 조사와 별도로 접속 조사를 설정하는 경우 (59)의 '-이며'가 접속 조사로 분류된다.

(59) ㄱ. 뫼히며 수피며 江강이며 모시며 굴허이 업고<월석20:24a>
ㄴ. 가시며 子息(자식)이며 죠인ᄃᆞᆯ 주며<석상9:12a>

'-이며' 외에도 (60)처럼 체언을 나열할 때 쓰이는 '-와/과'도 접속 조사로 분류하기도 한다.

(60) 눈과 귀와 고콰 혀와 몸과 ᄠᅳᆮ괘라<석상6:28b>

일반적으로 '-와/과'는 부사격 조사로 쓰인다.

5.5. 격조사와 보조사의 구별

격 조사와 보조사를 구분하기 어렵다고 할 때의 격 조사는 모든 격 조사가 아니라 부사격 조사이다. 다시 말해 부사격 조사와 보조사를 구분하는 것이 어렵다. 그러나 부사격 조사와 보조사를 구분하는 원론적인 기준이 없지는 않다. 부사격 조사와 보조사를 구분하는 기준은 중세국어나 현대국어나 매한가지이다. 이해의 편의상 현대국어를 통해 부사격 조사와 보조사를 구분하는 기준에 대해 설명하기로 하겠다. 이 기준을 중세국어에 그대로 적용하면 된다.

첫째, 부사격 조사는 격 조사이므로 다른 격 조사와 마찬가지로 체언(명사, 대명사, 수사) 이외의 다른 품사와 결합하지 못한다. 이에 비해 보조사는 체언 이외의 다른 품사와 결합할 수 있다.

(61) ㄱ. 치타가 ×빨리-만큼 달려.
　　　치타가 ×빨리-보다 달려.
　　　치타가 ×빨리-에서 달려.
　　ㄴ. 치타가 빨리-는 달려.
　　　치타가 빨리-도 달려.
　　　치타가 빨리-만 달려.

(61ㄱ)에서 '-만큼', '-보다', '-에서'는 부사 '빨리'에 결합하지 못하는 반면, (61ㄴ)에서 '-는', '-도', '-만'은 부사 '빨리'와 결합할 수 있다. 그래서 '-만큼', '-보다', '-에서'는 부사격 조사이고, '-는', '-도', '-만'은 보조사이다.

둘째, 특정한 문법적 기능을 수행하느냐 아니냐를 통해 격 조사와 보조사를 구분한다. 이때 특정한 문법적 기능이라 함은 주격 조사는 주어로 기능하게 해 주고, 목적격 조사는 목적어로 기능하게 해 주고, 부사격 조사는 부사어로 기능하게 해 준다는 말이다. 그런데 보조사는 주어와도 결합하고, 목적어와도 결합하고 때로는 부사어와도 결합한다. 이는 보조사가 특정한 문법적 기능을 가지고 있지 않기 때문에 가능한 일이다.

(62) **영이가 어제 책을 샀다.**

ㄱ. ×영이를 어제 책을 샀다.

ㄴ. ×영이가 어제**가** 책을 샀다.

ㄷ. ×영이가 어제 책**만큼** 샀다.

(62ㄱ)에서 보듯이 목적격 조사 '을/를'이 주어 '영이'에 결합하면 비문이 된다. 그리고 (62ㄴ)처럼 주격 조사가 부사어 '어제'와 결합해도 비문이고, (62ㄷ)처럼 부사격 조사가 목적어 '책'에 결합해도 비문이다. 이처럼 격조사는 특정 문법적 기능을 담당하기 때문에 자신의 문법적 기능과 다른 문장 성분과 결합하게 되면 비문이 된다.

반면 보조사는 특정한 문법적 기능을 담당하지 않기 때문에 주어와 결합하든 목적어와 결합하든 아니면 부사어와 결합하든 상관이 없다. 이는 보조사가 특정 의미만 더할 뿐 문법적인 기능을 담당하지 않기 때문에 가능한 일이다.

(63) **보람이가 어제 책을 샀다.**

ㄱ. 보람이는 어제 책을 샀다.

ㄴ. 보람이가 어제 책은 샀다.

ㄷ. 보람이가 어제는 책을 샀다.

(63)에서 보듯이 '은/는'은 주어 '보람이'와 결합할 수도 있고, 목적어 '책'과도 결합할 수 있고, 심지어 부사어 '어제'와도 결합할 수 있다. 이것이 가능한 이유는 앞에서 설명한 것처럼 보조사는 특정한 문법적 기능을 담당하지 않기 때문이다. 그렇기에 아무 문장 성분과도 결합할 수 있다.

6장.
활용

6.1. 용언의 불규칙 활용

용언 어간에 어미가 결합하는 것을 활용이라고 하고, 용언 어간에 어미가 결합한 형태를 활용형이라고 한다. 앞서 살펴본 곡용은 체언 어간에 조사가 결합하는 것이고, 곡용과 활용을 아울러 굴절이라고 한다.

용언의 활용에서도 앞의 5.1.에서 살펴본 체언의 불규칙 곡용과 같은 유형의 불규칙이 나타난다. 하지만 불규칙이 나타나는 환경은 체언의 불규칙 곡용과 차이가 있다. 먼저 /ㄱ/ 불규칙의 경우 (1)에서 보듯이 '시므- ~ 심ㄱ-'의 이형태 교체를 보이는데, (1ⓐ)처럼 자음으로 시작하는 어미 앞에서는 '시므-'로 나타난다. 그런데 모음으로 시작하는 어미 앞에서는 (1ⓑ)에서 보듯이 '심ㄱ-'과 '시므-' 모두 나타난다.

(1)

<table>
<tr><td rowspan="3">시므- ~ 심ㄱ-</td><td>ⓐ</td><td>시므고<육조 상6a-1>, 시므던<두시:62b></td></tr>
<tr><td rowspan="2">ⓑ</td><td>심거<금삼:32a>, 심군<두시:35a>, 심구니<두시10:7a></td></tr>
<tr><td>시므며<법화7:6b>, 시므니<석상20:47a></td></tr>
</table>

'ᄌᆞᄆᆞ다' 역시 '시므-'와 같은 불규칙 활용을 한다.

(1') ᄌᆞᄆᆞ- ~ 잠ㄱ-(浸, 잠그다)

- ᄌᆞᄆᆞ니이다<용가67장>
- ᄌᆞᆷ가<구간6:36b>

(2)~(4) 역시 불규칙 활용의 예이다. (2)~(4) 각각에서 ⓑ는 '-아/어X' 어미 및 선어말어미 '-오/우-' 앞에서의 활용형이고, ⓐ는 ⓑ 이외의 환경에서의 활용형이다. 즉 (2)~(4)에서 불규칙 활용형은 ⓑ의 환경, 즉 '-아/어X' 어미와 선어말어미 '-오/우-' 앞이라는 특정 환경에서만 나타난다. 체언의 불규칙 곡용과 달리 (2)~(4) 각각의 ⓐ에서 보듯이 '-(ᄋᆞ)니/(으)니', '-(ᄋᆞ)며/(으)며'처럼 모음으로 시작하는 어미 앞에서도 어간의 형태가 자음으로 시작하는 어미 앞에서와 같다.

(2)

<table>
<tr><td rowspan="3">다ᄅᆞ- ~ 달ㅇ-</td><td rowspan="2">ⓐ</td><td>다ᄅᆞ고<법화:201b>, 다ᄅᆞ디<능엄4:41a></td></tr>
<tr><td>다ᄅᆞ니<능엄4:53a>, 다ᄅᆞ며<법화5:144a></td></tr>
<tr><td>ⓑ</td><td>달아<훈언1b>, 달오미<월천14b></td></tr>
</table>

(2ⓑ)에서 '달아'는 '다ᄅᆞ- + -아 → 달아'인데, 어간 말음 /ㄹ/가 연철되지 않은 표기로 나타난다. '다ᄅᆞ- ~ 달ㅇ-'을 불규칙 활용으로 해석한다는 것은 '달아'를 '달ㅇ- + -아'로 분석하는 것이고, '달ㅇ-'의 'ㅇ'을 /ɦ/로 해석하는 것이다. 이와 달리 '다ᄅᆞ- + -아'에서 용언 어간 '다ᄅᆞ-'의 /ㆍ/ 탈락 후 남은 /ㄹ/가 어간의 요소이기 때문에 연철시키지 않고 어간말에 표기했다고 보기도 한다. 이 관점에서 '달아'는 불규칙 활용형이 아니라, 단지 연철시키지 않고 분철한 표기일 뿐이다. 유성 후두 마찰음 'ㅇ/ɦ/'에 대한 자세한 설명은 3.1.2.의 '마)'에 가서 보기 바란다.

(2')도 '다ᄅᆞ-'와 동일한 활용을 하는 용언들이다. (2)의 용언들은 현대국어로 오면서 '달아 > 달라', '올아 > 올라'처럼 활용 패턴이 변화하여, '르' 불규칙 용언이 된다.

(2') 오ᄅᆞ-(오르다), 고ᄅᆞ-(고르다), 그르-, 기르-, 니ᄅᆞ-(이르다), 두르-, 바ᄅᆞ-(바르다)

(3)은 현대국어의 '모르다, 몰라'와 동일한 불규칙 활용이다. 즉 현대국어의 '르' 불

규칙과 같다. '모ᄅᆞ- + -아 → 몰라'에서 어간 말음 /ㆍ/가 탈락하고 /ㄹ/가 첨가된다.

(3)

모ᄅᆞ- ~ 몰ㄹ-	ⓐ	모ᄅᆞ고<석상9:11b>, 모ᄅᆞ거뇨<월석13:32a>
모ᄅᆞ- ~ 몰ㄹ-	ⓐ	모ᄅᆞ니<용가94장>, 모ᄅᆞ며<월석25:48b>
모ᄅᆞ- ~ 몰ㄹ-	ⓑ	몰라<석상6:20b>, 몰로미라<법화2:248b>

(3')의 용언들도 '모ᄅᆞ-'와 같은 활용을 하였다.

(3') ᄲᆞᄅᆞ-(빠르다), 브르-(부르다), 흐르- …

(4)는 'ᄇᆞᅀᆞ- ~ ᄇᆞᇫㅇ-'의 불규칙 활용이다. 'ᄇᆞᇫ아'를 'ᄇᆞᇫㅇ- + -아 → 바ᇫ아'로 분석하는 것인데, 'ᄇᆞᇫ아'의 'ㅇ'이 어간 'ᄇᆞᇫㅇ-'의 'ㅇ/ɦ/'이 연철된 것이므로 /ㅿ/가 연철될 수 없었다고 보는 것이다.

(4)

ᄇᆞᅀᆞ- ~ ᄇᆞᇫㅇ-	ⓐ	ᄇᆞᅀᆞ디<월석21:219b>
ᄇᆞᅀᆞ- ~ ᄇᆞᇫㅇ-	ⓐ	ᄇᆞᅀᆞ니<금삼5:16a>, ᄇᆞᅀᆞ며<법화1:223a>
ᄇᆞᅀᆞ- ~ ᄇᆞᇫㅇ-	ⓑ	ᄇᆞᇫ아<구급방 하27b>, ᄇᆞᇫ온<법화6:138b>

반면 'ᄇᆞᅀᆞ- + -아'에서 모음 앞에서 어간의 말음절 /ㆍ/가 탈락한 후 남은 /ㅿ/가 어간의 일부임을 나타내기 위해 연철하지 않았다고 보기도 한다. 이는 'ᄇᆞᇫ아'에서 /ㅿ/가 연철되지 않은 이유를 표기법의 문제로 해석하는 것인데, 이 관점에서는 'ᄇᆞᇫ아'가 불규칙 활용이 아니라 단지 연철하지 않고 분철한 표기일 뿐이다.

'ᄇᆞᅀᆞ-'와 같은 활용을 하는 용언에는 (4')가 추가된다.

(4') 그ᅀᅳ-(끌다), 비ᅀᅳ-(扮, 꾸미다)

중세국어의 불규칙 활용에는 (1)~(4) 외에 /ㄷ/ 불규칙도 있다. /ㄷ/ 불규칙은 중세국어에서도 불규칙이었고 근대국어, 현대국어에서도 불규칙이다.

(5) ㄱ. 걷고<월석12:30a>, 걷디<월석4:54a>

거러<두시15:12a>, 거르니<금삼2:55b>, 거르며<석상6:33b>

ㄴ. 묻고<석상6:14b>, 묻디<월석22:65a>

무러<두시10:30a>, 무르니<두시8:55b>, 무르며<두시16:48a>

(5ㄱ)에서 보듯이 자음으로 시작하는 어미 앞에서는 '걷-'으로, 모음으로 시작하는 어미 앞에서는 '걸-'로 나타나 '걷- ~ 걸-'의 이형태 교체를 보인다. (5ㄴ)의 '묻- ~ 물-' 역시 마찬가지이다.

참고로 현대국어의 '덥다, 더우면'의 /ㅂ/ 불규칙 용언과, '짓다, 지으면'의 /ㅅ/ 불규칙 용언의 경우 중세국어에서는 규칙 활용을 하는 용언이었다. 이에 대해서는 3.1.2.에서 자세히 다룬 바 있다.

(6) ㄱ. 덥고<두시7:18a>, 더ᄫᅳ면<월석20:69b>

ㄴ. 짓ᄂᆞᆫ<능엄7:55a>, 지ᅀᅳ면<월석21:41a>

중세국어에서 (6ㄱ)의 /ㅂ/와 /ㅸ/, (6ㄴ)의 /ㅅ/와 /ㅿ/는 공시적인 교체의 관계이다. (6ㄱ)의 경우 기저형을 /덥-/으로 설정하게 되면, 모음 앞에서 '/ㅂ/ → /ㅸ/'의 공시적인 교체로 설명할 수 있다. 반면 기저형을 /더ᇦ-/으로 설정하게 되면, 자음 앞에서 '/ㅸ/ → /ㅂ/'의 공시적인 교체로 설명할 수 있다. (6ㄴ) 역시 마찬가지이다. 기저형을 /짓-/으로 설정하게 되면, 모음 앞에서 '/ㅅ/ → /ㅿ/'의 공시적인 교체로, 기저형을 /지ᇫ-/으로 설정하게 되면 자음 앞에서 '/ㅿ/ → /ㅅ/'의 공시적인 교체로 설명할 수 있다. 그래서 중세국어에서 (6ㄱ)과 (6ㄴ)은 불규칙 용언이 아니다.

(6)이 불규칙 용언이 된 것은 16세기에 오면서 일어난 'ㅸ > w', 'ㅿ > ø' 변화 때문이다. 이 변화에 의해 모음으로 시작하는 어미와의 활용형들이 '더ᄫᅳ면 > 더우면', '지ᅀᅳ면 > 지으면'으로 변화하였다. 그 결과 (6ㄱ)은 '덥고, 더우면'의 /ㅂ/ 불규칙 용언, (6ㄴ)은 '짓고, 지으면'의 /ㅅ/ 불규칙 용언이 되었다.

6.2. 어미의 종류

용언의 어간은 반드시 어미와 결합해야만 문장에 쓰일 수 있다. 마찬가지로 어미 역시 반드시 어간과 결합해야만 문장에 쓰일 수 있다. 어미는 크게 어말어미와 선어말어미로 대별된다. 먼저 어말어미는 어의 마지막에 오는 어미를 이른다. 이때 '어의 마지막'이라고 할 때 '어'는 서술어를 말한다. 그러니까 어말어미는 서술어의 마지막에 오는 어미이다. 서술어로 쓰일 수 있는 것은 동사, 형용사 그리고 'NP + -이-' 3가지이다. 동사, 형용사, 'NP + -이-'는 반드시 어미와 결합해야만 문장에 쓰일 수 있다. 그러니까 어말어미의 개수는 서술어의 개수와 같다.

어말어미의 종류에는 종결어미, 연결어미, 전성어미가 있다. 홑문장에는 어말어미가 곧 종결어미이다. 겹문장일 때는 어말어미의 개수는 서술어의 개수와 같지만, 종결어미의 개수는 하나이다. 즉 홑문장이든 겹문장이든 종결어미의 개수는 하나이다.

선어말어미는 어말어미 앞에 오는 어미이다. 그러니까 용언의 어간과 어말어미 사이에 오는 어미가 선어말어미이다. 하나의 서술어에 어말어미는 반드시 하나이지만, 선어말어미는 2개 이상이 올 수 있다. 예컨대 'ᄒᆞ시ᄂᆞ니이다'의 경우 어말어미는 '-다' 하나이고, 선어말어미는 '-시-, -ᄂᆞ-, -니-, -이-' 4개이다.

(7)은 어미 분류 체계표이다. 각 어미의 목록에 대한 자세한 설명은 아래의 각 절에서 자세히 다루고, 여기서는 일부 어미만 제시한다.

<table>
<tr><td rowspan="11">(7) 어미</td><td rowspan="8">어말
어미</td><td>종결어미</td><td colspan="2">-다/라, -냐/녀, -아쎠, -쇼셔, -사이다 …</td></tr>
<tr><td rowspan="3">전성어미</td><td>명사형 전성어미</td><td>-옴/움, -기</td></tr>
<tr><td>관형사형 전성어미</td><td>-ᄋᆞᆫ/은, -ᄋᆞᆯ/을</td></tr>
<tr><td>부사형 전성어미</td><td>-게, -ᄃᆞ록/도록</td></tr>
<tr><td rowspan="3">연결어미</td><td>대등적 연결어미</td><td>-고, -며, -거나 …</td></tr>
<tr><td>종속적 연결어미</td><td>-거든, -면, -니 …</td></tr>
<tr><td>보조적 연결어미</td><td>-아/어, -게, -디, -고</td></tr>
<tr><td colspan="3"></td></tr>
<tr><td rowspan="3">선어말
어미</td><td>시제
선어말어미</td><td colspan="2">-ᄂᆞ-, -더-, -리-</td></tr>
<tr><td>높임
선어말어미</td><td colspan="2">-시-, -ᄉᆞᆸ/ᄌᆞᆸ/ᅀᆞᆸ-, -이-</td></tr>
<tr><td>의도법
선어말어미</td><td colspan="2">-오/우-</td></tr>
</table>

6.3. 중세국어 어말어미

6.3.1. 종결어미

종결어미에는 평서형 종결어미, 의문형 종결어미, 명령형 종결어미, 청유형 종결어미가 있다. 감탄형의 경우 딱히 특정 어미를 내세우기 어렵다.

1) 평서형 종결어미

평서형 종결어미는 '-다'이다. (8)에서 서술어 '어엿브다, ᄒᆞ노이다, 가ᄂᆞ다'의 마지막에 '-다'를 확인할 수 있다. 그런데 중세국어에서 '-다'는 '-라'로 교체되는 경우가 많다. (9)는 종결어미 '-다'가 '-라'로 나타난 예들이다.

(8) ㄱ. 이 아ᄃᆞ리 어엿브다<월석17:20a>

ㄴ. 큰 利益(이익)을 얻과뎌 ᄒᆞ노이다<월석21:128b>

ㄷ. 흐르ᄂᆞᆫ 므를 조차 가ᄂᆞ다<두시14:9a>

(9) ㄱ. 내 아ᄃᆞ리라<법화2:222b>
아ᄃᆞᆯ+이+라(←다)

頭(두)는 머리라<훈언14b>
머리+ø(-이-)+라(←다)

ㄴ. 됴ᄒᆞᆫ 이리 그지 업스리라<석상6:20a>
없+(으)리+라(←다)

乃終(내종)에 便安(편안)코 즐겁긔 호리라<석상9:9b>
ᄒᆞ+오+리+라(←다)

ㄷ. 플 우희 안자 겨시다 ᄒᆞ더라<석상3:43b>
ᄒᆞ+더+라(←다)

사ᄅᆞ미 몯 나ᅀᅡ가리러라<석상24:50b>
나ᅀᅡ가+리+러(←더)+라(←다)

ㄹ. ᄠᅳᆮ 아로미 어려ᄫᅳ니라<월석11:96b>
어려ᇦ+(으)니+라(←다)

이 이ᄅᆞᆯ 아ᄂᆞ니라<법화1:152a>
알+ᄂᆞ+니+라(←다)

ㅁ. 내 ᄒᆞ마 命終(명종)호라<월석9:36-1b>
命終ᄒᆞ+오+라(←다)

녜 업던 이ᄅᆞᆯ 얻과라<석상19:40b>
얻+거+오+라(←다)

(9)에서 '-다'가 '-라'로 나타나는 환경을 정리하면 아래와 같다.

- (9ㄱ): 서술격 조사 '-이-' 뒤
- (9ㄴ): 미래 시제 선어말어미 '-리-' 뒤
- (9ㄷ): 과거 회상 시제 선어말어미 '-더-' 뒤
- (9ㄹ): 선어말어미 '-니-' 뒤
- (9ㅁ): 의도법 선어말어미 '-오/우-' 뒤

(9ㄷ)의 '나ᅀᅡ가리러라'에서는 과거 회상 시제 선어말어미도 '-더-'가 아니라 '-러-'로 나타나는데, '-더-' 역시 서술격 조사 '-이-'와 선어말어미 '-리-' 뒤에서는 '-러-'로 교체한다.

2) 의문형 종결어미

현대국어에서 의문문은 (10)처럼 의문사가 없는 판정 의문문이나, (11)처럼 의문사가 있는 설명 의문문이나 종결어미의 형태가 같다. 판정 의문문은 '예/아니오'의 대답을 요구하는 의문문이고, 설명 의문문은 의문사에 대해 설명을 요구하는 의문문이다.

(10) ㄱ. 오늘 좋은 일 있습니까?
　　ㄴ. 너 대학생 맞니?

(11) ㄱ. 밥은 어디에서 먹습니까?
　　ㄴ. 너 누구니?

그런데 중세국어에서는 현대국어와 달리 판정 의문문과 설명 의문문의 종결어미가 달랐다. 그래서 종결어미에 의해 판정 의문문과 설명 의문문이 구분되었다. 판정 의문문은 (12)처럼 어미의 마지막 모음이 /ㅏ/ 계열이었고, 설명 의문문은 (13)처럼 어미의 마지막 모음이 /ㅗ/ 계열이었다. 참고로 (12ㄹ)의 '-가', (13ㄹ)의 '-고'는 종결어미가 아니라 의문문을 만드는 보조사인데, 어미와 마찬가지로 /ㅏ/ 모음 계열인 '-가'는 판정 의문문에, /ㅗ/ 모음 계열인 '-고'는 설명 의문문에 쓰였다. 의문 보조사에 대해서는 5.3.의 'Ⓜ -가아/, -고/오'에서 자세히 설명되어 있다.

(12) ㄱ. 이어긔 갓가ᄫᅵ 사ᄅᆞᄆᆡ 지비 잇ᄂᆞ니잇가<월석8:94a>
　　ㄱ'. 그듸 아바니미 잇ᄂᆞ닛가<석상6:14>
　　ㄴ. 겨슬 ᄃᆞ외요ᄆᆞᆫ ᄯᅩ 어렵디 아니ᄒᆞ니아<두시10:42a>
　　ㄷ. 이 善男子(선남자) 善女人(선녀인)의 功德(공덕)이 하녀 몯 ᄒᆞ녀<법화7:68>

虛妄(허망)타 ᄒᆞ려 몯ᄒᆞ려<월석12:33a>

앗가ᄫᆞᆫ ᄠᅳ디 잇ᄂᆞ니여<석상6:25b>

ㄹ. 이 ᄯᆞ리 너희 죵가<월석8:94>

(13) ㄱ. 世尊(세존)하 두 소니 다 뷔어늘 므스글 노ᄒᆞ라 ᄒᆞ시ᄂᆞ니잇고<월석7:54>

ㄴ. 靑海(청해)ᄅᆞᆯ 이제 뉘 가젯ᄂᆞ니오<두시5:12a>

ㄷ. 善宿(선숙)ㅣ 그 마ᅀᆞᆳ 사ᄅᆞᆷᄃᆞ려 무로ᄃᆡ 究羅帝(구라제) 이제 어듸 잇ᄂᆞ뇨<월석9:36>

ㄹ. 이 엇던 光明(광명)고<월석10:7>

(12ㄱ)의 '-잇가, (12ㄱ')의 -ㅅ가'[1], (12ㄴ)의 '-아', (12ㄷ)의 '-녀, -려, -여'는 모두 /ㅏ/ 모음 계열의 판정 의문문 어미이다. 이에 비해 (13ㄱ)의 '-잇고', (13ㄴ)의 '-오', (13ㄷ)의 '-뇨'는 모두 /ㅗ/ 모음 계열의 설명 의문문 어미이다. 의문문을 만드는 보조사 역시 (12ㄹ)의 '-가', (13ㄹ)의 '-고'로 '-아' 계열과 '-오' 계열로 구분되었다.

(13)의 설명 의문문에는 의문사가 있지만, (12)의 판정 의문문에는 의문사가 없다. (13ㄱ)에서는 '므슥', (13ㄴ)에서는 '누', (13ㄷ)에서는 '어디', (13ㄹ)에서는 '엇던'이 각각 의문사이다. 정리하면, 중세국어에서 판정 의문문은 어미의 마지막 모음이 '-아' 계열로 끝나고 의문사도 없다. 이에 비해 설명 의문문은 어미의 마지막 모음이 '-오' 계열로 끝나고 의문사가 있다. 즉 판정 의문문과 설명 의문문은 두 가지에 의해 구분되었다.

첫째, 종결어미의 모음이 '-아' 계열이냐 '-오' 계열이냐.

둘째, 의문사의 유무.

1. '-ㅅ가'는 높임의 등급이 '-잇가'에 비해 한 단계 낮은 '하야쎠'체이다. 그래서 '그듸'와 호응한다. '-ㅅ가'는 '-잇가'에서 청자 높임 선어말어미 '-이-'가 절단된 형태인데, 그래서 청자 높임 등급이 한 단계 낮아진다. '-잇가', '-잇고'는 더 이상 분석하지 않고 하나의 어미로 보기도 하고, '-이- + -ㅅ가', '-이- + -ㅅ고'로 분석하기도 한다.

두 가지 중에서 핵심은 첫째이다. 왜냐하면 의문사가 있지만 설명 의문문이 아닌 경우도 있기 때문이다. 그래서 '-오' 계열의 종결어미로 끝나면 반드시 의문사가 있지만, 반대로 의문사가 있다고 해서 반드시 종결어미가 '-오' 계열이라는 것은 보장되지 않는다. (14)는 의문사가 있지만 설명 의문문이 아닌 예이다.

(14) ㄱ. 도ᄌᆞ기 다 도라가니 半(반) 길 노ᄑᆡᆫᄃᆞᆯ 년기 디나리잇가<용가48장>
ㄴ. 七代之王(칠대지왕)ᄋᆞᆯ 뉘 마ᄀᆞ리잇가<용가15장>
ㄷ. 아ᄃᆞᆯ이 나거나 ᄯᆞᆯ이 나거나 엇뎨 ᄒᆞ리잇가<월석8:83a>

(14)는 의문사가 있지만(년기, 누, 엇뎨), 종결어미가 '-아' 계열이다. (14)는 비록 의문사가 있지만, 의문사에 대해 설명을 요구하는 의문문이 아니다. 그러니까 (14)에서 의문사는 실제 의문사로서의 기능을 하지 않는다. 의문사가 의문사로서의 기능을 하지 않으므로 설명 의문문이 아니다. (14)와 같은 의문문을 수사 의문문[2]이라고 한다.

(10)~(11)에서 보았듯이 현대국어에서는 판정 의문문과 설명 의문문이 종결어미에 의해 구분되지 않는다. 그런데 경상도 방언은 여전히 판정 의문문과 설명 의문문이 '-아' 계열과 '-오' 계열의 종결어미로 구분된다.

(15)

	㉮	㉯
ㄱ.	니 공부하나?	니 뭐 하노?
ㄴ.	니 집에 가나?	니 어디 가노?

(15㉮)처럼 판정 의문문일 때는 '-아' 계열의 어미 '-나'가 결합하고, (15㉯)처럼 설명 의문문일 때는 '-오' 계열의 어미 '-노'가 결합하여 두 의문문이 종결어미에 의해 구분된다.

중세국어 의문문의 중요한 특징 중의 하나는 2인칭 의문문을 나타내는 종결 어미

2. 형식은 의문문이지만, 실제 물음에 대해 답변을 요구하지 않는 의문문이다. 의미적으로 수사 의문문은 긍정 진술을 내포하고 있다.

'-ㄴ다', '-ㅭ다'가 별도로 존재했다는 사실이다.

(16) ㄱ. 善宿(선숙) ㅣ 나ᅀᅡ가 닐오ᄃᆡ 究羅帝(구라제)여 [네 命終(명종) ᄒᆞᆫ다] 주거 미 닐오ᄃᆡ 내 ᄒᆞ마 命終(명종)호라<월석9:36-1b>

ㄴ. [네 므스글 가져 본다] 阿難(아난)이 ᄉᆞᆯ오ᄃᆡ<능엄1:98b>

(17) ㄱ. 阿難(아난)아 [네 엇뎨 아디 몯ᄒᆞᇙ다]<능엄4:116>

ㄴ. [그듸ᄂᆞᆫ 어느 저긔 도라올다]<두시22:30a>

(16ㄱ)에서 [네 命終ᄒᆞᆫ다]는 '너 죽었느냐?', (16ㄴ)에서 [네 므스글 가져 본다]는 '네 무엇을 가져 보았느냐'의 의미를 나타내는 의문문이다. 그리고 (17ㄱ)에서 [네 엇뎨 아디 몯ᄒᆞᇙ다]는 '네 어찌 알지 못하겠느냐?', (17ㄴ)에서 [그듸는 어느 저긔 도라올다]는 '그대는 어느 적에 돌아오겠느냐?'의 의미를 나타내는 의문문이다. (16), (17) 모두 주어가 2인칭 대명사(네, 그듸)라는 것을 확인할 수 있다. 이처럼 '-ㄴ다', '-ㅭ다' 의문문은 주어가 2인칭일 때만 나타나기 때문에 이를 2인칭 의문문이라고 한다. 의미상 '-ㄴ다'는 과거의 의미가 있고, '-ㅭ다'는 미래의 의미가 있다.

2인칭 의문문 '-ㄴ다', '-ㅭ다'는 근대국어에 오면서 사라지는데, 이는 현재 시제 선어말어미의 변화와 관련이 있다. 중세국어에서 현재 시제 선어말어미는 어간이 자음으로 끝나든 모음으로 끝나든 항상 '-ᄂᆞ-'로 실현되었다(예: 잇ᄂᆞ다, 가ᄂᆞ다). 현재 시제 선어말어미가 현대국어처럼 어간의 음운론적 조건에 따라 '-ㄴ- ~ -는-'으로 나타나기 시작한 것은 16세기 이후부터이다. 현대국어에서 '가다'에 현재 시제 선어말어미가 결합하면 '간다'이지만, 중세국어에서 '간다'는 (16)에서 보듯이 2인칭 의문문이다. 즉 중세국어에서 '가ᄂᆞ다'는 현재 시제, '간다'는 2인칭 의문문으로 엄격히 구분되었다. 그러다가 16세기 이후 '가다'에 현재 시제 선어말어미가 결합한 활용형이 '가ᄂᆞ다'에서 '간다'로 바뀌면서, 2인칭 의문문 '-ㄴ다'도 소멸된다.

참고로 현대국어의 관형사형 어미 '-는'은 중세국어의 '-ᄂᆞᆫ'에 소급되는데, 중세국어에서 '-ᄂᆞᆫ'은 현재 시제 선어말어미 '-ᄂᆞ-'에 관형사형 어미 '-ᄋᆞᆫ'이 결합한 형태이다. 현대국어에서 형용사는 관형사형 어미 '-는'과 결합할 수 없는데, 그 이유가 바로 '-는'

에 화석처럼 들어 있는 '-ᄂᆞ-'의 흔적 때문이다. 형용사는 현재 시제 선어말어미 '-ㄴ- ~ -는-'과 결합할 수 없다.

현대국어에서 관형사형 어미 '-는'은 더 이상 분석하지 않고 하나의 어미로 보기도 하고, '-느- + -은'으로 분석하기도 한다. '-느-'에 대해서는 6.4.2.에 가서 보기 바란다.

3) 명령형 종결어미

명령형 종결어미는 청자 높임 등급에 따라 분화되어 있다. 중세국어 청자 높임은 'ᄒᆞ쇼셔'체, 'ᄒᆞ야써'체, 'ᄒᆞ라'체의 3등급이다. 그러니까 명령형 종결어미에 '-쇼셔', '-아써/어써', '-아라/어라'가 있었다. 참고로 현대국어의 청자 높임은 '하십시오체 - 하오체 - 하게체 - 하라체(또는 '해라체')'의 4등급이다.

(18) ㄱ. 님금하 아ᄅᆞ쇼셔<용가125장>
ㄴ. 나ᄅᆞᆯ 어엿비 너기샤 내 供養(공양)ᄋᆞᆯ 바ᄃᆞ쇼셔<석상24:43a>

(19) ㄱ. 婆羅門(바라문)이 닐오ᄃᆡ 내 보아져 ᄒᆞᄂᆞ다 ᄉᆞᆲ바써<석상6:14b>
ㄴ. 그 ᄠᅳ들 닐어써<석상6:16b>
ㄷ. 그듸ᄂᆞᆫ 죠고맛 사ᄅᆞ미어늘 내 ᄆᆞᅀᆞᆷᄀᆞ장 셤교ᄃᆡ 나ᄅᆞᆯ 믿디 아니ᄒᆞᆯ써<月釋22:57b>

(20) ㄱ. 舍利弗(사리불)아 아라라<석상13:60a>
먹고져 ᄒᆞ거든 ᄆᆞᅀᆞᆷ 조초 머거라<월석20:115b>
ㄴ. 너희 一心(일심)ᄋᆞ로 이 法(법)을 流布(류시)ᄒᆞ야 너비 더으게 ᄒᆞ라<월석18:15b>
네 이제 반ᄃᆞ기 알라<월석17:78a>
ㄷ. 善男子(선남자)아 오나라[3]<석상20:41a>

---

3. (20ㄷ)의 '오나라'의 '-나라'는 동사 '오-' 뒤에서만 나타나는 어미로, 현대국어 '오너라'의 '-너라'의 고형이다(오나라 > 오너라).

(18)에서 '-쇼셔', (19)에서 '-아쎠/어쎠', (20)에서 '-아라/어라'를 확인할 수 있다. 그래서 (18)을 'ᄒᆞ쇼셔'체, (19)를 'ᄒᆞ야쎠'체, (20)을 'ᄒᆞ라'체라고 한다. 'ᄒᆞ야쎠'체는 2인칭 대명사 '그듸'와 호응하는데, (19ㄷ)에서 서술어 '믿디 아니ᄒᆞᆯ쎠'의 주어 '그듸'를 확인할 수 있다.

직접적인 명령은 아니지만, '그렇게 했으면 좋겠다' 정도의 기원 또는 청원의 의미를 가지고 있는 것으로 '-고려', '-고라', '-아지라'가 있다.

(21) ㄱ. 내 아기 위ᄒᆞ야 어더 보고려<석상6:13b>
　　ㄴ. 부텻 ᄂᆞᄎᆞᆯ ᄡᅮ미ᅀᆞᆸ고라 請(청)ᄒᆞ고<월석20:2b>
　　ㄷ. 願(원)ᄒᆞᆫᄃᆞᆫ 내 生生(생생)애 그딋 가시 ᄃᆞ외아지라<월석1:11b>

4) 청유형 종결어미

청유형 종결어미에는 '-져', '-져라', '-사이다'가 있었다.

(22) ㄱ. 우리 … 五欲(오욕)ᄋᆞᆯ ᄆᆞᅀᆞᆷᄀᆞ장 편 後(후)에ᅀᅡ 出家(출가)ᄒᆞ져 <월석7:2a>
　　四禪天(사선천)이 … 自中(자중)에 닐오ᄃᆡ … 이 劫(겁) 일후므란 賢劫(현겁)이라 ᄒᆞ져<월석1:40b>
　　ㄴ. 나도 이제 너희 스ᇰ니믈 보ᅀᆞᆸ고져 ᄒᆞ노니 ᄒᆞᆫᄢᅴ 가져라<석상21:38b>
　　ㄷ. 淨居天(정거천)이 虛空(허공)애 와 太子(태자)ᄭᅴ ᄉᆞᆯ보ᄃᆡ 가사이다<석상3:26b>
　　淨土(정토)애 ᄒᆞᆫᄃᆡ 가 나사이다<월석8:100b>

6.3.2. 전성어미

전성어미는 용언에 결합하여 해당 용언이 이끄는 절이 명사나 관형사처럼 쓰일 수 있게 그 표면적인 성질을 바꿔 주는 어미이다. 명사형 전성어미가 결합한 절이 명사절이고, 관형사형 전성어미가 결합한 절이 관형사절, 부사형 전성어미가 결합한 절이 부사절이다. 명사절은 명사처럼, 즉 격조사와 결합하여 주어나 목적어 등으로 쓰인다. 관형사절은 관형사처럼, 즉 관형어로서 체언을 수식한다. 그리고 부사절은 부사처럼, 즉 문장에서 동사나 형용사를 수식한다. 명사절, 관형사절, 부사절에 대한 자세한 설명은 7.3.1.로 가서 보기 바란다. 여기서는 어미에 초점을 두고 설명하겠다. 각각의 어미 목록은 다음과 같다.

- 명사형 전성어미: -옴/움, -기, -디
- 관형사형 전성어미: -ᄋᆞᆫ/은, -ᄋᆞᇙ/으ᇙ(또는 -ᄋᆞᆯ/을)
- 부사형 전성어미: -게, -ᄃᆞ록/도록

1) 명사형 전성어미

(23ㄱ)에서 '사롬'은 명사형 전성어미 '-옴'이 결합한 활용형이고, (23')에서 '사ᄅᆞᆷ'은 명사 파생 접미사 '-ᄋᆞᆷ'이 결합한 파생 명사이다.

(23) ㄱ. 목숨 <u>사로ᄆᆞᆯ</u> 가ᄌᆞᆯ비고<월석13:7a>
살+옴+ᄋᆞᆯ

ㄴ. 날로 <u>ᄡᅮ메</u> 便뼌安한킈 ᄒᆞ고져 ᄒᆞᇙ ᄯᆞᄅᆞ미니라<훈언3b>
ᄡᅳ+움+에

(23') 모ᄃᆞᆫ <u>사ᄅᆞᆷ</u>과 六師(육사)왜 보고<석상6:30a>
살+ᄋᆞᆷ

(23ㄱ)에서 '사롬'이 용언의 명사형이라는 것은 목적어 논항 '목숨'을 통해서, 그리고 (23ㄴ)에서 'ᄡᅮᆷ'이 명사형이라는 것은 부사어 '날로'의 수식을 받는 것을 통해서 알

수 있다. 어미는 결합하는 어간의 품사를 바꿀 수 없으므로 '살-'과 'ᄡᅳ-'는 여전히 동사이다. 동사이기 때문에 주어 그리고 목적어 논항을 가지고, 부사어의 수식을 받는다. 명사가 논항을 가지거나 부사어의 수식을 받을 수는 없다. (23')에서 '사ᄅᆞᆷ'이 명사라는 것은 관형어 '모ᄃᆞᆫ'의 수식을 받는 것을 통해서 알 수 있다. 관형어의 수식을 받는 것은 명사이다.

명사형 어미의 '-움/움'을 다시 '-오/우- + -ㅁ'으로 분석할 수는 있지만, 이때 '-오/우-'가 의도법 '-오/우-'와 그 기능이 같다고 하기 어렵다. 그래서 더 분석하지 않고, '-옴/움'을 하나의 어미로 보는 것이 일반적이다. 명사형 어미 '-옴/움'과 명사 파생 접미사 '-ᄋᆞᆷ/음'의 구별은 16세기 말에 이르면서 흔들리기 시작하여 소멸되는데, 이 시기가 대체로 의도법 선어말어미 '-오/우-'가 소멸되는 시기와 일정 정도 맞물려 있다.

(24)에서는 명사형 전성어미 '-기'를 확인할 수 있고, (25)에서 명사형 전성어미 '-디'를 확인할 수 있다. 형태상으로 '-디'는 (25')의 보조적 연결어미 '-디'와 같으므로 문장 구조 분석을 통해 둘을 구분할 수 있어야 한다.

(24) ㄱ. 太子(태자) ㅣ 글 ᄇᆡ호기 始作(시작)ᄒᆞ샤<석상3:8a>

ㄴ. 겨집 出家(출가)ᄒᆞ기ᄅᆞᆯ 즐기디<월석10:18b>

(25) ㄱ. 그 지믈 이긔디 어려우실ᄊᆡ<법화6:74a>

ㄴ. 아비 보디 슬희여 ᄒᆞ더니<월석25:68a>

(25') 내 일후믈 드러 닛디 아니ᄒᆞ야<석상9:9a>

(25)의 '-디'는 '슳다', '둏다', '어렵다'와 같은 특정 용언 앞에서만 나타나는 분포상의 제약이 있다. 명사형 전성어미 '-디'와 보조적 연결어미 '-디'(-디 말다, -디 않다)는 문장 구조를 통해 구별할 수 있다. (25ㄱ)에서 [그 지믈 이긔디]는 안은문장 서술어 '어렵다'의 주어이고, (25ㄴ)에서 [아비 보디]는 모문 서술어 '슬희여 ᄒᆞ다'의 목적어이다. 그래서 이때의 '-디'는 명사절을 이끄는 명사형 전성어미라는 것을 확인할 수 있다. 명사형 전성어미 '-디'는 근대국어 이후 소멸되었다.

반면 (25')에서 '닛디 아니ᄒᆞ야'는 '본용언-보조용언' 구성의 '-디'이다. '닛디 아니ᄒᆞ야'의 '-디'는 현대국어의 '-지 않다(-지 아니하다), -지 못하다'의 보조적 연결어미 '-지'의 고형이다(-디 > -지).

2) 관형사형 전성어미

(26)은 관형사형 전성어미 '-ᄋᆞᆫ/은'의 예이고, (27)은 '-ᄋᆞᇙ/읋'의 예이다. 시제의 의미는 현대국어와 마찬가지로 '-ᄋᆞᆫ/은'은 (26ㄱ,ㄴ)처럼 동사에 결합했을 때는 과거의 의미이고, (26ㄷ)처럼 형용사에 결합했을 때는 현재의 의미이다. 그리고 '-ᄋᆞᇙ/읋'은 미래의 의미이다.

(26) ㄱ. 내 이제 네 어믜 간 ᄡᅡᄒᆞᆯ 뵈요리라<월석21:21b>
ㄴ. 므레 프러 밥 머근 후에 머그라<구간2:110a>
ㄷ. 夫人(부인)이 어엿븐 ᄠᅳ들 몯 이긔여<月釋8:98b>

(27) 가) ㄱ. 어린 百ᄇᆡᆨ姓셩이 니르고져 ᄒᆞᇙ 배 이셔도<훈언2a>
ᄒᆞ+오+ᄋᆞᇙ
ㄴ. 이 말 니르샤ᇙ 저긔<월석8:16a>
니르+시+읋
나) ㄱ. 現在(현재) 衆生(중생)ᄃᆞᆯ히 ᄒᆞ마 命終(명종)ᄒᆞᆯ 나래<월석21:108a>
ㄴ. 녀름 지ᅀᅳᆯ 사ᄅᆞᆷ ᄆᆞᆫ ᄒᆡᆺ 穀食(곡식) 니고ᄆᆞᆯ ᄇᆞ라셔<두시3:56a>

(27가)는 '-ᄋᆞᇙ/읋'의 예이고, (27나)는 '-ᄋᆞᆯ/을'의 예이다. 16세기 이후 'ㆆ'이 소멸되면서 '-ᄋᆞᇙ/읋'도 소멸되고, '-ᄋᆞᆯ/을'로만 나타난다.

중세국어에 '-ᄂᆞᆫ', '-던'도 나타난다. (28)은 '-ᄂᆞᆫ'의 예이고, (29)는 '-던'의 예이다.

(28) ㄱ. 내 가ᄂᆞᆫ 고ᄃᆞᆯ 아디 몯호ᄆᆞᆯ<육조 하55a-4>
ㄴ. 집 짓ᄂᆞᆫ 져비ᄂᆞᆫ<두시8:44b>

(29) ㄱ. 수플로 가던 새 도로 도라오놋다<두시10:23a>

ㄴ. 그 ᄡᆞ니미 몯 보던 한 사ᄅᆞᄆᆞᆯ<석상11:29a>

그런데 중세국어에서 '-ᄂᆞᆫ(-ᄂᆞ- + -ᄋᆞᆫ → -ᄂᆞᆫ)', '-던(-더- + -은 → 던)'은 하나의 형태소가 아니라 선어말어미 '-ᄂᆞ-', '-더-'에 관형사형 어미 '-ᄋᆞᆫ/은'이 결합한 형태로 해석하는 것이 일반적이다. 그러니까 중세국어에서 '-ᄂᆞᆫ', '-던'은 관형사형 전성어미가 아니라, '선어말어미 + 관형사형 전성어미'의 어미 결합형이다.

현대국어의 '-는'은 중세국어 '-ᄂᆞᆫ'에 소급된다(-ᄂᆞᆫ > -는). 현대국어에서 '-는'이 동사와만 결합하고 형용사와는 결합하지 못하는데, 이는 중세국어 '-ᄂᆞᆫ'에 있는 현재 시제 선어말어미 '-ᄂᆞ-'와 관련이 있다. 즉 현대국어의 '-는'에서 현재 시제 선어말어미 '-ᄂᆞ-'를 분석해 낼 수는 없지만, 통시적으로 '-ᄂᆞ-'가 존재했던 흔적이 형용사와의 결합을 저지한다.

3) 부사형 전성어미

부사형 전성어미는 용언에 결합하여 용언이 이끄는 절을 부사어로 기능하게 해 주는 어미이다. 부사형 전성어미에는 '-게', '-ᄃᆞ록/도록'이 있는데, (30)은 '-게'의 예이고, (31)은 '-ᄃᆞ록/도록'의 예이다. (30)~(31)은 부사절로 안긴문장이고,[4] 이 부사절이 문장에서 부사어로 기능하고 있다.

(30) ㄱ. ᄀᆞᆯᄒᆡ욤 업게 보라 ᄒᆞ야시ᄂᆞᆯ<능엄5:72a>

ㄴ. 얼구를 젹게 ᄆᆡᆼᄀᆞ라<월석25:107b>

(31) ㄱ. ᄠᅳᆫ 구루믄 나리 ᄆᆞᆾ도록 녀거늘<두시11:52a>

ㄴ. ᄀᆞᄅᆞ맷 새ᄂᆞᆫ 바미 깁ᄃᆞ록 ᄂᆞ놋다<두시11:46a>

---

4. 내포된 부사절만 괄호규약분석으로 나타내면 다음과 같다. (30ㄱ)은 '[ᄀᆞᆯᄒᆡ욤 업게] 보라 ᄒᆞ야시ᄂᆞᆯ', (30ㄴ)은 '얼구를 [e(얼굴) 젹게] ᄆᆡᆼᄀᆞ라', 그리고 (31ㄱ)은 'ᄠᅳᆫ 구루믄 [나리 ᄆᆞᆾ도록] 녀거늘', (31ㄴ)은 'ᄀᆞᄅᆞ맷 새ᄂᆞᆫ [바미 깁ᄃᆞ록] ᄂᆞ놋다'이다. 'e'는 생략된 요소를 나타내는 기호인데, (30ㄴ)에서 안긴문장 서술어 '젹게'의 생략된 주어는 '얼굴'이다.

그런데 '-게', '-ᄃᆞ록/도록'을 부사형 전성어미가 아니라 종속적 연결어미로 보기도 한다. 이는 (31ㄱ)의 경우처럼 [나리 ᄆᆞᆾ도록]이 이동하여 '[나리 ᄆᆞᆾ도록] [ᄠᅳᆫ 구루믄 녀거늘]'처럼 될 수도 있는데, 이렇게 되면 이어진 문장의 구조가 되기 때문이다. 그래서 괄호규약분석을 했을 때 '-게', '-도록/ᄃᆞ록'이 결합한 절이 '[[ ]]'처럼 내포문 구조이면 부사형 어미로 해석하고, '[ ] [ ]'처럼 이어진 문장의 구조이면 종속적 연결어미로 해석한다.

6.3.3. 연결어미

연결어미는 연결된 두 문장의 의미 관계가 대등한지 종속적인지에 따라 대등적 연결어미와 종속적 연결어미로 구분한다. 이처럼 대등적 연결어미인지 종속적 연결어미인지는 선험적으로 결정되어 있는 것이 아니라, 이어진 두 문장의 의미 관계를 분석하여 귀납적으로 밝혀진 것이다. 그러니까 논리적 순서로는 두 문장의 의미 관계를 파악하는 것이 먼저이고, 이를 통해 그 어미가 대등적 연결어미인지 종속적 연결어미인지를 결정한다.

그런데 이렇게 해서 밝혀진 사실을 이미 알고 있으면, 즉 어떤 어미가 대등적 연결어미인지 종속적 연결어미인지를 알고 있으면, 대등적으로 이어진 문장인지 종속적으로 이어진 문장인지가 자연스럽게 판단된다. 대등적 연결어미로 이어진 문장은 대등적으로 이어진 이어진문장이고, 종속적 연결어미로 이어진 문장은 종속적으로 이어진 이어진문장이다.

보조적 연결어미는 '본용언 + 보조용언' 구성에서 본용언에 결합하는 어말어미를 이른다. '본용언 + 보조용언' 구성 전체를 하나의 서술어로 본다는 점에서 대등적 연결어미, 종속적 연결어미와는 그 성격이 다르다.

1) 대등적 연결어미

[가] -거나

[나] -거니와

[다] -건마ᄅᆞᆫ

[라] -고

[마] -며

[바] -며셔

2) 종속적 연결어미

[A] -거든

[B] -ㄴ댄/ㄴ덴

[C] -란ᄃᆡ

[D] -면

[E] -관ᄃᆡ

[F] -니

[G] -을ᄊᆡ

[H] -매

[I] -고져

[J] -과뎌

[K] -아져

[L] -거늘

[M] -ㄴ대

[N] -ᄃᆞ록

[O] -디ᄫᅵ

[P] -디옷

[Q] -을ᄉᆞ록

[R] -라

[S] -려, -오려/우려

[T] -아/어(셔)

[U] -오ᄃᆡ/우ᄃᆡ

[V] -다가

[W] -거ᅀᅡ

[X] -고ᅀᅡ

3) 보조적 연결어미

[a] -아/어

[b] -게(/-긔)

[c] -고

[d] -디(> -지), -ᄃᆞᆯ, -드란

위의 연결어미들 중에서 /ㄱ/를 두음으로 가진 어미들은 (32)에서 보듯이 /i, y, ㄹ/ 뒤에서는 어미 두음 /ㄱ/가 탈락한 형태로 나타난다. 이때 /ㄱ/가 탈락한 자리에는 선행 음절 종성 /ㄹ/가 연철되지 않고, 또한 /y/ 첨가도 일어나지 않는다.

(32)

	기본형		/i, y, ㄹ/ 뒤
대등적 연결어미	-거나	~	-어나
	-거니와	~	-어니와
	-건마른	~	-언마른
	-고	~	-오
종속적 연결어미	-거든	~	-어든
	-관디	~	-완디
	-고져	~	-어져
	-거늘	~	-어늘
보조적 연결어미	-게	~	-에

다만 주체 높임 선어말어미 '-시-'의 말모음 역시 /i/ 모음이지만, '-시-' 뒤에서는 어미 두음 /ㄱ/가 탈락하지 않는다. 즉 '오시거나<석상24:6b>', '겨시거니와<월석25:80a>'처럼 '-거나', '-거니와'이다.

그리고 '-거나', '-거니와', '-건마른', '-거든', '-거늘'의 경우에는 선어말어미 '-거-'를 따로 분석해 내기도 한다. '-거-'가 독자적으로 선어말어미로 쓰이기도 했기 때문이다.

- -거나: -거- + -나
- -거니와: -거- + -니와
- -건마른: -거- + -ㄴ마른
- -거든: -거- + -든
- -거늘: -거- + -늘

분석적인 관점에서 '-거나', '-거니와', '-건마른', '-거든', '-거늘'에서 '-거-'를 분석해 낼 수는 있다. 하지만 '-거-'가 결합되지 않은 '-나', '-니와', '-ㄴ마른', '-든', '-늘'이 독자적으로 하나의 어미로 기능했다고 보기 어렵다. 그래서 '-거나', '-거니와', '-건마른', '-거든', '-거늘'을 하나의 어미로 본다.

현대국어에서도 '-습니다'를 통합적 관점에서 하나의 어말어미로 보기도 하고, 분석적 관점에서 '-습니- + -다'로 분석하기도 한다. 어느 쪽으로 해석하든 '-습니-'를 다시 분석하지는 않는다. 그런데 통시적으로 '-습니-'는 '-ᄉᆞᆸ-ᄂᆞ-니-이-' 4개의 선어말어미의 결합형이었다. 이후 어미 형태소의 변화와 음운 변화에 의해 '-습니-'가 되었다. 이와 평행하게 중세국어 이전 시기에는 '-거- + -나', '-거- + -ㄴ마ᄅᆞᆫ'처럼 어미 결합형이었을 수 있지만, 중세국어 공시태에서는 이를 더 이상 분석하지 않고 하나의 어미로 보는 것이다.

6.3.3.1. 대등적 연결어미

여기서는 연결어미의 형태 중심으로 기술한다. 현대국어와 형태가 같은 경우는 따로 설명을 하지 않고, 형태 변화가 있는 것들을 중심으로 기술한다. 연결어미의 의미도 현대국어와 큰 차이가 없는 것은 따로 기술하지 않는다. 현대국어와 의미에 차이가 있는 경우만 따로 설명을 덧붙인다.

㉮ -거나 ~ -어나

ㄱ. 이 사ᄅᆞ미 ᄃᆞ니거나 셔거나 ᄒᆞ야셔<석상21:52b>

ㄴ. 阿闍世王(아도세왕)이 오시거나 彌勒(미륵)이 下生(하생)커시나 ᄒᆞ면<석상24:6b>

ㄷ. 내 아ᄃᆞ릐 죽거나 살어나 一定(일정)ᄒᆞᆫ 긔벼를 아라 오려다<월석22:62a>

㉯ -거니와 ~ -어니와

ㄱ. 理(이)ᄂᆞᆫ ᄇᆞᆰ거니와 뉘 能히 證(증)ᄒᆞ뇨<법화6:59a>

ㄴ. 智(지)예 버으로미 甚(심)히 멀어니와 ᄒᆞ다가 이 기픈 經(경)을 드르면<법화4:102a>

㉰ -건마ᄅᆞᆫ ~ -언마ᄅᆞᆫ > 건마는

'-건마ᄅᆞᆫ'은 현대국어의 '-건마는'에 대응된다.

ㄱ. 城(성) 높고 ᄃᆞ리 업건마ᄅᆞᆫ 하ᄂᆞᆯ히 도ᄫᆞ실ᄊᆡ<용가34장>

ㄴ. ᄯᅩ 보ᄆᆡ 비치 아니언마ᄅᆞᆫ 오직 뎌 볼 ᄡᅡᄅᆞᄆᆡ 누넷<능엄2:81a>

㉣ -고 ~ -오

ㄱ. 王이 드르시고 즉자히 禮服(예복) 니브시고 ᄃᆞ라나샤<월석8:90b>

ㄴ. 곶 됴코 여름 하ᄂᆞ니<용가2장>

ㄷ. 出家(출가)ᄒᆞ거든 날 ᄇᆞ리곡[5] 머리 가디 말라<석상11:37a>

ㄹ. 오직 이 이ᄅᆞᆯ 알오 ᄂᆞ외야 나ᄆᆞᆫ 일 업다 ᄒᆞ야<법화2:249b>

㉤ -며

ㄱ. 슬픈 놀애 브르며 춤 츠던 ᄧᅡ홀<두시6:9b>

ㄴ. 말ᄒᆞ며 우숨 우ᅀᅳ며셔 주규믈 行(행)ᄒᆞ니<두시6:39a>

㉥ -며셔

현대국어의 '-면서'에 대응된다.

ㄱ. 우숨 우ᅀᅳ며셔 주규믈 行(행)ᄒᆞ니<두시6:39a>

ㄴ. 비 ᄐᆞ길 아디 몯ᄒᆞ며셔 그 믈 구부믈 怨望(원망)호려 호미로다<영가 하126a>

6.3.3.2. 종속적 연결어미

아래의 Ⓐ ~ Ⓓ는, 즉 'Ⓐ -거든', 'Ⓑ -ㄴ댄/ㄴ뎬', 'Ⓒ -란ᄃᆡ', 'Ⓓ -면'은 '조건' 또는 '가정'의 의미를 나타낸다. 연결어미의 의미를 정확히 '이러이러한 의미이다'라고 규정하기는 어렵다. 문맥에 따라 미세한 의미 차이가 있기 때문이다. 다만 주로 '조건' 또는 '가정'의 의미를 가지는 경우가 많다는 정도로 받아들이는 것이 좋다.

Ⓐ -거든/거ᄃᆞᆫ ~ -어든

ㄱ. 귀 法(법)을 듣거든 몸과 이비 同(동)ᄒᆞ니<능엄4:105a>

ㄴ. 네 누는 ᄒᆞ마 알어든 모ᄆᆞᆫ 당다이 아디 몯ᄒᆞ리로다<능엄1:62b>

5. '바리곡'의 '-곡'이 '-고'와 같은 것이다. '-고'에 /ㄱ/이 첨가된 형태인데, '-고'에 비해 강조의 의미가 더해진 정도이다.

B -ㄴ댄/-ㄴ덴

ㄱ. 우리 큰 法(법) 즐길 ᄆᆞᅀᆞᄆᆞᆯ 두던댄 부톄 날 爲(위)ᄒᆞ샤<법화2:231b>

ㄴ. 일로 혜여보건덴 므슴 慈悲(자비) 겨시거뇨 ᄒᆞ고<석상6:6a>

C -란ᄃᆡ

ㄱ. 내 ᄒᆞ마 證(증)ᄒᆞ란ᄃᆡ 너도 證(증)ᄒᆞ야ᅀᅡ ᄒᆞ리라<월석14:31b>

ㄴ. 네 ᄒᆞ마 부텻 正化(정화)ᄅᆞᆯ 즐기란ᄃᆡ 貪欲(탐욕)과 憍慢(교만)ᄋᆞᆯ ᄇᆞ리고<석상23:12b>

D -면

ㄱ. 내 이제 ᄂᆞ려가면 아니 오라아[6] 涅槃(열반)호리이다<석상11:12b>

ㄴ. 衆生(중생)이 이런 罪(죄) 지ᅀᅳ면 반ᄃᆞ기 五無間地獄(오무간지옥)애 ᄢᅥ러디여<월석21:41a>

아래의 E ~ H, 즉 'E -관ᄃᆡ', 'F -니', 'G -을ᄊᆡ', 'H -매'는 '원인'에 해당하는 의미를 나타낸다.

E -관ᄃᆡ ~ -완ᄃᆡ

ㄱ. 스승니미 엇던 사ᄅᆞ미시관ᄃᆡ 쥬벼느로 이 門(문)ᄋᆞᆯ 여르시ᄂᆞ니잇고<월석23:84a>

ㄴ. 네 엇던 아ᄒᆡ완ᄃᆡ 허튀ᄅᆞᆯ 안아 우는다<월석8:85b>

F -니

ㄱ. 雪山(설산) 北(북)에 가니 ᄯᅡ히 흰ᄒᆞ고 됴ᄒᆞᆫ 고지<월석2:6b>

ㄴ. 너븐 드르헤 드르시니 나리 져므러<월석8:93b>

---

6. '오라- + -아'이다. 현대국어에서 부사 '오래'가 어간 '오라-'에 부사 파생 접미사 '-이'가 결합하여 만들어진 단어이다(오라- + -이 → 오래).

G -을ᄊᆡ > -을새

'-을ᄊᆡ'는 관형사형 어미 '-ᄋᆞᆯ/을'에 의존명사 'ᄉᆞ'가 결합한 융합형이다. 정확히 어떤 음운론적 과정을 거쳐 '-을ᄊᆡ'가 되었는지를 설명하기는 어렵다.

ㄱ. ᄆᆞᅀᆞ미 뮐ᄊᆡ 일후믈 業(업)이라 ᄒᆞ야<월석11:77a>

ㄴ. 나히 다 늘글ᄊᆡ ᄒᆞ마 涅槃(열반)ᄋᆞᆯ 得(득)ᄒᆞ야<월석13:4a>

H -매

ㄱ. 네 鼓聲(고성) 드로매 그 귀 ᄒᆞ마 鼓(고) 티ᄂᆞᆫ 고대 가면<능엄3:22b>

ㄴ. 患難(환난) 하매 便安(편안)히 사디 몯ᄒᆞ소라<두시8:43a>

아래의 'I -고져', 'J -과뎌'는 '원망'의 의미를 나타낸다.

I -고져 ~ -오져

ㄱ. 뎌 나라해 나고져 願(원)ᄒᆞ더니<월석8:77a>

ㄴ. 비록 알오져 ᄒᆞ리라도<석상 서1:3a>

J -과뎌

ㄱ. 기픈 道(도)애 가ᄆᆞᆯ 得(득)과뎌 ᄇᆞ라노니<법화 서17b>

ㄴ. 부텨 ᄡᅢ혀시과뎌 願(원)ᄒᆞ니라<능엄2:22a>

K -아져

'-아져'는 '어떤 행동을 할 의도나 욕망을 가지고 있음'의 의미를 나타낸다. 현대국어의 '-고자'에 대응된다.

婆羅門(바라문)이 닐오ᄃᆡ 내 보아져 ᄒᆞᄂᆞ다 ᄉᆞᆯ바쎠<석상6:14b>

L -거늘 ~ -어늘

'-거늘'은 '까닭'이나 '원인'의 의미를 나타낸다.

ㄱ. 소리 업거늘 부톄 또 무러 니ᄅ샤ᄃᆡ<능엄4:125a>

ㄴ. 거우룰 보거늘 그 새 거우루엣 제 그르멜 보고<석상24:20a,b>

ㄷ. 그듸ᄂᆞᆫ 죠고맛 사ᄅᆞ미어늘 내 ᄆᆞᅀᆞᆷᄀᆞ장 셤교ᄃᆡ<월석22:57b>

M -ㄴ대

'-ㄴ대'는 '이유'의 의미를 나타낸다. 현대국어의 '-니까'의 의미에 가깝다.

ㄱ. 받 님자히 怒(노)ᄒᆞ야 그믈로 자ᄇᆞᆫ대 鸚鵡(앵무)ㅣ 닐오ᄃᆡ<월석2:13a>

ㄴ. 大臣(대신)이 이 藥(약) ᄆᆡᇰᄀᆞ라 大王(대왕)ᄭᅴ 받ᄌᆞᄫᆞᆫ대 王(왕)이 좌시고<월석21:218a>

ㄷ. 悉達太子(실담태자)ㅣ 어젯 바ᄆᆡ 주그시니라 ᄒᆞᆫ대 王(왕)이 平床(평상)애셔 ᄠᅥ러디샤<월석25:11b>

N -ᄃᆞ록

'-ᄃᆞ록'은 '한도'의 의미를 나타낸다. 현대국어의 '-도록'에 대응된다.

ㄱ. 머리 셰ᄃᆞ록 서르 ᄇᆞ리디 마져<두시16:18a>

ㄴ. ᄒᆡ 디나ᄃᆞ록 그딋 ᄂᆞᄎᆞᆯ ᄆᆞᅀᆞ매 記錄(기록)ᄒᆞ요라<두시25:56a>

O -디ᄫᅵ

의미적으로 '-디ᄫᅵ'는 현대국어의 '콩을 심으면 콩이 나-<u>지</u> 팥이 날 수는 없다.'에서 '나-지'의 '-지'에 대응된다. 그러나 형태적으로 '-디ᄫᅵ'와 '나-지'의 '-지'는 서로 관련성이 없다.

주의할 것은 '-디ᄫᅵ'가 '먹지 않다', '먹지 못하다'에서의 '-지', 즉 보조적 연결어미 '-지'와는 성격이 다르다는 사실이다. 현대국어의 보조적 연결 어미 '-지'에 소급되는 중세국어 어미는 '-디'이다(-디 > -지).

ㄱ. 이에 든 사ᄅᆞᄆᆞᆫ 죽디ᄫᅵ 나디 몯ᄒᆞᄂᆞ니라<석상24:14b>

ㄴ. 이 몸 나ᄒᆞᆫ 어미를 救(구)ᄒᆞ디ᄫᅵ 뎌 먼 뉘옛 靑提(청제)를 救(구)호미 아니라

<월석23:93a>

P -디옷

'-디옷'은 아래 Q의 '-을ᄉᆞ록'가 같은 의미이다.

ㄱ. 後世(후세)로 디니논 行(행)이 더 깁디옷 功(공) 어두미 더 勝(승)ᄒᆞᆫ ᄃᆞᆯ 아라<법화7:109b>

ㄴ. 님그미 …… 더 가디옷 다ᄃᆞᄅᆞᆯ ᄣᅵ 모ᄅᆞ거든<법화7:158a>

Q -을ᄉᆞ록 > -을수록

사괴ᄂᆞᆫ ᄠᅳ든 늘글ᄉᆞ록 ᄯᅩ 親(친)ᄒᆞ도다<두시21:15b>

R -라 > -러

'-라'는 현대국어의 '-러'에 소급되는 형태로, '목적'의 의미를 나타낸다.

ㄱ. 나라해 빌머그라 오시니<월석1:5b>

ㄴ. 구슬 어드라 오니<월석4:19a>

S -려, -오려/우려

'-려'는 '의도' 또는 '의향'의 의미를 나타낸다. 의도법 선어말어미 '-오/우-'를 선행시켜 '-오려/우려'로 나타나는 경우가 많다. 현대국어의 '-(으)려'에 해당한다.

ㄱ. 世尊(세존)이 이 ᄠᅳ들 다시 펴려 ᄒᆞ샤<법화1:149b>

ㄴ. 므슷 이ᄅᆞᆯ 닐오려 ᄒᆞ시ᄂᆞ뇨<석상13:26a>

ㄷ. 너를 ᄶᅩᆼ 츼유려 호ᄆᆞᆫ 艱難(가난)ᄒᆞ니<월석13:21a>

T -아/어(셔)

모음조화에 의해 '-아/어'로 나타나는데, '-아셔/어셔'로도 나타난다. 'ㄱ'과 'ㄴ'은 시간적 선후 관계, 'ㄷ'은 수단이나 방법의 의미를 나타낸다.

ㄱ. 尊者(존자)ᄭᅴ 가아 ᄡᅡ해 업데여<월석4:25b>

ㄴ. ᄒᆞᆯᄀᆞᆯ 파 가져 精舍(정사)애 도라와<월석1:7b>

ㄷ. 소ᄂᆞᆯ 자바셔 갌 구븨예 건니노라<두시22:38b>

U -오ᄃᆡ/우ᄃᆡ

'-오ᄃᆡ/우ᄃᆡ'를 '-오/우- + -ᄃᆡ'로 분석하기도 하는데, '-오ᄃᆡ/우ᄃᆡ'를 하나의 어미로 보기도 한다. 후자의 경우에도 '-오ᄃᆡ/우ᄃᆡ'의 '-오/우-'가 의도법 선어말어미였다는 것에 대해서는 대체로 의견의 일치를 보인다.

ㄱ. 스ᄉᆞᆼ이 닐오ᄃᆡ 그듸 ᄠᅳ디 놉고 微妙(미묘)ᄒᆞ야<월석11:6b>

ㄴ. 큰 ᄀᆞᄅᆞ미 이쇼ᄃᆡ ᄇᆡ 업거늘<월석8:99a>
이시+오ᄃᆡ

ㄷ. 物(물) 업수ᄃᆡ 物(물)이 ᄃᆞ외다 ᄒᆞ니<원각 상1-2:146b>

많은 경우 '-오ᄃᆡ/우ᄃᆡ'로 나타나지만, 아래에서 보ᄃᆞᆺ이 '-ᄃᆡ'가 단독으로 나타나는 예가 없지는 않다.

ㄱ. 일 즐길 사ᄅᆞ미 나ᅀᅡ가ᄃᆡ 爲(위)ᄒᆞ야 수를 가지놋다<두시25:10a>

ㄴ. 그듸ᄂᆞᆫ 萬里(만리)ᄅᆞᆯ 가ᄃᆡ 여희욤 호ᄆᆞᆯ 엇뎨 草草(초초)히 ᄒᆞᄂᆞ뇨<두시22:30b>

V -다가

ㄱ. 두 아ᄒᆡ 몰앳 가온ᄃᆡ 이셔 노다가 부텨 오시거늘 보ᅀᆞᆸ고<석상24:45b>

ㄴ. 도ᄌᆞ기 나ᄅᆞᆯ 자바다가 겨집 사마 사더니<월석10:25a>

W -거ᅀᅡ

현대국어의 '-어야' 정도의 의미를 나타낸다. 즉 '앞 절의 일이 뒤 절 일의 조건임'을 나타낸다.

ㄱ. 이 ᄀᆞ티 닷가 니거ᅀᅡ 어루 正因(정인)이라 닐올 디니라<원각 상1-2:160a>

ㄴ. 衆生(중생)이 업거ᅀᅡ 菩提心(보리심)ᄋᆞᆯ 發(발)호리라<석상6:46b>

Ⅹ -고ᅀᅡ

'동작이나 행위가 계속되거나 끝났음을 강조하여 나타내는 말'로 의미적으로 현대국어의 '-고야'에 대응된다.

ㄱ. 汝陽王(여양왕)은 서 맔 수를 먹고ᅀᅡ 비르서 天子(천자)ᄭᅴ 朝會(조회)ᄒᆞᄂᆞ니 <두시15:40b>
ㄴ. 그 迷人(미인)이 믄득 이 말 듣고ᅀᅡ 險道(험도)ᄅᆞᆯ 아라<월석21:118b>

6.3.3.3. 보조적 연결어미

보조적 연결어미는 '본용언 + 보조용언' 구성에서 본용언에 결합한 어말어미를 이른다. 현대국어의 보조적 연결어미 '-아/어, -게, -고, -지'와 큰 차이가 없다. 형태상으로는 보조적 연결어미 '-아/어, -게, -고, -지'도 있고, 종속적 연결어미 '-아/어, -게, -고, -지'도 있다. 그래서 형태만 보고서는 보조적 연결어미인지 종속적 연결어미인지를 구별할 수 없다. 이러한 상황은 중세국어 역시 마찬가지이다.

'-아/어, -게/긔, -고, -디'가 보조적 연결어미인지, 종속적 연결어미인지는 후행하는 용언의 특성을 통해 최종적으로 판단할 수 있다. 후행하는 용언이 보조용언이면 보조적 연결어미이고, 후행하는 용언이 본용언이면 종속적 연결어미이다. 후행하는 용언이 보조용언인지, 본용언인지는 다음의 2가지 정도의 기준으로 판별할 수 있다.

첫째, 후행하는 용언의 논항이 온전히 상정되지 않음에도 적격한 문장이면 보조용언이고, 후행하는 용언의 논항이 온전히 상정이 되면 본용언이다.
둘째, 첫째와 연동되는 것으로, 후행하는 용언이 원래의 의미로 사용되지 않았으면 보조용언이고, 원래의 의미로 사용되었으면 본용언이다.

용언이 자신이 필요로 하는 논항이 온전히 실현되지 않았다는 것은 결과적으로 원래의 의미로 사용되지 않은 것이다. 그래서 둘째는 첫째의 결과적인 사실이기도 하다.

보조용언은 '아니ᄒᆞ-'처럼 그 자체로 보조용언인 것도 있지만, 많은 경우 본용언으로도 쓰이면서 보조용언으로도 쓰인다.

ⓐ -아/어

(ㄱ)의 'ᄂᆞ호아 잇ᄂᆞ니'에서 '잇ᄂᆞ니'의 주어는 '白小(백소)'가 아니다. 그러니까 '잇다'의 주어가 상정되지 않음에도 적격한 문장이다. 그리고 (ㄴ)의 '머거 보고'에서도 '보다'의 주어가 상정되지 않음에도 적격한 문장이다. '그 衆生(중생)이'가 '보다'의 주어가 아니다. 따라서 'ᄂᆞ호아 잇ᄂᆞ니'의 '잇다', 그리고 '머거 보고'의 '보다'는 보조용언이다. '잇다'와 '보다'가 보조용언이므로 'ᄂᆞ호아(ᄂᆞ호- + -아)', '머거(먹- + -어)'의 '-아/어'는 보조적 연결어미이다.

ㄱ. 白小(백소)ㅣ 무리 목수믈 ᄂᆞ호아 잇ᄂᆞ니<두시17:39b>
ㄴ. 그 衆生(중생)이 머거 보고 맛내 너겨<월석1:42b>

ⓑ -게(/-긔) ~ -에

통사적 사동문을 만드는 '-게/긔 ᄒᆞ다' 구성의 '-게/긔'는 기본적으로 보조적 연결어미이다. 그리고 이 구성에 쓰인 'ᄒᆞ-'는 보조용언이다. 일반적으로 '-게'로 나타나지만, (ㄷ)에서처럼 '-긔'로 나타나기도 한다. (ㄴ)의 '알에'의 '-에'는 '-게'의 /ㄱ/가 /ㄹ/ 뒤에서 탈락한 형태이다.

ㄱ. 이 法(법)을 너비 펴게 ᄒᆞ샤ᄆᆞᆫ<월석18:17a>
ㄴ. 衆生(중생)이 부텻 知見(지견)을 알에 호려 ᄒᆞ샤<석상13:49a>
ㄷ. 이 日月(일월)도 어루 ᄢᅥ러디긔 ᄒᆞ며<석상9:27a>

ⓒ -고

진행상을 나타내는 '-고 잇-' 구성에서의 '-고'가 보조적 연결어미이다. 그리고 이 구성에서 '잇-'은 보조용언이다.

ㄱ. 됴ᄒᆞᆫ 香(향) 퓌우고 잇거니<석상24:26b>

ㄴ. 功(공)을 일우고 잇논 ᄃᆡᄅᆞᆯ<두시17:8a>

d -디(> -지), -ᄃᆞᆯ, -드란

보조적 연결어미 '-디', '-ᄃᆞᆯ', '-드란' 뒤에는 '말다', '몯ᄒᆞ다'처럼 부정의 의미를 가진 보조용언이 온다.

ㄱ. 이 길ᄒᆞᆯ ᄇᆞᆲ디 말라<월석21:119a>

너는 머므디 말라<두시19:32b>

부텨 맛나디 몯ᄒᆞ며 法 듣디 몯ᄒᆞ며<법화6:88a>

ㄴ. 구루믈 보고 슬허 ᄇᆞ라ᄃᆞᆯ 말라<두시17:23a>

ㄷ. 소ᄂᆞ로 얻다가 얻드란 몯고 어분 아기ᄅᆞᆯ 조쳐 디오<월석10:24b>

몯ᄒᆞ- + -고 → 몯고

6.4. 선어말어미

6.4.1. 높임 선어말어미

높임법에는 주체를 높이는 주체 높임, 청자를 높이는 청자 높임, 객체를 높이는 객체 높임 이렇게 3가지가 있다. 그러면 누구와 비교해서 또는 누구를 기준으로 주체, 청자, 객체를 높이는 것인가? 이때 기준이 되는 것은 바로 화자이다. 즉 화자보다 주체가 높으면 주체를 높이고, 화자보다 청자가 높으면 청자를 높인다. 그리고 객체가 화자보다 높으면 객체를 높인다. 단 객체 높임의 경우에는 객체가 화자보다 높은 것에 더해 객체가 주체보다도 높아야 한다.

중세국어에서 주체 높임, 청자 높임, 객체 높임은 모두 선어말어미에 의해 실현되었다.

- 주체 높임: -시-
- 객체 높임: -ᄉᆞᇦ/ᄉᆞᆸ- ~ -ᄌᆞᇦ/ᄌᆞᆸ- ~ -ᅀᆞᇦ/ᅀᆞᆸ-
- 청자 높임: -ᅌᅵ-

주체 높임 선어말어미 '-시-'는 현대국어까지 변화 없이 그대로 이어졌다. 객체 높임 선어말어미 '-ᄉᆞᇦ-'의 경우에는 형태만 남아 있고, 기능은 소멸되었다. 즉 형태 '-ᄉᆞᇦ-'은 현대국어의 '-습니다/ㅂ니다', '-습니까/ㅂ니까'에 남아 있는데, 현대국어에서의 기능은 객체 높임이 아니라 청자 높임이다. '-ᄉᆞᇦ-'이 객체 높임에서 청자 높임으로 그 기능이 변화하면서 원래 청자 높임을 나타내던 선어말어미 '-ᅌᅵ-'는 소멸되었다.

객체 높임 선어말어미의 기저형과 관련하여 '-ᄉᆞᇦ-'처럼 종성을 /ㅸ/로 보는 견해와, '-ᄉᆞᆸ-'처럼 종성을 /ㅂ/로 보는 견해가 있다. 기저형을 '-ᄉᆞᇦ-'으로 보게 되면, '먹ᄉᆞᆸ고'처럼 자음으로 시작하는 어미 앞에서는 '/ㅸ/ → /ㅂ/' 규칙이 적용된 것으로 설명한다. 반면 기저형을 '-ᄉᆞᆸ-'으로 보게 되면, '먹ᄉᆞᄫᆞ니'처럼 모음으로 시작하는 어미 앞에서는 '/ㅂ/ → /ㅸ/' 규칙이 적용된 것으로 설명한다. 기저형을 '-ᄉᆞᇦ-'으로 보는 견해, '-ᄉᆞᆸ-'으로 보는 견해 둘 다 각각 일장일단이 있다. 그리고 실증적이고 적극적인 증거를 통해 한쪽이 맞고 다른 한쪽이 틀렸다는 것을 증명하기도 어렵다.

이 책에서는 '-ᄉᆞᇦ-'을 기저형으로 보고, '먹ᄉᆞᆸ고'에서의 '-ᄉᆞᆸ-'은 자음으로 시작하는 어미 앞에서 '/ㅸ/ → /ㅂ/' 규칙의 적용을 받은 교체형으로 본다.

6.4.1.1. 주체 높임 선어말어미

(33ㄱ)에서는 '나가다'의 주체 '태자'가 화자보다 높기 때문에, (33ㄴ, ㄷ)에서는 각각 '닙다', '알다'의 주체 '세존'이 화자보다 높기 때문에 '-시-'로 높였다.

(33) ㄱ. 太子(태자) ᄒᆞ마 나가시고<석상6:7b>
　　ㄴ. 世尊(세존)이 옷 니브시고<월석7:34a>
　　ㄷ. 世尊(세존)이 須達(수달)이 올 ᄠᅳᆮ 아ᄅᆞ시고<석상6:20b>

(33ㄱ)처럼 모음으로 끝난 어간 뒤에서는 '-시-', (33ㄴ, ㄷ)처럼 자음으로 끝난 어

간 뒤에서 '-(ᄋᆞ/으)시-'가 결합하였다. 여기까지는 현대국어와 같다.

그러나 (33ㄷ)에서 보듯이 /ㄹ/ 말음 어간과의 결합 양상은 현대국어와 다르다. 즉 중세국어에서는 '아ᄅᆞ시고'로 활용하였고, 현대국어에서는 '아시고(알- + -시- + -고 → 아시고)'로 활용한다.

그리고 '-시-'가 '-오/우-(-오ᄃᆡ/우ᄃᆡ, -옴/움)'와 결합하였을 때는 (34)에서 보듯이 '-샤-'로 나타난다.

(34) ㄱ. 王이 니ᄅᆞ샤ᄃᆡ<월석2:6a>
니ᄅᆞ+시+오ᄃᆡ

ㄴ. 부텨 一切法(일체법) 니ᄅᆞ샤ᄆᆞᆫ<월석13:44b>
니ᄅᆞ+시+옴+ᄋᆞᆫ

'시 + 오 → 샤'가 되는 것을 음운론적으로는 설명하기 어렵다. 당장 (35)에서 보듯이 음운론적으로 /i/ 모음과 /o/ 모음이 결합하면 /yo/가 되기 때문이다(i + o → yo).

(35) ㄱ. ᄠᅳᆮ 이쇼ᄆᆞᆯ 브트니<월석11:72a>
이시-옴-ᄋᆞᆯ

ㄴ. 스믈 사ᄅᆞ미 이쇼ᄆᆞᆫ<법화1:32a>

ㄷ. ᄒᆞ논 일 이쇼미 비록<월석8:31a>

형태상으로는 (34)의 '샤(-시- + -오/우-)'와 같지만, (36)의 '샤'는 (34)의 '샤'와는 또 다른 '샤'이다.

(36) ㄱ. 海東(해동) 六龍(육룡)이 ᄂᆞᄅᆞ샤 일마다 天福(천복)이시니<용가1장>
'ᄂᆞᆯ+(ᄋᆞ)시+아' 또는 'ᄂᆞᆯ+(ᄋᆞ)샤+아'

ㄴ. 夫人(부인)이 올ᄒᆞᆫ 소ᄂᆞ로 가질 자ᄇᆞ샤 곳 것고려 ᄒᆞ신대<월석2:36a>

(36)의 '-샤'에 대해서는 두 가지 견해가 있다.

첫째, 주체 높임 선어말어미 '-시-'에 어말어미 '-아'가 결합한 것으로 해석(시 + 아 → 샤).

둘째, '-시-'의 이형태로 보는 견해. 즉 자음으로 시작하는 어미 앞에서는 '-시-', 모음으로 시작하는 어미 앞에서는 '-샤-'로 해석.

두 가지 견해 모두 일정 정도 문제점을 안고 있다. 먼저 첫째는 모음조화의 일반성을 위배한다. 즉 '가져(←가지- + -어)', 'ᄃᆞ녀(←ᄃᆞ니- + -어)'에서 보듯이 어간 말음이 /ㅣ/ 모음일 때는 '-아/어' 중에서 음성모음 '-어'가 결합한다. 그런데 '-시-'는 /ㅣ/ 모음으로 끝났음에도 /ㅣ/ 말음 어간들과 달리 '-아'가 결합했다고 해야 하는 문제가 있다. 이에 대해 중세국어에서 /i/ 모음 뒤에 항상 음성모음이 온 것은 아니라는 사실을 들어 비판에서 벗어날 수는 있다. 당장 (35)에서 보듯이 '이시-' 뒤에는 양성의 '-옴'이 결합한다.

다음으로 둘째의 경우는 활용형이 선어말어미로 끝났다고 해야 하는 문제가 있다. 둘째의 견해에서는 'ᄂᆞᄅᆞ샤'를 'ᄂᆞᄅᆞ- + -샤- + -아 → ᄂᆞᄅᆞ샤'로 설명하는데, 이때 탈락한 모음을 어말어미 '-아'로 본다. 이러한 관점은 고영근(1997)이 대표적이다. 그런데 이는 활용형이 어말어미가 없는 상태로 문장에 실현될 수 있다는 것을 상정해야 하는 문제가 있다. 어말어미 '-아'가 탈락하였으므로 'ᄂᆞᄅᆞ샤'는 선어말어미로 끝난 활용형이 된다. 이는 서술어는 반드시 어말어미로 끝나야 한다는 국어의 일반적인 문법적 질서에 어긋난다. 이에 대해서 '-샤/sya/- + -아/a/'에서 어말어미 '-아'가 탈락한 것이 아니라 '-샤/sya/-'의 /a/가 탈락한 것이라고 하여 비판에서 벗어날 수는 있다.

'시아/sia/ → 샤/sya/'의 반모음화는 중세국어에서 공시적으로 활발하게 일어난 교체이다. 이러한 사실을 고려하면, 첫째가 설명의 부담이 적다. 둘째의 경우에는 '-시-'가 모음으로 시작하는 어미 앞에서 왜 '-샤-'로 이형태 교체를 하였는지를 설명할 수 없다.

(37)은 간접 높임의 예이다. 간접 높임은 현대국어와 다르지 않다. 간접 높임은 주체 또는 주어가 높임의 대상은 아니지만, 그 주체 또는 주어가 높임의 대상과 관련되어 있기 때문에 '-시-'를 통해 간접적으로 주체 또는 주어를 높이는 것을 이른다.

(37) ㄱ. 부텻 나히 스믈둘히러시니<석상3:36a>

ㄴ. 아바닚 病(병)이 기프시니 엇뎨ᄒᆞ료<월석21:214b>

(37ㄱ)에서 '-시-'에 의한 높임의 대상은 '나ㅎ'이고, (37ㄴ)에서 높임의 대상은 '병'이다. 그런데 '나ㅎ'와 '병'은 사람이 아니므로 원칙적으로 높임의 대상이 될 수 없다. 그런데 '나ㅎ'는 '부텨'의 나이이고, '병'은 '아바님'의 병이다. '부텨'와 '아바님'은 화자보다 높은 사람, 즉 높임의 대상이다. 그래서 '-시-'를 통해 간접적으로 '부텨', '아바님'을 높인 것이다.

6.4.1.2. 객체 높임 선어말어미

객체 높임은 객체를 높이는 것이다. 문장에서 목적어나 여격어(필수적 부사어)가 객체인 경우가 일반적이다. 객체 높임은 객체가 화자보다 높을 때 객체를 높이는 것이다. 이때 객체는 주체보다도 높아야 한다. 즉 객체가 화자보다도 높고, 주체보다도 높은 대상일 때 '-ᄉᆞᇦ/ᄌᆞᇦ/ᅀᆞᇦ-'으로 객체를 높였다.

객체 높임법을 겸양법(또는 겸손법)이라고 하기도 하는데, 겸양법은 주체(또는 주어)가 객체에 대하여 자신을 낮추어 객체를 높인다는 의미이다. 객체가 주체보다 높아야 한다는 조건에서, 주체가 높임의 대상인 객체에 대하여 자신을 낮춘다는 해석이 가능해진다.

(38) ㄱ. 一千(일천) 阿羅漢(아라한)이 虛空(허공)애 ᄂᆞ라와 부텻긔 머리 좃ᄉᆞᆸ고 ᄉᆞᆯᄫᆞᄃᆡ<월석10:13a>

ㄴ. 佛母(불모) 摩耶夫人(마야부인)이 恭敬合掌(공경합장)ᄒᆞ샤 地藏菩薩(지장보살)ᄭᅴ 묻ᄌᆞᄫᆞ샤ᄃᆡ<월석21:37a>

ㄷ. 須達(수달)이 그 말 듣고 더욱 깃거 다시 ᄭᅵᄃᆞ라 世尊(세존)ᄋᆞᆯ 念(념)ᄒᆞᅀᆞᄫᆞ니<석상6:20a>

(38ㄱ)에서 객체인 '부텨'는 화자보다도 높고 '좃다'의 주체인 '일천 아라한'보다도 높은 존재이고, (38ㄴ)에서 객체인 '지장보살'은 '묻다'의 주체이면서 화자인 '불모마

야부인'보다 높은 존재이고, (38ㄷ)에서는 객체인 '세존'은 화자보다 높고 '念하다'의 주체인 수달보다 높은 존재이다. 그래서 서술어에 객체 높임 선어말어미가 결합한 '좃ᄉᆞᆸ고(좆- + -ᄉᆞᇦ- + -고)', '묻ᄌᆞᄫᆞ샤ᄃᆡ(묻- + -ᄌᆞᇦ- + -(ᄋᆞ)시- + -오ᄃᆡ)', '念ᄒᆞᅀᆞᄫᆞ니(念ᄒᆞ- + -ᅀᆞᇦ- + -(ᄋᆞ)니)'이다.

객체 높임 선어말어미 '-ᄉᆞᇦ/ᄌᆞᇦ/ᅀᆞᇦ-'은 서로 상보적 분포를 이루는 이형태이다. (38ㄱ)에서는 '-ᄉᆞᇦ-'이, (38ㄴ)에서는 '-ᄌᆞᇦ-'이, (38ㄷ)에서는 '-ᅀᆞᇦ-'이 결합했는데, 각 이형태의 분포 조건은 다음과 같다.

- -ᅀᆞᇦ-: 어간이 모음으로 끝나거나 어간 말음이 유성 자음일 때
- -ᄌᆞᇦ-: 어간 말음이 /ㄷ, ㅈ/일 때
- -ᄉᆞᇦ-: '-ᅀᆞᇦ-'과 '-ᄌᆞᇦ-' 이외의 환경일 때

그리고 선어말어미의 말음은 후행하는 어미의 두음이 자음일 때는 /ㅂ/로, 후행하는 어미의 두음이 모음일 때는 /ㅸ/로 실현되었다. 즉 (39)처럼 어미의 두음이 자음일 때는 '-ᄉᆞᆸ/ᄌᆞᆸ/ᅀᆞᆸ-'으로, 어미의 두음이 모음일 때는 '-ᄉᆞᇦ/ᄌᆞᇦ/ᅀᆞᇦ-'으로 실현되었다.

(39) ㄱ. 좃ᄉᆞᆸ고 ~ 좃ᄉᆞᄫᆞ니
ㄴ. 받ᄌᆞᆸ고라 ~ 받ᄌᆞᄫᆞ니
ㄷ. 보ᅀᆞᆸ더니 ~ 보ᅀᆞᄫᆞ니

6.4.1.3. 청자 높임 선어말어미

(40)은 청자 높임의 예인데, 청자 높임은 선어말어미 '-ᅌᅵ-'를 통해 나타냈다. 청자 높임 선어말어미 '-ᅌᅵ-'는 근대국어에 없어지고, 현대국어에서 청자 높임은 '-습니다/ㅂ니다(-습니까/ㅂ니까)'의 어말어미를 통해 실현된다.

(40) ㄱ. 菩薩(보살)이 일흐믈 무르신대 對答(대답)ᄒᆞᅀᆞᄫᅩᄃᆡ 吉祥(길상)이로이다 ᄒᆞ고<석상3:43a>
ㄴ. 大樂說菩薩(대락설보살)이 … 부텻긔 ᄉᆞᆯᄫᆞ샤ᄃᆡ 世尊(세존)하 우리ᄃᆞᆯ히 이

부텻 모ᄆᆞᆯ 보ᅀᆞᆸ고져 願(원)ᄒᆞ노이다<월석15:69b>

(40ㄱ)의 '길상이로ᅌᅵ다(길상 + -이- + -로-(←오) + -ᅌᅵ- + -다)'에서 '-ᅌᅵ-'는 청자인 '보살'이 화자인 '길상'보다 높기 때문에, '길상'이 청자인 '보살'을 높이기 위한 것이다. 참고로 '대답ᄒᆞᅀᆞ보ᄃᆡ(대답ᄒᆞ- + -ᅀᆞᆸ- + -오ᄃᆡ)'에서 '-ᅀᆞᆸ-'은 객체인 '보살'이 화자이면서 주체인 길상보다 높기 때문에 들어갔다. 길상이 보살에게 대답하는 상황이다. (40ㄴ)에서 '원ᄒᆞ노이다(원ᄒᆞ- + -ᄂᆞ- + -오- + -이- + -다)'에서 '-이-'는 청자인 '부텨'가 화자인 '대락설보살'보다 높기 때문에 들어갔다.

(40)처럼 평서문에서 청자 높임은 선어말어미는 '-이-'로 나타내었고, 의문문에서 청자 높임은 (41)에서 보듯이 '-잇가', '-잇고'로 나타내었다.

(41) 가) ㄱ. 帝釋(제석)이 王(왕)ᄭᅴ ᅀᆞᆯ보ᄃᆡ 아니 셟브시니잇가<월석11:5b>

ㄴ. 須達(수달)이 무로ᄃᆡ 여슷 하ᄂᆞ리 어늬ᅀᅡ ᄆᆞᆺ 됴ᄒᆞ니잇가<석상6:35b>

나) ㄱ. 阿難(아난)이 合掌(합장)ᄒᆞ야 ᅀᆞᆯ보ᄃᆡ 世尊(세존)하 엇던 因緣(인연)으로 우ᅀᅥᆫᄒᆞ시ᄂᆞ니잇고<석상24:9a>

ㄴ. 優塡王(우전왕)ᄃᆞᆯ히 阿難(아난)ᄋᆡ그에 가 무로ᄃᆡ 如來(여래) 어듸 겨시니잇고<월석21:192a>

의문문에서 청자 높임의 경우, 판정 의문문은 (41가)처럼 '-잇가'로, 설명 의문문은 (41나)처럼 '-잇고'로 실현되었다. 중세국어에서 판정 의문문은 종결어미의 말모음이 /ㅏ/ 모음 계열이었고, 실명 의문문은 종결어미의 말모음이 /ㅗ/ 모음 계열이었다. 판정 의문문과 설명 의문문에 대해서는 6.3.1.의 '2) 의문형 종결어미'에서 자세히 다루고 있다.

(41가ㄱ)에서는 화자인 '제석'보다 청자인 '왕'이 높은 존재이기 때문에 '제석'이 '-잇가'로 청자인 '왕'을 높였다. (41가ㄴ)은 '수달'과 '사리불'의 대화 장면인데, '수달'과 '사리불'이 상호 존대 관계임을 알 수 있다. 그래서 화자인 '수달'이 청자인 '사리불'을 '-잇가'로 높였다. (41나ㄱ)에서는 화자인 '아난'이 청자인 '세존'을 '-잇고'로 높였다. (41나ㄴ)에서는 '우전왕들'과 '아난'이 상호 존대의 관계여서 화자인 '우전왕들'이

청자인 '아난'을 '-잇고'로 높였다.

'-잇가', '-잇고'의 형태소 분석에 대해서는 세 가지 해석이 있다.

(42) ㄱ. -이-ㅅ가, -이-ㅅ고

ㄴ. -잇-가, -잇-고

ㄷ. -잇가, -잇고

(42ㄱ)은 청자 높임 선어말어미를 '-이-'로 단일하게 보는 해석이다. 이에 비해 (42ㄴ)은 청자 높임 선어말어미의 형태를 평서문에서는 '-이-', 의문문에서는 '-잇-'으로 보는 것이다. 마지막으로 (42ㄷ)은 '-잇가', '-잇고'를 분석하지 않고, 하나의 어미 통합체로 해석하는 것이다.

(43)처럼 청자 높임 선어말어미가 온전히 실현되지 않고, 일부가 절단된 형태로 실현된 예들도 있다. 이처럼 절단형으로 실현되었을 때는 'ᄒᆞ야쎠' 체의 특징 중의 하나인 대명사 '그듸'가 함께 나타난다.

(43) 가) ㄱ. 그듸 아바니미 잇ᄂᆞ닛가<석상6:14b>

ㄴ. 다시 무로ᄃᆡ 엇뎨 부톄라 ᄒᆞᄂᆞ닛가<석상6:16b>

나) ㄱ. 그듸 ᄃᆞ려 가면 내 깃구리ᇰ다<월석20:85a>

ㄴ. 부텨와 쥬ᇰ과ᄅᆞᆯ 請(청)ᄒᆞᅀᆞ보려 ᄒᆞᄂᆡᇰ다<석상6:16b>

(43가)의 '잇ᄂᆞ닛가', 'ᄒᆞᄂᆞ닛가'에서 '-ㅅ가'는 '-잇가'에서 'ㆁ'이 절단된 형태이고, (43나)의 '깃구리ᇰ다', 'ᄒᆞᄂᆡᇰ다'의 '-ㆁ다'는 '-이다'에서 '-이-'의 모음 /ㅣ/가 절단된 형태이다. 이처럼 원래 형태소가 완전히 삭제된 것은 아니고, 일부가 삭제된 상태로 남아 있는 형태를 절단형이라고 한다.

절단되기 전의 형태 '-잇가', '-이-'에 의한 높임법의 등급은 'ᄒᆞ쇼셔'체이다. 그런데 형태가 절단된 경우, 즉 절단형이 되면 높임의 의미가 절단되기 전에 비해 떨어진다. 그래서 (43)의 청자 높임은 절단되기 전의 '하쇼셔'체보다 한 단계 낮은 '하야쎠'체가 된다. 이는 '하야쎠'체의 표지인 대명사 '그듸'를 통해 확인할 수 있다. 대명사 '그듸'는 'ᄒᆞ야쎠'체를 나타내는 하나의 표지이다. (43가ㄱ), (43나ㄱ)에서 'ᄒᆞ야쎠'체와 일치 관계를 보이는 표지인 '그듸'를 확인할 수 있다.

6.4.1.4. 높임법의 변화

이상에서 살펴본 것처럼 중세국어에서는 주체 높임, 청자 높임, 객체 높임이 모두 선어말어미에 의해 실현되었다. 주체 높임은 선어말어미 '-시-'에 의해 실현되었는데, 중세국어에서 현대국어에 이르기까지 변화가 없다. 반면 청자 높임과 객체 높임은 근대국어를 거치면서 변화가 일어났다.

청자 높임은 중세국어에서는 '-ᅌᅵ-', '-ᅌᅵᆺ가'에 의해 실현되었는데, 청자 높임을 나타내던 문법 형태소 '-ᅌᅵ-', '-ᅌᅵᆺ가'는 근대국어 이후에 소멸된다. 하지만 청자 높임법은 현대국어까지 변화 없이 그대로 이어진다. '-ᅌᅵ-', '-ᅌᅵᆺ가'의 소멸로 청자 높임을 나타내는 문법 형태소는 '-ᄉᆞᇦ-'이 대체하였다. 즉 '-ᅌᅵ-', '-ᅌᅵᆺ가'의 자리에 '-ᄉᆞᇦ-'이 쓰이면서 '-ᄉᆞᇦ-'이 객체 높임에서 청자 높임으로 그 기능이 변화하게 되었다. 형태 '-ᄉᆞᇦ-'이 청자 높임으로 그 기능이 변화하면서 객체 높임법은 소멸된다. 그 결과 현대국어에서 객체 높임은 '드리다', '뵙다', '여쭈다' 등 일부 몇몇 어휘를 통해서만 나타난다.

객체 높임법은 소멸되었지만, 객체 높임을 나타내던 선어말어미 '-ᄉᆞᇦ-'은 사라지지 않고, 현대국어의 '-습니다/-ㅂ니다'에 반사되어 있다. 객체 높임법이 사라짐으로 인해 남아 있는 '-ᄉᆞᇦ-'은 더 이상의 객체 높임의 기능을 할 수 없게 된다. 이러한 상황에서 청자 높임을 나타내던 선어말어미 '-ᅌᅵ-'가 사라지는데, 그 자리에 '-ᄉᆞᇦ-'이 대체되어 청자 높임의 기능을 하게 되었다. 그래서 현대국어의 '-습니다/-ㅂ니다'가 형태상으로는 중세국어에서 객체 높임을 나타내던 '-ᄉᆞᇦ-'의 형태를 반사하고 있지만, 그 기능은 청자 높임이다. (44)는 17세기 자료이다.

(44) ㄱ. 잘 ᄒᆞ시ᄋᆞᆸᄂᆞ니<서궁62a>

ㄴ. 다 無事(무사)히 渡海(도해)ᄒᆞ시니 아ᄅᆞᆷ답다 니ᄅᆞ시ᄋᆞᆸᄂᆡ 御意(어의) 감격ᄒᆞ여이다<첩해초2:1b>

ㄷ. 말로ᄂᆞᆫ 다 ᄒᆞ기 어려온 祝願(축원)의 일이ᄋᆞᆸ도쇠 어제ᄂᆞᆫ 술술이 브트시니 아ᄅᆞᆷ답ᄉᆞ와 일일 와<첩해초8:15b~16a>

(44)에서는 객체를 상정할 수 없는 문맥에서 '-ᄋᆞᆸ-'이 쓰였다. 특히 (44ㄷ)의 경우, 서술어인 '일이다', '아ᄅᆞᆷ답다'가 아예 객체를 가질 수 없으므로 '일이ᄋᆞᆸ도쇠'의 '-ᄋᆞᆸ-', '아ᄅᆞᆷ답ᄉᆞ와'의 '-ᄉᆞᆸ-(ᄉᆞᄫᅡ > 사와)'이 객체 높임과 관련될 수가 없다.

(44)에서 '-ᄋᆞᆸ-'은 객체 높임과는 상관이 없고, 청자 높임의 기능을 하고 있다. '-ᄋᆞᆸ-'은 '-ᅀᆞᆸ-'에서 변화한 것이다. 즉 'ㅿ > ø' 변화에 의해 '-ᅀᆞᆸ- > -ᄋᆞᆸ-'이 되었다. 선어말어미의 위치도 '-시ᄋᆞᆸ-'의 순서인데, 중세국어 '-ᅀᆞᇦ시-'와 비교할 때 '-ᅀᆞᇦ-'의 위치가 '-시-' 뒤로 이동하는 변화가 일어났음을 확인할 수 있다.

'-ᅀᆞᇦ-'의 기능 변화는 선어말어미의 결합관계(통합관계) 순서에 변화를 일으켰다. 즉 중세국어에서는 '-ᅀᆞᇦ-시-이-'의 순서였는데, 근대국어 이후부터는 '-시-ᅀᆞᇦ-'의 순서로 '-ᅀᆞᇦ-'과 '-시-'의 순서가 바뀐다. (44ㄱ)에서 보듯이 '-ᅀᆞᇦ-'이 '-시-'의 뒤로, 그 위치가 바뀌는 변화가 일어났다. 이러한 결합관계의 순서 변화는 '-ᅀᆞᇦ-'의 기능 변화, 즉 객체 높임에서 청자 높임으로의 변화와 연결되어 있다.[7]

마지막으로 밑줄 친 '나ᄊᆞᄫᆞ시니잇고'를 통해 화자, 주체, 객체, 청자의 존비 관계를 확인해 보자.

(45) 闥婆摩羅(달파마나) 座(좌)애셔 니러나아 부텨ᄭᅴ ᄉᆞᆯᄫᅩᄃᆡ
世尊(세존)하 摩耶夫人(마야부인)이 엇던 功德(공덕)을 닷ᄀᆞ시며 엇던 因緣(인연)으로 如來(여래)ᄅᆞᆯ <u>나ᄊᆞᄫᆞ시니잇고</u><석상11:24a>

화자: 달파마나(闥婆摩羅)
주체: 마야부인(摩耶夫人)
객체: 여래(如來)
청자: 부텨

(45)의 밑줄 친 '나ᄊᆞᄫᆞ시니잇고(낳- + -ᅀᆞᇦ- + -(ᄋᆞ)시- + -니- + -잇고)'에서 '-시-'는 화자인 달파마나가 '낳다'의 주체인 마야부인을 높인 것이고, '-ᅀᆞᇦ-'은 화자인 달파

7. 결합관계의 순서 변화가 기능의 변화를 유발한 것인지, 기능 변화의 결과 결합관계의 순서 변화가 일어난 것인지, 그 선후 관계를 증명하는 것은 쉽지 않다.

마나, 그리고 주체인 마야부인보다 객체인 여래가 높기 때문에 여래를 높인 것이다. 마야부인과 여래는 상호 존대의 관계이다. 그리고 '-잇고'는 청자인 부텨가 화자인 달파마나보다 높기 때문에 달파마나가 청자인 부텨를 높인 것이다.

6.4.2. 시제 선어말어미

1) 현재 시제 선어말어미

중세국어에서 현재 시제 선어말어미는 '-ᄂᆞ-'이다. 선행하는 어간 말음절의 음운론적 조건, 즉 (46ㄱ,ㄴ)처럼 어간 말음절이 모음으로 끝나든 (46ㄷ,ㄹ)처럼 어간 말음절이 자음으로 끝나든 상관없이 항상 '-ᄂᆞ-'의 단일 형태였다.

(46) ㄱ. 受苦(수고)ᄅᆞᄫᆡᆫ 길ᄒᆞ로 가ᄂᆞ니<석상3:34a>

ㄴ. 뫼ᄒᆞᆯ 보노라<두시14:29b>
보+ᄂᆞ+오+라

ㄷ. 플옷 닙고 나못 여름 먹ᄂᆞ니<석상11:28a>

ㄹ. 이 ᄠᅳ들 아ᄂᆞ니라<법화4:139b>
알+ᄂᆞ+니+라

(47)에서 '-ᄂᆞᆫ'을 확인할 수 있는데, 중세국어에서 '-ᄂᆞᆫ'은 현재 시제 선어말어미 '-ᄂᆞ-'에 관형사형 어미 '-ᄋᆞᆫ/은'이 결합한 것이다.8

(47) ㄱ. ᄒᆡ 처ᅀᅥᆷ 나ᄂᆞᆫ ᄯᅡ히라<월석1:24a>
나+ᄂᆞ+ᄋᆞᆫ

ㄴ. 平生(평생)애 고기 잡ᄂᆞᆫ ᄇᆡ ᄒᆞ나ᄲᅮ니로다<두시15:24b>
잡+ᄂᆞ+ᄋᆞᆫ

8. 모음조화를 고려하면 '-ᄋᆞᆫ'이 결합했다고 보는 것이 맞을 것이다.

현대국어에서 '가는 사람'의 '-는'은 형태상으로는 중세국어 '-ᄂᆞᆫ(-ᄂᆞ- + -ᄋᆞᆫ)'에 소급된다(-ᄂᆞᆫ > -는). 하지만 현대국어의 '-는'을 다시 '-느- + -은'으로 분석하느냐 아니냐는 논쟁이 되는 문제이다. 현대국어에서 '-는'은 그 자체로 하나의 어미, 즉 관형사형 어미로 보기도 하고, '-느- + -은'으로 분석하기도 한다. '-는'을 '-느- + -은'으로 분석하더라도 이때의 '-느-'는 현재 시제 선어말어미는 아니다. 현대국어에서 현재 시제 선어말어미는 '-는 ~ -ㄴ'이다.

(48) ㄱ. 지금 비가 오느냐?
ㄴ. 어제 비가 왔느냐?
ㄷ. 내일 비가 오겠느냐?
ㄹ. 무엇이 그렇게 좋았느냐?

(48ㄱ~ㄷ)에서 보듯이 '-느-'는 현재 시제의 시간 부사 '오늘', 과거 시제의 시간 부사 '어제', 미래 시제의 시간 부사 '내일'과 모두 같이 나타날 수 있다. 또한 (48ㄴ)에서는 과거 시제 선어말어미 '-았-'과, (48ㄷ)에서는 미래 시제 선어말어미 '-겠-'과도 함께 나타난다. 뿐만 아니라 (48ㄹ)에서처럼 형용사 '좋다'에도 결합할 수 있다. 만일 '-느-'가 현재 시제 선어말어미라면 있을 수 없는 일이다.

그러므로 (48)은 '-느-'가 현재 시제 선어말어미가 아니라는 것을 보여 준다. 형태상으로는 '-느-'가 중세국어 현재 시제 선어말어미 '-ᄂᆞ-'에서 온 것은 맞지만, 형태가 변화하면서 기능도 변화한 것이다. 다만 (49)에서처럼 '-는'이 형용사와 결합하지 못하는 것은 중세국어의 '-ᄂᆞ-'의 기능이 '-는'에 화석처럼 일부 남아 있기 때문이다.

(49) ㄱ. 좋은 사람 : ×좋는 사람
ㄴ. 예쁜 사람 : ×예쁘는 사람
ㄷ. 착한 사람 : ×착하는 사람

중세국어에서는 선행하는 용언 어간이 자음으로 끝나든 모음으로 끝나든 항상 '-ᄂᆞ-'의 단일 형태로 쓰였다. 그렇다면 현대국어처럼 '-ᄂᆞᆫ- ~ -ㄴ-'의 이형태 교체로 나타나기 시작한 것은 언제부터인가? 표기상 '-ᄂᆞᆫ-'과 '-ㄴ-'이 본격적으로 나타나는 시기는 17세기에 들어와서이다.

(50) ㄱ. 오직 어디니를 ᄡᅧ 寶(보) 삼ᄂᆞᆫ다 ᄒᆞ니라<대학23b>
ㄴ. 이 아ᄅᆞᆷ다온 德(덕)을 됴히 너긴다 ᄒᆞ야ᄂᆞᆯ<소학5:1b>
ㄷ. 常言(상언)에 닐오ᄃᆡ 만일 非理(도리)엣 일을 ᄒᆞ면 반ᄃᆞ시 그 앙화ᄅᆞᆯ 밧ᄂᆞᆫ다 ᄒᆞ니<박통 중28a>
ㄹ. 내 항거ᄉᆞᆯ 주긴다 ᄒᆞ고 도적의 알ᄑᆡ ᄃᆞ라드러<동신 충1:84b>

(50ㄱ, ㄴ)은 16세기 자료이고, (50ㄷ, ㄹ)은 17세기 자료이다. (50)에서 '-ᄂᆞᆫ-', '-ㄴ-'이 실현된 문장은 모두 내포문이라는 특징이 있다. 분포는 '-ᄂᆞᆫ-'은 자음으로 끝난 어간 뒤, '-ㄴ-'은 모음으로 끝난 어간 뒤로 현대국어의 현재 시제 선어말어미 '-는- ~ -ㄴ-'의 분포와 같다. 하지만 (50)에서처럼 내포문에서만 확인되는 시기의 '-ᄂᆞᆫ- ~ -ㄴ-'은 아직 현재 시제 선어말어미는 아니다.

(50)에서처럼 내포문에서 '-ᄂᆞᆫ- ~ -ㄴ-'이 나타나는 것은 중세국어 2인칭 의문문 어미 '-ㄴ다'의 소멸과 직접적으로 연관되어 있다. (50)의 내포문은 의문문이 아니라 평서문이므로, (50ㄴ)의 '너긴다', (50ㄹ)의 '주긴다'의 '-ㄴ다'를 2인칭 의문문 '-ㄴ다'로 해석할 수 없다. 그러니까 (50)이 나타나는 시기와 맞물려 2인칭 의문문 어미 '-ㄴ다'가 소멸된다.

16세기 이후 2인칭 의문문 어미 '-ㄴ다'가 소멸되고, 내포문에서만 나타나던 '-ᄂᆞᆫ- ~ -ㄴ-'이 모문으로까지 확대되어 쓰이기 시작한다. '-ᄂᆞᆫ- ~ -ㄴ-'이 현대국어와 같은 현재 시제 선어말어미로 해석되는 시기가 바로 이 시점이다. (51)의 '-ㄴ-다'는 2인칭 의문문 어미가 아니라 '-ㄴ- + -다', 즉 현재 시제 선어말어미 '-ㄴ-'에 종결어미 '-다'가 결합한 것이다.

(51) ㄱ. 무명 두 필 조차다가 주고 브티라 ᄒᆞ신다 귀보기ᄂᆞᆫ 와셔도…<순천68:9>
ㄴ. ᄇᆡᆨᄎᆞ ᄡᅵ 므ᄉᆞ 일사곰 보낸다 니 아바니ᄆᆞᆫ ᄆᆡ양…<순천 179:1>
ㄷ. 그림재 디니 ᄃᆞ리 우ᄒᆡ 듕이 간다 뎌 듕아 게 잇거라<송강가사 하16a>

2) 과거 시제

중세국어에는 과거 시제 선어말어미가 없었다. 과거 시제 선어말어미 '-앗/엇-'이 형성된 것은 근대국어에 와서의 일이다. 중세국어에서는 (52)에서 보듯이 '-아/어 잇-' 또는 '-아/어 이시-'라는 통사적 구성이 과거 시제의 의미를 나타내었다.

(52) ㄱ. ᄒᆞ오ᅀᅡ <u>안자 잇</u>더시니<월석1:6a>

ㄴ. 쇠로 <u>ᄆᆡᇰᄀᆞ라 잇</u>고<월석21:42b>

ㄷ. 네 ᄆᆞᅀᆞᆷ <u>노하 이시</u>라<월석4:64b>

'-아/어 잇-' 구성이 축약된 '-앳/엣-' 형태로도 나타난다. (53)에서 보이는 '-앳/엣-'은 선어말어미가 아니다. 통사적 구성인 '-아/어 잇-'이 축약된 형태로 여전히 통사적 구성이다.

(53) ㄱ. 大通智勝佛(대통지승불)이 道場(도량)애 <u>안잿</u>더시니<월석14:1a>
앉-아 잇

ㄴ. 둘흔 됴ᄒᆞᆫ ᄒᆡᇰ뎌글 <u>가젯</u>ᄂᆞᆫ 警戒(경계)니<석상9:6a>
가지-어 잇

문법 형태소로서 과거 시제 선어말어미가 형성된 것은 근대국어에 와서의 일이다. 근대국어에 형성된 '-앗/엇-'이 현대국어의 '-았/었-'의 선대형이다. (54)는 18세기 자료이다.

(54) ㄱ. 주근 者(자)ᄅᆞᆯ 보앗거니와<논율4:15a>

ㄴ. 사ᄅᆞᆷ이 救(구)ᄒᆞᄂᆞᆫ 故(고)로 사랏노라<여사4:32b>

ㄷ. 된밥도 지엇고 믉은 죽도 ᄡᅮ엇다<박신2:36b>

ㄹ. 두 눈이 머럿더니<오륜4:11b>

(54)에서의 '-앗/엇-'은 문법 형태소, 즉 과거 시제를 나타내는 선어말어미이다.

3) 미래 시제 선어말어미

미래 시제 선어말어미는 '-리-'이다.

(55) ㄱ. 乃終(내종)에 便安(편안)코 즐겁긔 <u>호리라</u><석상9:9b>
ᄒᆞ+오+리+라(←다)

ㄴ. 됴ᄒᆞᆫ 이리 그지 <u>업스리라</u><석상6:20a>
없+(으)리+라(←다)

'-리-'는 미래 시제 선어말어미로 해석되기도 하고, 시제가 아닌 서법(mood) 선어말어미로 해석되기도 한다. 명제에 대한 화자의 태도를 서법이라고 하는데, '-리-'를 서법 선어말어미로 볼 경우 '-리-'가 나타내는 서법은 '추측'이다.

관형사형 어미 '-ᄋᆞᆯ/을' 역시 시제상으로는 미래 시제의 의미를 가지고 있다.

(56) ㄱ. 밥 <u>머글</u> ᄡᆞᇫ시만 너겨 ᄒᆞ나토<월석11:87b>

ㄴ. 둘희 ᄣᅳ디 <u>도라볼</u> ᄉᆞᇫ시예 마ᄌᆞ리니<두시22:43b>

4) 회상 시제 선어말어미

회상 시제 선어말어미는 '-더-'이다. 회상 시제 선어말어미라고도 하고, 시제상 과거와 주로 쓰이기 때문에 '과거 회상 시제 선어말어미'라고도 한다. '-더-'는 중세국어나 현대국어나 변화가 없다. 사건이 일어난 시간, 즉 사건시가 발화시보다 앞설 때 과거 시제라고 하는데, '-더-'는 사건을 인식한 시간이 발화시보다 먼저임을 나타낸다. 그러니까 '-더-'가 과거 시제 선어말어미는 아니다. 그래서 '내일은 비가 오겠더라'처럼 미래 시제에도 '-더-'가 나타날 수 있다. 비가 오겠다는 것을 인식한 시간이 발화시보다 앞서기 때문에 '-더-'가 쓰였다.

(57) ㄱ. 그저긔 比丘(비구)ᄃᆞᆯ히 各各(각각) 虛空(허공)애 ᄂᆞ라 가더니<석상24:45a>

ㄴ. 오ᄂᆞᆳ부니 아니라 녜도 이러ᄒᆞ<u>다</u>라<월석7:14b>
더+오

ㄷ. 부텻 나히 셜흔 세히러시니<석상6:11b>

功德(공덕)이 이러 당다이 부톄 <u>ᄃᆞ외리러라</u><석상19:34a>

ᄃᆞ외+리+러(←더)+라(←다)

'-더-'는 (57ㄴ)처럼 의도법 선어말어미 '-오-'와 결합하면 '-다-'로 나타났다(더+오 → 다). 그리고 (57ㄷ)에서처럼 서술격 조사 '-이-' 그리고 선어말어미 '-리-' 뒤에서는 '-러-'로 실현되었다(더 → 러).[9]

6.4.3. 의도법 선어말어미

의도법 선어말어미의 형태는 '-오/우-'이다.

(58) ㄱ. ᄒᆞᆫ 각시 아ᄎᆞᄆᆡ 粉(분) <u>ᄇᆞᄅᆞ노라</u> ᄒᆞ야<석상24:20a>

ᄇᆞᄅᆞ+ᄂᆞ+오+라(←다)

ㄴ. 우리ᄃᆞᆯ히 어리迷惑(미혹)ᄒᆞ야 毒藥(독약)ᄋᆞᆯ 그르 <u>머구니</u><월석17:17b>

먹+우+(으)니

ㄷ. 주거미 <u>닐오ᄃᆡ</u> 내 ᄒᆞ마 <u>命終(명종)호라</u><월석9:36-1b>

니ᄅᆞ+오+ᄃᆡ　　命終ᄒᆞ+오+라(←다)

(58ㄷ)의 '닐오ᄃᆡ'에서 어미 '-오ᄃᆡ'의 경우 '-오- + -ᄃᆡ'로 분석하기도 하고, '-오ᄃᆡ'를 하나의 어미 통합체로 보기도 한다. '-오ᄃᆡ'를 분석하는 관점에서는 당연히 '-오-'가 의도법 선어말어미이다. '-오ᄃᆡ'를 하나의 어미 통합체로 보는 관점에서도 '-오ᄃᆡ'의 '-오-'가 의도법 선어말어미였다는 것에는 이견이 없다.

의도법 선어말어미 '-오/우-'는 다른 어미와 결합할 때 복잡한 양상으로 나타난다. 그래서 다른 어미와의 결합형을 분석하는 것이 중요하다. 그래야만 형태소 분석이 가능하다. (59)의 현상을 음운론적으로 설명하는 것은 불가능하다. '더+오'가 '다'가 되

9. 중세국어 /ㄷ/ → /ㄹ/ 교체에 대해서는 3.3.1.의 '2) /ㄷ/ → /ㄹ/'에 자세히 설명되어 있다.

는 것, '거+오'가 '과'가 되는 것, '시+오'가 '샤'가 되는 것, 서술격 조사 '-이-' 뒤에서 '-로-'가 되는 것 모두 음운론적으로는 설명할 수 없는 교체이다.

(59) ㄱ. **-다-** ← -더- + -오/우-

ㄴ. **-과-** ← -거- + -오/우-

ㄷ. **-샤-** ← -시- + -오/우-

ㄹ. **-로-** : 서술격 조사 '-이-' 뒤에서의 이형태

(60) ㄱ. 太子(태자) 닐오ᄃᆡ 내 롱담ᄒᆞ**다**라<석상6:24b>
롱담ᄒᆞ+더+오+라(←다)

ㄴ. 내 이제 훤히 즐겁**과**라<법화2:137b>
즐겁+거+오+라(←다)

ㄷ. 王(왕)이 니ᄅᆞ**샤**ᄃᆡ<월석2:6a>
니ᄅᆞ+시+오+ᄃᆡ

ㄹ. 臣(신)은 이 酒中(주중)엣 仙人(선인)이**로**라<두시15:41a>
仙人+이+로(←오)+라(←다)[10]

(60ㄱ)에서 보듯이 '-오/우-'가 회상 시제 선어말어미 '-더-'와 결합하면 '-다-'가 되고(더+오 → 다), (60ㄴ)에서 보듯이 선어말어미 '-거-'와 결합하면 '-과-'가 된다(거+오 → 과). 그리고 (60ㄷ)에서 보듯이 '-오/우-'가 주체 높임 선어말어미 '-시-'와 결합하면 '-샤-'로 실현되었다(시+오 → 샤). 이유는 알 수 없지만 '-오/우-'가 서술격 조사 '-이-' 뒤에서는 (60ㄹ)에서 보듯이 '-로-'로 실현되었다(오 → 로).

10. 평서형 종결어미 '-다'는 의도법 선어말어미 '-오/우-' 뒤에서 '-라'로 나타난다. 그리고 서술격 조사 '이' 뒤에서도 '-다'가 '-라'로 교체한다.

- 거츤 ᄆᆞᅀᆞ미라<월석2:21b>
ᄆᆞᅀᆞᆷ-이-라(←다)
- 너븐 光明이라<월석1:8b>

음운론적으로 '-다'가 '-라'로 교체하는 이유를 설명하지는 못한다. 현재로서는 그렇다고 기술할 수 있을 뿐이다.

참고로 (60ㄷ)의 '-샤-'와 형태는 같지만, 그 내용은 다른 '-샤'가 있으므로 주의할 필요가 있다. (61)의 '-샤'는 '-시- + -오- → 샤'의 '샤'가 아니라, 주체 높임 선어말어미 '-시-'에 어말어미 '-아'가 결합한 것이다.

(61) ㄱ. 海東六龍(해동육룡)이 ᄂᆞᄅᆞ샤 일마다 天福(천복)이시니<용가1장>
ᄂᆞᄅᆞ+시+아

ㄴ. 夫人(부인)이 올ᄒᆞᆫ 소ᄂᆞ로 가질 자ᄇᆞ샤 곳 것고려 ᄒᆞ신대<월석2:36a>
잡+(ᄋᆞ)시+아

ㄷ. 부텻 法(법)을 ᄇᆞᆯ기샤 衆生(중생)ᄋᆞᆯ 알에[11] ᄒᆞ시며<석상13:17b>
ᄇᆞᆰ이+시+아

(61)의 '-샤'에 대해서 두 가지 주장이 제기되었다.

첫째, 주체 높임 선어말어미 '-시-'에 어말어미 '-아'가 결합한 것으로 보는 견해이다(시+아 → 샤).

둘째, '-시-'의 이형태로 보는 견해이다. 즉 자음으로 시작하는 어미 앞에서는 '-시-', 모음으로 시작하는 어미 앞에서는 '-샤-'로 해석하는 것이다.

이에 대해서는 앞서 6.4.1.1.에서 자세히 설명하였으므로 6.4.1.1.에 가서 보기 바란다.

의도법이라고 할 때, 누구의 의도이냐 하는 것이 논란이 된다. 의도법 선어말어미가 나타나는 문장의 주어는 (62)에서 보듯이 1인칭 '나'인 경우가 많다. 그래서 일반적으로 화자의 의도를 나타낸다고 해석한다.

(62) ㄱ. 내 이제 무로리라 그<석상13:15b>
물(←묻-)[12]+오+리+라(←다)

11. '알에'는 '알- + -에(←게)'의 활용형이다. 즉 '알게'에서 /ㄹ/ 뒤에서 /ㄱ/가 탈락한 것이다.

12. '묻다'는 중세국어 당시에도 현대국어와 마찬가지로 /ㄷ/ 불규칙 용언이었다. 그래서 자음 앞에서는

ㄴ. 내 이제 ᄉᆞ랑호니<능엄1:56a>

ㄷ. 내 부텻긔 듣ᄌᆞ보니<월석10:18a>

'-오/우-'가 주로 1인칭 주어 '나'와 함께 나타난다는 것은 분명한 사실이다. 그러나 '-오/우-'가 화자의 의도를 나타낸다고 일반화하는 데는 무리가 있다. 왜냐하면 주어가 화자가 아닌 문장에도 '-오/우-'가 나타나고,[13] 주어가 사람이 아닌 문장에도 '-오/우-'가 나타나기 때문이다. 그래서 '-오/우-'가 화자의 의도를 나타내는 경우가 있는 것은 사실이지만, '-오/우-'가 화자의 의도를 나타내는 선어말어미라고 일반화하기는 어렵다.

(63) ㄱ. 그러면 네 願(원)을 從(종)호리니<월석1:12b>

ㄴ. 大愛道(대애도)의게 또 한 恩惠(은혜) 잇노니<월석10:19b>

ㄷ. 主人(주인)이 므슴 차바ᄂᆞᆯ 손소 ᄃᆞᆫ녀 ᄆᆡᆼᄀᆞ노닛가<석상6:16a>

ᄆᆡᆼᄀᆞᆯ+ᄂᆞ+오+니+ㅅ가

ㄹ. 새ᄂᆞᆫ … 任意(임의)로 ᄒᆞ노라<두시20:10b>

(63ㄱ)에서 '從호리니(從ᄒᆞ- + -오- + -리- + -니)'의 주어는 2인칭 '네'이고, (63ㄴ)에서 '잇노니(잇- + -ᄂᆞ- + -오- + -니)'의 주어는 '은혜'이고, (63ㄷ)에서 'ᄆᆡᆼᄀᆞ노닛가'의 주어는 '주인'이고, (63ㄹ)에서 'ᄒᆞ노라(ᄒᆞ- + -ᄂᆞ- + -오- + -라(←다))'의 주어는 '새'이다. 이처럼 '-오/우-'가 나타나는 문장의 주어가 1인칭이 아닌 경우도 많다. 그래서 의도법이라고 할 때 누구의 의도인지까지는 명시적으로 규정하지 않고, 그냥 의도법 선어말어미라고 하는 경우가 많다.

모문 서술어에 결합한 '-오/우-'와 관형사절 서술어에 결합한 '-오/우-'를 구분하기도 한다. 이 경우 '의도법 선어말어미'는 모문 서술어에 결합한 '-오/우-'만을 가리킨다. 그래서 의도법 선어말어미라고 할 때는 두 가지 의미가 있다.

'묻-', 모음 앞에서는 '물-'로 나타난다.

13. 그래서 의문문에 나타나는 '-오/우-'는 청자의 의도를 나타낸다고 설명하기도 한다.

A 관점: 모문 서술어에 결합한 '-오/우-'와, 관형사절의 서술어에 결합한 '-오/우-'를 구분하지 않고 의도법 선어말어미라고 하는 경우(이숭녕 1961).

B 관점: 모문 서술어에 결합한 '-오/우-'만 의도법 선어말어미이고, 관형사절 서술어에 결합한 '-오/우-'는 대상법 선어말어미라고 하는 경우(허웅 1962).

<table>
<tr><th>A 관점</th><th></th><th>B 관점</th></tr>
<tr><td rowspan="2">의도법</td><td>모순 서술어에 결합한
'-오/우-'</td><td>의도법</td></tr>
<tr><td>관형사절의 서술어에 결합한
'-오/우-'</td><td>대상법</td></tr>
</table>

A 관점에서의 의도법 선어말어미는 B 관점에서의 '의도법 선어말어미 + 대상법 선어말어미'를 아우르는 개념이다. B 관점의 대상법 선어말어미는, 관형사절의 수식을 받는 피수식어가 관형사절의 목적어일 때, 피수식어가 관형사절의 목적어임을 나타내는 기능을 하는 선어말어미라는 뜻이다. '[ ]'는 괄호규약분석에서 하나의 문장을 나타내는 기호이다. (64) ~ (65)에서 [ ] 안에 있는 부분이 관형사절이다.

(64) ㄱ. [須達(수달)ᄋᆡ[14] 지순] 亭舍(정사)마다<석상6:38b>
지ᇫ+우+은

ㄴ. [부텨 得(득)혼] 法(법)이<월석11:103b>
得ᄒᆞ+오+ᄋᆞᆫ

ㄷ. 우리 … 이 大乘(대승)[15]에[求(구)홇] ᄠᅳᆮ<월석13:35a>
求ᄒᆞ+오+ᄋᆞᆶ

14. 중세국어에서는 관형사절의 주어가 주격 조사가 아닌 관형격 조사 '-ᄋᆡ/의'와 결합한 경우가 있다. 이를 '주어적 속격'이라고 부른다. 관형사절 서술어 '지순'의 주어가 '須達(수달)'이므로 '須達ᄋᆡ'의 '-ᄋᆡ'는 속격 조사가 아니다. 이에 대한 자세한 설명은 7.2.에 가서 보기 바란다.

15. 대승: 중생을 제도하여 부처의 경지에 이르게 하는 것을 이상으로 하는 불교.

(65) ㄱ. [이 觀(관) 지ᅀᅳᆫ] 사ᄅᆞᄆᆞᆫ<월석8:32a>

ㄴ. 衆生(중생)이 [正(정)ᄒᆞᆫ] 길ᄒᆞᆯ 일허다<석상23:19b>

ㄷ. 내 이제 [說法(설법)ᄒᆞᇙ] 사ᄅᆞᄆᆞᆯ<석상21:22a>

(64)의 관형사절 서술어에는 '-오/우-'가 있지만, (65)의 관형사절 서술어에는 '-오/우-'가 없다. 이 차이는 관형사절이 수식하는 피수식어가 관형사절 서술어의 목적어이냐 아니냐에 따른 것이다. 즉 관형사절의 수식을 받는 피수식어가 관형사절 서술어의 목적어일 때는 관형사절 서술어에 '-오/우-'가 결합하고, 관형사절의 수식을 받는 피수식어가 관형사절 서술어의 목적어가 아닐 때는 관형사절 서술어에 '-오/우-'가 결합하지 않는다.

(64')는 (65')는 각각 (64), (65)에서 생략된 부분을 복원한 것이다.

(64') ㄱ. [須達ᄋᆡ e(亭舍를) 지순] 亭舍마다

ㄴ. [부텨 e(法을) 得혼] 法이

ㄷ. 우리 … 이 大乘(대승)에 [e(우리) e(ᄠᅳᆮ을) 求(구)ᄒᆞᇙ] ᄠᅳᆮ

(65') ㄱ. [e(사ᄅᆞ미) 이 觀 지ᅀᅳᆫ] 사ᄅᆞᄆᆞᆫ

ㄴ. 衆生이 [e(길히) 正ᄒᆞᆫ] 길ᄒᆞᆯ 일허다

ㄷ. 내 이제 [e(사ᄅᆞ미) 說法ᄒᆞᇙ] 사ᄅᆞᄆᆞᆯ

(64ㄱ)에서 피수식어 '정사(亭舍)'는 관형사절 서술어 '지ᇫ다'의 목적어이고, (64ㄴ)에서 '법(法)'은 관형사절 서술어 '得ᄒᆞ다'의 목적어, (64ㄷ)의 'ᄠᅳᆮ'은 관형사절 서술어 '求ᄒᆞ다'의 목적어이다. 반면 (65ㄱ)에서 피수식어 '사ᄅᆞᆷ'은 관형사절 서술어 '지ᇫ다'의 주어이고, (65ㄴ)의 '길ㅎ'은 관형사절 서술어 '정ᄒᆞ다'의 주어, 그리고 (65ㄷ)의 '사ᄅᆞᆷ'은 관형사절 서술어 '설법ᄒᆞ다'의 주어이다.

6.4.4. 서법 선어말어미

서법은 명제에 대한 화자의 심리적 태도가 문법 범주에 의해 실현되는 것을 이른다.[16] 예컨대 '추측', '확신', '가능', '의도' 등의 의미가 바로 서법이다. 현대국어에서 시제 선어말어미 '-았/었-', '-겠-'의 경우에도 서법의 의미를 부차적으로 드러낸다. 예컨대 '넌 내일 큰일 났어.'에서 '-았/었-'은 '확신'의 의미를, '기차가 벌써 떠났겠지.'에서 '-겠-'은 '추측'의 의미를 나타낸다.

1) -거- ~ -어-

'-거-'는 과거의 의미를 나타내는 시제 선어말어미로 해석되기도 하고, 서법 선어말어미로 해석되기도 한다. 서법으로 보는 경우에 서법의 내용은 확인법이다. '-거- ~ -어-'가 과거로 해석되는 문맥도 있지만, 과거로 해석될 수 없는 문맥도 있다. 그래서 그 속성을 정의하는 데 어려움이 있다.

분포상으로 '-거- ~ -어-'는 대체적으로 상보적 분포를 보인다. 여기서 '대체적으로'라고 표현한 것에서 알 수 있듯이 음운론적으로 상보적 분포를 이루는 것처럼 엄격하지는 않다는 뜻이다. '-거-'는 (66)에서 보듯이 자동사 어간이나 형용사 어간, 서술격조사와 같은 비타동사 어간과 결합하고, '-어-'는 (67)에서 보듯이 타동사 어간과 결합한다(고영근 2020:44~45). 이처럼 중세국어에서 '-거-'와 '-어-'는 그 분포가 대체로 서로 구분된다.

(66)은 '-거-'의 예이다. (66ㄷ, ㄹ, ㅁ)의 '-어-'는 /i, y, ㄹ/ 뒤에서 /ㄱ/ 탈락 규칙이 적용된 것이다(-거- → -어-).

(66) ㄱ. 衆生(중생)ᄋᆡ 福(복)이 다ᄋᆞ거다<석상23:28a>
ㄴ. 어미 몯 보아 시름 깊거다<월석8:87b>

16. 서법(mood)과 양태(modality)는 일반언어학에서도 그렇고, 국어학계에서도 합일된 정의를 도출해 내기가 쉽지 않다. 그래서 서법과 양태가 학교문법에서는 아예 다루어지지 않고 있다. 국어학 개론서들에서도 아예 다루지 않거나, 간단한 개념 소개 정도에서 그치는 경우가 대부분이다.

ㄷ. 世界(세계) <u>뷔어다</u> ᄒᆞ며<석상23:18b>

뷔+어(←거)+다

ㄹ. 바미 ᄒᆞ마 <u>半(반)이어다</u><석상23:13a>

半+이+어(←거)+다

ㅁ. 그 남기 倍倍(배배)히 석석ᄒᆞ고 길어늘<석상24:48a>

(66ㅁ)의 '길어늘'의 '-거늘'은 하나의 어미로 보는 것이 일반적이다. 아래 (67ㄹ)의 '물어든(묻- + -어든)'의 '-어든', (67ㅁ)의 '여희여늘(여희- + -어늘)'의 '-어늘' 역시 마찬가지이다. 하나의 어미로 보지만, '-거든', '-거늘', '-어든', '-어늘'의 '-거-', '-어-'가 선어말어미 '-거-', '-어-'였다는 데에는 이견이 없다.

(67)의 '-어-'는 원래 '-어-'이다. '-어-'와 결합한 용언이 목적어를 가지는 타동사들이다.

(67) ㄱ. 衆生(중생)이 正(정)ᄒᆞᆫ 길ᄒᆞᆯ 일허다 ᄒᆞ며<석상23:19b>

ㄴ. 清淨(청정)ᄒᆞᆫ 法(법)을 어루 ᄇᆡ호리어며<월석2:12a>

ㄷ. 비ᄂᆞᆫ 사ᄅᆞᄆᆞᆯ 주리어니<석상9:13a>

ㄹ. 有유ᄅᆞᆯ 무러든 無무ᄅᆞᆯ 가져 對ᄃᆡ答답ᄒᆞ고<육조下51a-7>

ㅁ. 모ᄆᆞᆯ 여희여늘<월석23:90b>

(67)의 '-어-'와, /i, y, ㄹ/ 뒤에서 /ㄱ/ 탈락이 적용된 '-어-(-거- → -어-)'를 구분하는 방법은 용언이 목적어를 취하는 타동사인지 아닌지를 확인하면 된다. 부차적으로 음운론적으로 선행 음절이 /i, y, ㄹ/로 끝났는지를 확인하는 것도 한 방법이다. (67ㄱ~ㅁ)의 '잃다', 'ᄇᆡ호다', '주다', '묻다', '여희다'는 모두 목적어를 요구하는 타동사이다.

타동사 뒤에 결합하는 '-어-'는 (67ㄹ)처럼 선행 음절 종성이 연철되고(무러든), (67ㅁ)처럼 /i, y/ 뒤에서 /y/ 첨가도 일어난다. 하지만 (66ㄷ,ㄹ)의 '뷔어다', '半이어다'에서 보듯이 /ㄱ/가 탈락한 '어'에는 /y/ 첨가가 일어나지 않고, (66ㅁ)의 '길어늘'에서 보듯이 어간 말음 /ㄹ/가 연철되지도 않는다.

'-거-'가 의도법 선어말어미 '-오/우-'와 결합하면 '-과-'로 나타난다(-거- + -오- → -과-).

(68) ㄱ. 닐오ᄃᆡ 내 이제 훤히 즐겁과라<법화2:137b>
ㄴ. 녜 업던 이ᄅᆞᆯ 얻과라<석상19:40b>

'-거든 : -어든', '-거늘 : -어늘'은 일반적으로 하나의 어미 통합체로 해석한다. 그런데 분석적인 관점에서는 '-거- + -든', '-어- + -든'처럼 분석할 수 있고, 이때 '-거-', '-어-'는 (66), (67)의 '-거-', '-어-'이다. 그런데 '-거-'와 '-어-'는 앞에서 비타동사 어간이냐 타동사 어간이냐에 따라 대체로 상보적 분포를 보인다고 하였다. 하지만 '-거든'과 '-어든'의 관계에서는 이러한 구분이 없다. 즉 '-거든'이 타동사하고도 결합하고, 반대로 '-어든'이 자동사하고도 결합한다.

(69) ㄱ. 귀 法(법)을 듣거든 몸과 이비 同(동)ᄒᆞ니<능엄4:105a>
거우룰 보거늘 그 새 거우루엣 제 그르멜 보고<석상24:20a,b>
ㄴ. ᄡᅡ해 살이 ᄢᅦ여늘<월천15b>
구루미 비취여늘<용가42장>

(69ㄱ)에서 보듯이 '-거든', '-거늘'이 타동사 '듣다', '보다'와 결합하였고, (69ㄴ)에서 보듯이 '-어늘'이 자동사 'ᄢᅦ다', '비취다'와 결합하였다. (69ㄴ)의 '-어늘'이 '-거- → -어-'의 '-어-'라면, (66ㄷ, ㄹ)에서처럼 /y/ 첨가가 일어날 수 없다. 그런데 /y/ 첨가가 일어났다는 것은 (67ㅁ)처럼 원래 '-어늘'이었다는 것을 말해 준다. 그러니까 '-거든 : -어든'은 단순히 음운론적 조건에 따른 이형태일 뿐이다. 다시 말해 '-거든'과 '-어든'의 이형태 교체가 선행하는 어간이 자동사이냐 타동사이냐와는 관계가 없다. '-거늘 : -어늘'의 경우도 마찬가지이다. '-거든', '-거늘'의 '-거-'가 선어말어미 '-거-'에서 온 것은 맞지만, 그렇다고 공시적으로 '-거든', '-거늘'을 '-거- + -든', '-거- + -늘'로 분석하기 어려운 이유 중의 하나가 바로 이러한 사실 때문이기도 하다.

2) -니-

'-니-'의 성격 역시 명확히 규명하기 쉽지는 않다. 시간이 정해지지 않은 시제(부정칭(否定稱)) 선어말어미로 보기도 하고, 서법의 하나로 보기도 한다. 분포상 '-니-'는 '-리-'와 계열관계를 이룬다. '-리-'가 추측의 의미를 나타내는데, '-니-'는 '추측'에 대응되는 의미, 즉 '확신이나 확인' 정도의 의미를 가진 것으로 본다.

(70) ㄱ. ᄠᅳᆮ 아로미 어려ᄫᅳ니라<월석11:96b>

ㄴ. 入聲(입성)은 點(점) 더우믄 ᄒᆞᆫ가지로ᄃᆡ ᄲᆞᄅᆞ니라<훈언14b>

'-니-'는 (71)에서 보듯이 대체로 '-리-'와 계열관계로 나타난다.

(71) ㄱ. 니르디 몯ᄒᆞ니라<법화2:184a> : 니르디 몯ᄒᆞ리라<영가 상35b>

ㄴ. 허믈 업스니라<능엄2:89a> : 허믈 업스리라<능엄4:53a>

6.4.5. 감동법 선어말어미

감동법 선어말어미에는 '-돗-', '-도-', '-옷-'이 있다. 감동법 선어말어미는 달리 감탄법 선어말어미라고도 한다. (72)에서 '-돗-'을, (73)에서 '-도-'를 확인할 수 있다. (72ㄴ)의 '어렵도소이다'는 '어렵도ᄉᆞ이다 → 어렵도소이다'의 결과인데, 선행하는 /ㅗ/ 모음에 /ㆍ/가 동화된 것으로 해석한다.

(72) ㄱ. 글워ᄅᆞᆯ 더뎌 鶺鴒(척령)을 뵈돗더라<두시8:39b>

ㄴ. 이 이리 ᄯᅩ 어렵도소이다<월석21:216a>

어렵-돗-(ᄋᆞ)이-다

(73) ㄱ. 이 아ᄃᆞ리 어엿브도다<법화5:157a>

ㄴ. 노ᄑᆞᆫ 하ᄂᆞᆯ해 ᄠᅳ디 슬프도다<두시22:49b>

(74)의 '-롯-', '-로-'는 서술격 조사 '-이-', 미래 시제 선어말어미 '-리-' 뒤에서 'ㄷ → ㄹ' 교체가 적용된 것이다(-돗- → -롯-, -도- → -로-).

(74) ㄱ. ᄇᆞᆯ고미 이 第一(제일)이로소ᅌᅵ다<능엄5:80a>
제일+이+롯(←돗)+(ᄋᆞ)ᅌᅵ+다

ㄴ. 네 업던 이리로다 讚歎(찬탄)ᄒᆞ야<월석14:77b>
일+이+로(←도)+다

서술격 조사 '-이-' 뒤에서 '-도- → -로-'로 교체된 '-로-'는 의도법 선어말어미 '-오/우-'의 이형태인 '-로-'와 표면적으로 그 형태가 같다. 의도법 선어말어미 '-오/우-'도 서술격 조사 '-이-' 뒤에서는 '-로-'로 나타난다.

그런데 '仙人(선인)이로라'에서 보듯이 서술격 조사 '-이-' 뒤의 의도법 선어말어미 '-오-'의 이형태 '-로-' 뒤에서는 종결어미 '-다'가 '-라'로 교체한다. 종결어미 '-다'가 의도법 선어말어미 뒤에서는 '-라'로 나타난다. 그러나 (74ㄴ)에서 보듯이 서술격 조사 '-이-' 뒤에서 '-도- → -로-'로 교체된 '-로-' 뒤에서는 종결어미가 그대로 '-다'이다. 이처럼 '-로-' 뒤의 종결어미의 형태를 통해 '-로-'가 의도법 선어말어미 '-오/우-'의 이형태인지, 감동법 선어말어미 '-도-'의 이형태인지를 구별할 수 있다.

'-옷-' 역시 감동법 선어말어미로 해석한다. (75)에서 표면적으로는 '-옷-'이 직접적으로 확인되지 않지만, (75ㄱ)의 '놋', (75ㄴ)의 '닷', (75ㄷ)의 '샷'에 '-옷-'이 포함되어 있다.

(75) ㄱ. 보ᄇᆡᄅᆞᆯ 아니 앗기놋다 ᄒᆞ야<월석1:11b>
앗기+ᄂᆞ+옷+다

ㄴ. 셜ᄫᅳᆫ 이ᄅᆞᆯ 아니ᄒᆞ시닷다<월석4:25a>
아니ᄒᆞ+시+더+옷+다

ㄷ. 부텨 ᄀᆞᄐᆞ시니 업스샷다<월석1:52b>
없+(으)시+옷+다 또는 없+(으)샤+옷+다

(75ㄱ)의 ‘놋’은 ‘-ᄂᆞ- + -옷-’의 융합형이고, (75ㄴ)의 ‘닷’은 ‘-더- + -옷-’의 융합형이다. 그리고 (75ㄷ)의 ‘샷’은 ‘-시- + -옷-’의 융합형이다. (75ㄷ)의 경우에는 ‘-시-’의 모음 앞에서의 이형태 ‘-샤-’와 ‘-옷-’의 융협형으로 해석하기도 한다.

7장. 문장

7.1. 문장과 문장의 구조

중세국어 문장이 현대국어 문장과 다른 것처럼 느낄 수 있지만, 구조적으로는 별로 다르지 않다. 중세국어 통사론이 어렵다고 느끼는 이유는 문장에 사용된 어휘가 다르고, 특히 어미나 조사가 현대국어와 다른 것들이 많기 때문이다.

중세국어의 문장에 대한 분석 방법은 현대국어 문장에 대한 분석 방법과 같다. 즉 현대국어의 문장 분석 방법론으로 중세국어의 문장을 분석한다. 그러니까 국어학의 개론 수준에서 통사론의 기본적인 개념과 구절구조 규칙(구구조 규칙)을 이해하면,[1] 중세국어의 문장을 분석하는 데 특별히 어려움이 없다. 그래서 문장 분석에 필요한 구절구조 규칙에 대해 간략히 설명하고 나서, 중세국어 구문의 특징에 대해 설명하기로 하겠다.

문장의 개수는 서술어의 개수와 일치한다. 홑문장(단문)은 서술어가 하나인 문장이고, 겹문장(복문)은 서술어가 2개 이상인 문장이다. 국어에서 서술어로 기능하는 것은 동사, 형용사 그리고 'NP+ -이-'(체언 + 서술격 조사)이다. 그러니까 동사, 형용

1. 생성문법의 X-bar 이론으로 문장 분석을 한 국어학 개론서들도 있다. 하지만 국어사에서 X-bar 이론으로 문장 분석을 한 경우는 드물다. 그래서 여기서 X-bar 이론에 의한 문장 분석은 소개하지 않는다.

사, 'NP + -이-'의 개수와 문장의 개수가 일치한다.

다만 예외적으로 (1)의 '본용언 + 보조용언' 구성은 '본용언+ 보조용언' 구성 전체를 하나의 서술어로 본다.

(1) ㄱ. 국어사 공부를 열심히 해 보자.
ㄴ. 국어사가 나를 시험에 들게 한다.
ㄷ. 국어사를 너무 어려워하지 마라.
ㄹ. 내 인생에 봄이 오고 있다.

(1)에서 '해 보자', '들게 한다', '어려워하지 마라', '오고 있다'는 용언이 2개이지만, '본용언 + 보조용언' 구성이기 때문에 하나의 서술어로 해석한다. 그래서 (1)은 홑문장이다. 그러니까 '본용언 + 보조용언' 구성은 용언이 2개이지만, 하나의 복합 용언(complex verb)으로 보아 서술어가 하나인 문장으로 해석한다.[2] 복합 용언의 개념은 '나아가다, 돌아보다'와 같은 복합어와는 본질적으로 다르다. 복합어는 단어이지만, 복합 용언은 단어가 아니라 단어보다 큰 구성이다.

겹문장(복문)은 서술어가 2개 이상인 문장인데, 안긴문장(내포문)과 이어진문장(접속문)으로 구분한다. 안긴문장인지 이어진문장인지는 괄호규약분석을 통해 쉽게 확인할 수 있다.

(2) ㄱ. [[ ]] : [그는 [비가 오는] 날 떠났다].
ㄴ. [ ] [ ] : [산은 높고], [물은 맑다].

안긴문장은 그 종류가 무엇이든 항상 (2ㄱ)의 구조, 즉 괄호 안에 괄호가 포함되어 있는 구조로 이루어져 있다. 그리고 이어진문장은 대등적으로 이어졌든 종속적으로 이어졌든 항상 (2ㄴ)의 구조, 즉 괄호가 나란히 연결된 구조로 이루어져 있다.

2. (1)의 문장을 복문으로 해석하기도 한다. 이 경우는 각각의 용언이 하나의 문장을 이끄는 것으로 보고, 보조용언의 주어는 공범주 주어로 상정한다. 공범주는 외현적으로 보이지는 않지만, 존재한다고 가정하는 문장 성분이다.

하나의 문장은 하나의 NP와 하나의 VP로 이루어져 있다. 이를 S(문장)는 NP(명사구)와 VP(동사구)로 귀환된다고 한다.

```
(3)     S
       /\
     NP  VP
```

- S(sentence)는 문장
- NP(noun phrase)는 명사구
- VP(verb phrase)는 동사구

※ V(verb)는 동사가 아니라 서술어의 개념이다. 즉 동사, 형용사, 'NP+ -이-'가 V에 온다.

S 아래 있는 NP, VP는 각각 주부, 술부라고 하기도 한다. 문장을 '주어 하나에 서술어가 하나인 구성'이라고 정의하기도 하는데, (3)에서 S 아래에 있는 NP가 주어에 해당하고, S 아래에 있는 VP가 서술어에 해당한다.

NP와 VP는 다시 (4)의 구조를 가진다.

```
(4)     ㄱ.            ㄴ.           ㄷ.
        NP             VP            VP
        /\             /\            /\
  (DETP)   N      (NP)   V      ADVP   VP
```

- DETP(determiner phrase)는 관형사구
- ADVP(adverb phrase)는 부사구이다.
- ```
        NP
        /\
  (DETP)   N
  ```

  'NP → DETP + N'일 수도 있고, 'NP → N'일 수도 있다는 의미이다.
  즉 괄호는 실현될 수도 있고, 생략될 수도 있다는 의미이다.

먼저 (4ㄱ)의 NP부터 살펴보자. NP는 'DETP + N'으로 나누어지는데, (5ㄱ)처럼 DETP 없이 N으로만 이루어진 NP도 있다.[3]
  ```

(5)

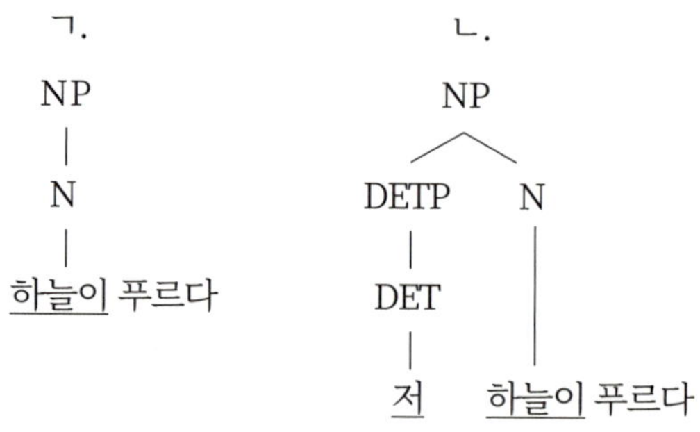

다음으로 (4ㄴ, ㄷ)의 VP에 대해서 살펴보자. 먼저 (4ㄴ)에서 VP는 다시 '(NP) + V'로 귀환된다고 하였는데, (6ㄱ)은 'VP → V'인 VP이고 (6ㄴ)은 'VP → NP + V'인 VP이다.

(6)

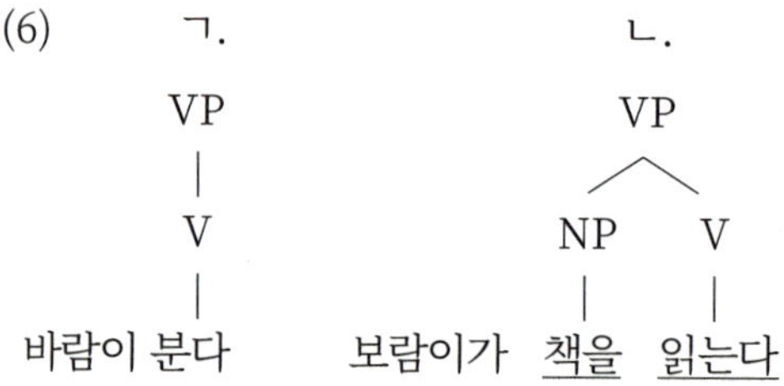

용언이 적격한 문장을 이루기 위해서는 반드시 주어를 요구한다. 이처럼 용언이 적격한 문장을 이루기 위해서 반드시 필요로 하는 문장 성분을 논항(argument)이라고 한다. 모든 용언은 주어를 반드시 필요로 한다. 그래서 주어는 논항이다. 타동사는 목적어를 반드시 필요로 한다. 그래서 목적어 역시 논항이다. 또한 '되다', '닮다'와 같은 자동사, 그리고 '아니다', '같다'와 같은 형용사가 적격한 문장을 이루기 위해서는 또 하나의 문장 성분, 즉 주어도 아니고 목적어도 아닌 어떤 논항을 요구한다. 주어도 목적어도 아니면서 용언이 적격한 문장이 되기 위해서는 반드시 필요한 논항을 보충어(complement)라고 한다. 학교문법에서는 이러한 보충어 중에서도 '아니다', '되다'

3. NP는 N(명사) 하나로 된 NP도 있고, 'DETP + N'인 NP도 있다. VP 역시 V(용언) 하나로 된 VP도 있고, 'NP + V'로 된 VP도 있다. 그러니까 여기서 명사구(NP), 동사구(VP), 관형사구(DETP)는 단어일 수도 있고, 단어보다 큰 단위일 수도 있고, 절일 수도 있다.

앞에 조사 '-이/가'와 결합한 논항을 따로 보어라고 하고, 나머지 보충어는 필수적 부사어로 구분한다. 그러나 학문적으로는 학교문법에서의 보어나 필수적 부사어나 모두 같은 성격의 보충어이다.

'애벌레가 나비가 되었다.'를 구절구조규칙으로 나타낸 것이 (7)인데, 구조적으로는 (6ㄴ)과 같다.

(7)

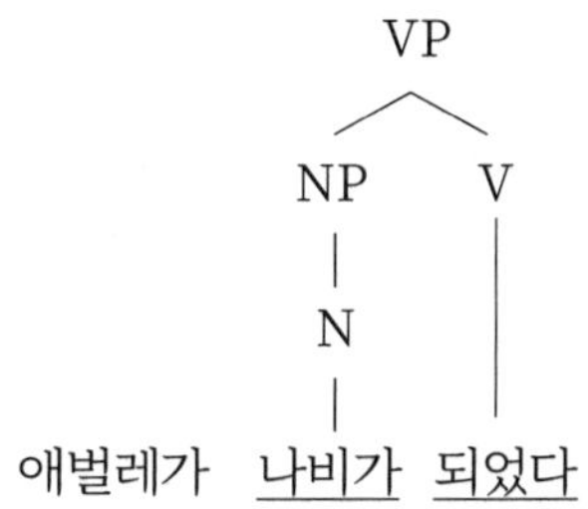

하나 남은 VP의 구조, 즉 (4ㄷ)에 대해 살펴보자. (8ㄱ)에서 부사어 '정말'은 서술어 '푸르다'를 수식하고, (8ㄴ)에서는 부사어 '도서관에서'가 '책을 읽는다'를 수식한다. 즉 (8)은 부사구인 ADVP가 VP를 수식하는 구조이다. 이처럼 부사어가 수식하는 경우 VP는 'ADVP + VP'로 다시 귀환될 수 있다.

(8)

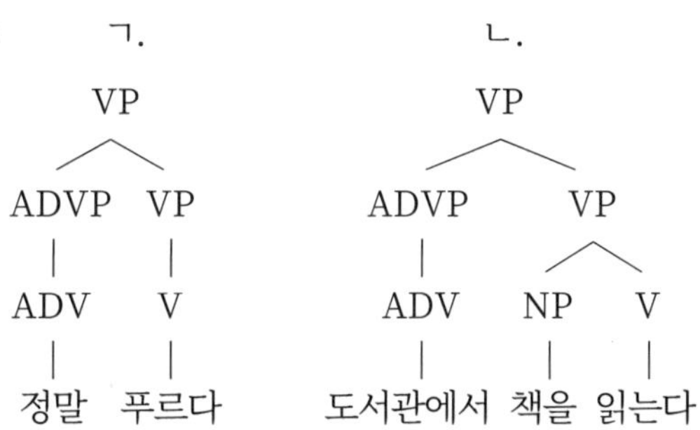

지금까지의 설명을 이해하였다면, 이제 안긴문장의 구조에 대해 살펴보자. 주어, 목적어, 부사어의 '어'에 해당하는 단위는 단어일 수도 있고, 구일 수도 있고, 절(문장)일 수도 있다. 즉 그것은 'N'으로 이루어진 NP도 있고, 'DETP + N'으로 이루어진

NP도 있는 것처럼, S로 이루어진 NP도 있다. DETP, ADVP 역시 마찬가지이다. 즉 S로 이루어진 DETP도 있고, S로 이루어진 ADVP도 있다.

(9) ㄱ. ㄴ. ㄷ.

(9)는 문장이 확장되는 기본 방식이다. 즉 NP가 S로 귀환될 수도 있고, DETP가 S로, ADVP가 S로 귀환될 수도 있다. 이 S는 다시 (4)처럼 'NP + VP'로 귀환되어 (10ㄱ)처럼 확장된다. DETP, ADVP도 (10ㄴ), (10ㄷ)에서 보듯이 마찬가지이다.

(10) ㄱ. ㄴ. ㄷ.

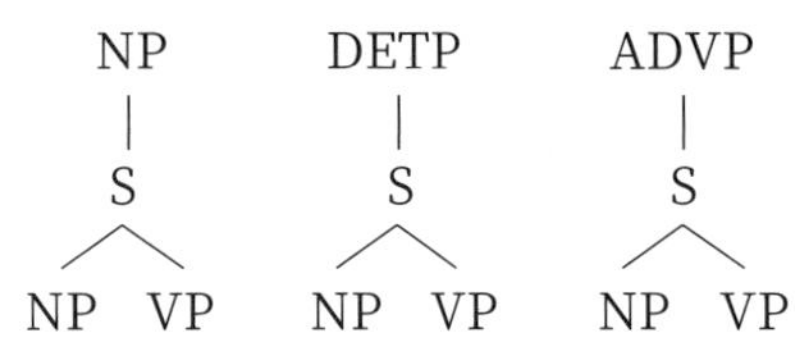

(10ㄱ~ㄷ)에 해당하는 문장이 (11ㄱ~ㄷ)이다.

(11) ㄱ. [나는 [봄이 오기]를 기다린다.]
ㄴ. [[꽃이 피는] 계절이 왔다.]
ㄷ. [나는 [눈이 아프게] 울었다.]

(11ㄱ)은 (10ㄱ)의 구조에 해당하는 안긴문장(명사절)이고, (11ㄴ)은 (10ㄴ)의 구조에 해당하는 안긴문장(관형사절)이고, (11ㄷ)은 (10ㄷ)의 구조에 해당하는 안긴문장(부사절)이다. 명사절의 경우 주어 NP가 S로 귀환된 절은 주어절, 목적어 NP가 S로 귀환된 절은 목적어절로 구분하기도 한다. (11ㄱ)은 목적어 NP가 S로 귀환된 명사절이다.

(12ㄱ~ㄷ)은 (11ㄱ~ㄷ)을 구체적으로 그린 것이다.

(12) ㄱ. 나는 봄이 오기를 기다린다

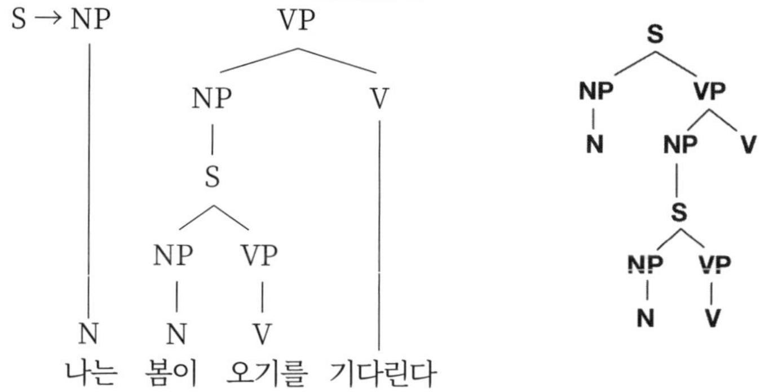

ㄴ. 꽃이 피는 계절이 왔다

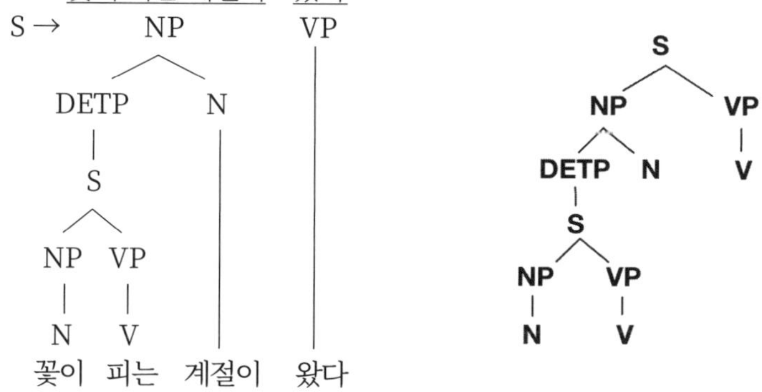

ㄷ. 나는 눈이 아프게 울었다

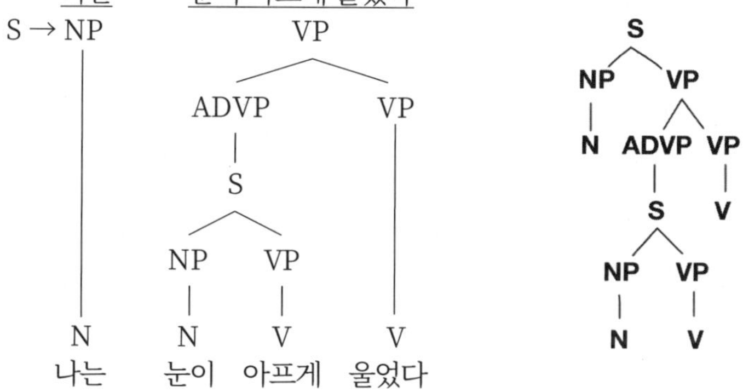

7.2. 중세국어 특이 구문

중세국어에는 현대국어와 다른 몇 가지 통사적인 특징이 있다. 현대국어에는 보이지 않는, 중세국어의 특이한 통사적 특징으로는 6가지 정도를 들 수 있다. 물론 더 정교하게 차이를 보고자 한다면, 이보다 더 많은 차이를 말할 수 있겠지만 여기서는 6가지만 제시한다.

첫째, 수여동사가 이끄는 문장의 경우 현대국어에서는 '-에게'가 나타날 자리에 '-을/를'이 나타나기도 하였다.
둘째, 안긴문장의 주어가 속격 조사를 취하고 있는 문장이 있었다.
셋째, 안긴문장의 주어가 목적격 조사를 취하고 있는 문장이 있었다.
넷째, '-ᄋᆞᆯ/을', '-ᄋᆞᆫ/은'이 명사절을 이끄는 문장이 있었다. 즉 '-ᄋᆞᆯ/을', '-ᄋᆞᆫ/은'이 관형사형 어미가 아니라 명사형 어미로 기능하는 경우이다.
다섯째, 2인칭 의문문 '-ㄴ다', '-ㅭ다'가 있었다.
여섯째, NP가 '-와/과'로 연결될 때, 마지막 NP에도 '-와/과'가 결합한 후 격조사가 결합하였다.

첫째, 수여동사 구문부터 살펴보자.

(13) ㄱ. 할미ᄅᆞᆯ 하ᄂᆞᆯ히 보내시니 四海(사해)ᄅᆞᆯ 년글 주리여<용가20장>
ㄴ. 나ᄆᆞᆫ 밥 ᄒᆞᆫ 바리ᄅᆞᆯ 너를 주어든<월석23:89a>

(13)에서 보듯이 '누구에게'에 해당하는 자리에 (13ㄱ)에서는 '년글', (13ㄴ)에서는 '너를'처럼 목적격 조사를 취해서 나타난다. 현대국어라면 '사해를 누구에게 주겠느냐?', (13ㄴ)은 '남은 밥 한 바리를 너에게 주거든'이 자연스럽다.

(14)도 현대국어라면 '-에게'가 나타날 자리에 목적격 조사가 결합한 예이다.

(14) 護彌(호미) 듣고 깃거 須達(수달)ᄋᆡ 아ᄃᆞᆯᄋᆞᆯ ᄯᆞᆯᄋᆞᆯ <u>얼유려</u> 터니<월천54b>
얼이+우+(으)려

(호미 듣고 기뻐하여 수달의 아들에게 딸을 시집보내려 하더니)

둘째, 안긴문장의 주어가 속격 조사와 결합한 문장을 살펴보자.

(15) ㄱ. 諸子(제자)ㅣ [아비의 便安(편안)히 안ᄌᆞᆫ] ᄃᆞᆯ 알오<법화2:138>

ㄴ. 이 東山(동산)ᄋᆞᆫ [須達(수달)ᄋᆡ 산] 거시오<석상6:40>

ㄷ. 比丘(비구)ᄃᆞᆯ하 [이 사ᄅᆞᄆᆡ 디나간] 國土(국토)애 點(점) 딕거나<월석14:8b>

ㄹ. 沙門(사문)은 [나ᄆᆡ 지순] 녀르믈 먹ᄂᆞ니이다<석상24:22a>

(15ㄱ)에서 안긴문장의 서술어 ‘앉다’의 주어는 ‘아비’인데, ‘아비’가 주격 조사가 아닌 속격 조사 ‘-의’와 결합한 ‘아비의’로 나타났다. (15ㄴ)의 안긴문장의 서술어 ‘사다’의 주어 ‘須達’ 역시 속격 조사 ‘-ᄋᆡ’와 결합한 ‘須達ᄋᆡ’로 실현되었다. 그리고 (15ㄷ)의 안긴문장의 서술어 ‘디나가다’의 주어는 ‘이 사ᄅᆞᆷ’인데 속격 조사 ‘-ᄋᆡ’와 결합한 ‘이 사ᄅᆞᄆᆡ’로 실현되었고, (15ㄹ)에서도 안긴문장의 서술어 ‘짓다’의 주어인 ‘남’이 속격 조사 ‘-ᄋᆡ’와 결합한 ‘나ᄆᆡ’로 실현되었다. 이처럼 주어가 주격 조사가 아닌 속격 조사 ‘-ᄋᆡ/의’와 결합한 경우는 안긴문장에서의 일이고, 안은문장에서는 이러한 현상이 나타나지 않는다.

셋째, 안긴문장의 주어가 주격 조사가 아닌 목적격 조사와 결합한 문장 구성도 나타난다.

(16) ㄱ. [사ᄅᆞᄆᆡ 이ᄅᆞᆯ 다봇 옮ᄃᆞᆺ] 호ᄆᆞᆯ 슬노니<杜詩7:16a>

ㄴ. [文物(문물)을 녜ᄅᆞᆯ 스승ᄒᆞ샤미] 하시니<두시6:24a>

ㄷ. [오직 ᄯᅩᇰ을 ᄃᆞᆯ며 ᄡᅮ믈] 맛볼 거시라<번소9:316>

(16ㄱ)에서 내포문 서술어 '옳다'의 주어는 '사ᄅᆞᄆᆡ 일'인데 주격 조사가 아닌 목적격 조사와 결합한 '사ᄅᆞᄆᆡ 이ᄅᆞᆯ'로 나타나고 있다. (16ㄴ)에서도 내포문 서술어 '스ᅌᅳᆼ하다'의 주어 '文物'이 목적격 조사 '-을'과 결합한 '文物을'로 실현되었고, (16ㄷ)에서는 내포문 서술어 'ᄃᆞᆯ며 ᄡᅳ믈'의 주어 'ᄯᅩᆼ'이 주격 조사가 아닌 목적격 조사와 결합한 'ᄯᅩᆼ을'로 실현되었다.

중세국어와 같은 유형은 아니지만 내포문 주어가 목적격 조사와 결합하여 나타나는 현상은 현대국어에서도 찾아볼 수 있다.

(17) ㄱ. 철수는 [영이가 예쁘다고] 생각한다.
　　ㄴ. 철수는 [영이를 예쁘다고] 생각한다.

(17ㄱ)의 내포문 주어는 '영이'인데, (17ㄴ)에서는 주어 '영이'가 목적격 조사와 결합한 '영이를'로 실현된 것을 볼 수 있다.[4] 그런데 현대국어에서 이러한 경우는 안은문장의 서술어가 '생각하다, 여기다, 믿는다'처럼 사유와 관련된 일부 동사에 국한된다.

넷째, '-ᄋᆞᆯ/을', '-ᄋᆞᆫ/은'이 관형사형 어미가 아니라 명사형 어미로 기능하는 경우이다. (18)은 '-ᄋᆞᆯ/을'이 결합한 예이고, (19)는 '-ᄋᆞᆫ/은'이 결합한 예이다.

(18) ㄱ. [이 나래 ᄠᅳ디 다ᄋᆞᆳ] 업도다<두시11:31a>
　　ㄴ. [내 쳔량앳 거시 다ᄋᆞᆳ] 업스니<법화2:75b>
　　ㄷ. 놀애ᄅᆞᆯ 노외야 [e 슬픐] 업시 브르ᄂᆞ니<두시25:53a>

(18ㄱ,ㄴ)의 '다ᄋᆞ-', (18ㄷ)의 '슬프-' 뒤에 결합한 '-ᄋᆞᆯ/을'은 관형사형 어미가 아

4. 이에 대한 해석은 두 가지이다. 첫째, [철수는 영이를 [영이가 예쁘다고] 생각한다]에서 안긴문장의 주어 '영이가'가 생략되었다고 해석하는 것이고, 둘째, [철수는 [영이가 예쁘다고] 생각한다]에서 안긴문장의 주어 '영이'가 안긴문장 밖으로 나와서 안은문장의 서술어 '생각하다'로부터 목적격을 할당 받은 것으로 해석하는 것이다. 즉 [철수는 영이를 [e 예쁘다고] 생각한다]처럼 분석하는 것이다.

니라 명사형 어미로서의 기능을 하고 있다. 만일 (18ㄱ~ㄷ)의 '-ᄋᆯ/을'이 관형사형 어미라면 뒤에 피수식어로 체언이 와야 한다. 하지만 뒤에 체언이 오지 않고 바로 용언 '없-'이 왔다는 것은 (18ㄱ~ㄷ)의 '-ᄋᆯ/을'이 관형사형 어미일 수 없음을 말해 준다. 구조적으로 관형어 뒤에 용언이 올 수는 없다. 그러니까 (18ㄱ~ㄷ)의 '-ᄋᆯ/을'은 관형사절이 아니라 명사절을 이끌고 있다고 해석할 수밖에 없다. 안긴문장 [이 나래 ᄠᅳ디 다ᄋᆶ], [내 쳔랴ᇰ앳 거시 다ᄋᆶ], [e 슬픐]은 모문 서술어 '없다'의 주어이다. 정리하면, (18ㄱ~ㄷ)에서 '-ᄋᆯ/을'이 이끄는 문장은 명사절로 안긴문장이다. 다만 '-ᄋᆯ/을' 뒤의 'ㅅ'은 정확히 무엇이라고 해석하기 어려운 존재이다.

(19) ㄱ. [그ᄃᆡᆺ 혼] 조초ᄒᆞ야 뉘읏븐 ᄆᆞᅀᆞᄆᆞᆯ 아니호리라<석상6:9a>

ㄴ. [威化振旅(위화진려)[5]ᄒᆞ시ᄂᆞ로] 輿望(여망)이 다 몯ᄌᆞᄫᆞ나<용가11장>

ㄷ. [德(덕)이여 福(복)이라 호ᄂᆞᆯ] 나ᅀᆞ라 오소이다<악학>

(19)에서의 '-ᄋᆞᆫ/은' 역시 관형사형 어미가 아니라 명사형 어미로 기능하고 있다. (19ㄱ)에서 만일 '혼(ᄒᆞ-+-오-+-ᄋᆞᆫ)'의 '-ᄋᆞᆫ'이 관형사형 어미라면 뒤에 피수식어 체언이 와야 한다. 하지만 뒤에 '조초ᄒᆞ다'라는 용언이 바로 왔다는 사실을 통해서 이때의 '-ᄋᆞᆫ'이 관형사형 어미가 아니라는 것을 알 수 있다. 또한 안긴문장 [그ᄃᆡᆺ 혼]은 '조초하다'의 목적어이다. 따라서 '혼'의 '-ᄋᆞᆫ'은 명사형 어미로 기능함을 알 수 있다. '그ᄃᆡᆺ'은 '혼'의 주어인데, '그ᄃᆡᆺ'의 'ㅅ'은 속격 조사로 (15)처럼 안긴문장의 주어가 속격 조사를 취한 경우이다. (19ㄴ)에서 '威化振旅ᄒᆞ시ᄂᆞ로'는 '威化振旅ᄒᆞ-+-시-+-ᄋᆞᆫ-+-(ᄋᆞ)로'인데, 부사격 조사 '-(ᄋᆞ)로'와 결합할 수 있는 것은 체언이거나 명사절이다. 관형사형 어미 '-ᄋᆞᆫ/은' 뒤에는 부사격 조사가 결합할 수 없다. 따라서 '威化振旅ᄒᆞ신'은 명사절로 해석되어야 하고, 이때 '-ᄋᆞᆫ'은 명사형 어미로 기능하고 있다. (19ㄷ)의 [德이여 福이라 호ᄂᆞᆯ]의 경우에는 '혼' 뒤에 목적격 조사 '-ᄋᆞᆯ'이 결합하였다([德이여 福이라 혼]+-ᄋᆞᆯ). 목적격 조사가 결합하였다는 것은 [德이여 福이라 혼]이 명사절임을 말해 준다. 따라서 안긴문장 [德이여 福이라 혼]은 명사절이고, '혼(ᄒᆞ-+-오-+

5. 이성계의 위화도 회군을 뜻함.

-ᄋᆞᆫ)'의 '-ᄋᆞᆫ'은 명사형 어미로 기능하고 있다는 것을 확인할 수 있다.

다섯째, 2인칭 의문문 '-ㄴ다', '-ᇙ다'가 있었다. 여기에 대해서는 6.3.1.의 '2) 의문형 종결어미'에 자세히 설명되어 있다.

(20) ㄱ. 善宿(선숙) ㅣ 나ᅀᅡ가 닐오ᄃᆡ 究羅帝(구라제)여 [네 命終(명종)ᄒᆞᆫ다] 주거미 닐오ᄃᆡ 내 ᄒᆞ마 命終(명종)호라<월석9:36-1b>

ㄴ. [네 므스글 가져 본다] 阿難(아난)이 ᄉᆞᆯ오ᄃᆡ<능엄1:98b>

ㄷ. 무로ᄃᆡ [네 어ᄯᅥᆫ 사ᄅᆞ민다] 對答(대답)호ᄃᆡ 빌머긇 盲眼(맹안)이로이다 <월석22:54b>

(21) ㄱ. 阿難(아난)아 [네 엇뎨 아디 몯ᄒᆞᇙ다]<능엄4:116>

ㄴ. 그듸ᄂᆞᆫ 어느 저긔 도라올다<두시22:30a>

ㄷ. [네 이제 엇뎨ᄒᆞ야 뎌 龍王(용왕)ᄋᆞᆯ 化(화)ᄒᆞᇙ다] 目連(일운)이 ᄉᆞᆯ보ᄃᆡ<월석25:106a>

(20), (21)에서 서술어의 주어는 2인칭인 '너' 또는 '그듸'이다. 이처럼 어미 '-ㄴ다', '-ᇙ다'에 의한 의문문은 주어가 2인칭이기 때문에 '-ㄴ다', '-ᇙ다'에 의한 의문문을 2인칭 의문문이라고 한다. 일반적으로 '-ㄴ다'는 과거의 의미를, '-ᇙ다'는 미래의 의미를 나타낸다. 즉 (20ㄱ)의 '命終ᄒᆞᆫ다'는 '죽었느냐?'의 의미로 시제가 과거이고, (21)의 [네 엇뎨 아디 몯ᄒᆞᇙ다]는 '네 어찌 알지 못하겠느냐?'의 의미로 시제가 미래이다.

중세국어에서 '命終ᄒᆞ-'의 현재 시제는 '命終ᄒᆞᄂᆞ다'이다. 그러니까 '命終ᄒᆞᆫ다'의 '-ㄴ-'은 현재 시제와는 관련이 없다. '간다, 먹는다'처럼 '-ㄴ-'이 '-는-'과 이형태 관계로 현재 시제 선어말어미의 기능을 하게 된 시기는 근대국어에 와서의 일이다. 그리고 이 사건과 바로 연동된 사건이 2인칭 의문문 '-ㄴ다'의 소멸이다. 16세기 이후 현재 시제 형태가 '가ᄂᆞ다'에서 '간다'로 바뀌고, 비슷한 시기에 맞물려서 2인칭 의문을 나타내던 '-ㄴ다'도 소멸된다. 만일 2인칭 의문문 '-ㄴ다'가 소멸되지 않고 여전히 쓰이고 있었다면, 현재 시제 역시 '가ᄂᆞ다'에서 '간다'로의 변화가 일어날 수 없었을 것이다. 그렇게 되면 '간다'가 현재 시제인지, 2인칭 의문문인지 알 수 없게 되기 때문이다.

여섯째, NP가 '-와/과'로 연결될 때, 마지막 NP에도 '-와/과'가 결합한 후 격조사가 결합한다.

(22) ㄱ. 비와 구룸괘 ᄉᆞ라디여 업슬씨오<월석10:85b>
  ㄴ. 蛟龍(교룡)이 구룸과 비와ᄅᆞᆯ 어든 ᄃᆞᆺᄒᆞ며<두시21:7b>
  ㄷ. 圓覺淨性(원각정성)이 몸과 ᄆᆞᅀᆞᆷ과애 現(현)ᄒᆞ야<원각 상2-2:47a>

(22ㄱ)에서는 '구름괘(구름 + -과 + -이)'에서 마지막 NP '구름'에 -과'가 결합하고 거기에 주격 조사 '-이'가 결합한 것을 확인할 수 있다, (22ㄴ)의 '비와ᄅᆞᆯ'에서는 마지막 NP '비'에 '-와'가 결합하고 거기에 목적격 조사 '-ᄅᆞᆯ'이, (22ㄷ)의 'ᄆᆞᅀᆞᆷ과애'에서도 마지막 NP 'ᄆᆞᅀᆞᆷ'에 '-과'가 결합하고 거기에 부사격 조사(처격) '-애'가 결합하였다. 현대국어에서는 '비와 구름이', '구름과 비를', '몸과 마음에'처럼 'A와 B'로 연결된 마지막 체언에는 '-와/과'가 결합하지 않는다.

그런데 중세국어에서도 현대국어와 마찬가지로 (23)처럼 마지막 NP 뒤에 '-와/과'가 결합하지 않고 바로 격조사가 결합하기도 하였다.

(23) ㄱ. 龍(용)과 버미 주겟ᄂᆞᆫ ᄃᆞᆺᄒᆞ고<두시16:33b>
  ㄴ. 天堂(천당)과 地獄(지옥)이 ᄆᆞᅀᆞ매 나디 아니ᄒᆞ니<영가 상53a>

중세국어만의 특징이라고 하기는 어렵지만 (24)와 같은 예도 빈번하게 나타난다. (24)는 현대국어에서 이중주어문 또는 서술절로 다루어지는 문장이다. (24ㄹ)처럼 표면적으로 주격 조사가 3개까지 나타나는 문장도 보인다.

(24) ㄱ. 太子(태자)ㅣ 일훔이 善友(선우)ㅣ러시니<월석22:3a>

ㄴ. 大愛道(대애도) ㅣ 善(선)ᄒᆞᆫ ᄠᅳ디 하시며<월석10:19a>

ㄷ. 싁싁ᄒᆞ신 相(상)이 眞金山(진금산)이 ᄀᆞᄐᆞ시니이다<월석7:29a>

ㄹ. 일훔난 됴ᄒᆞᆫ 오시 비디 千萬(천만)이 ᄊᆞ며<석상13:22b>

(24)는 표면적으로 주어가 둘 이상인 문장이다. 이에 대해서는 그동안 학계에서 이중주어문, 서술절, 변형 등으로 설명하였다. 이밖에 화제 또는 주제로 설명하기도 한다. 하지만 (24ㄹ)처럼 표면적으로 주어가 셋처럼 보이는 문장에서는 이중주어문으로도, 서술절로도, 변형으로도, 화제로도 설명하기 어려운, 해결되지 않는 문제이다.

(24ㄹ)은 어휘 변화의 측면에서 잘 다루어지는 예문이다. '빋'은 현대국어의 '빚'의 의미도 있지만, '값'의 의미도 있다. (24ㄹ)에서 '빋'은 '값'의 의미로 쓰인 '빋'이다. 형태는 '빋 > 빚'으로 변화하였다. 그리고 'ᄊᆞ다' 역시 중세국어에서는 현대국어의 '싸다'의 의미가 아니라 '일정한 값어치가 있다' 또는 현대국어의 '비싸다'의 의미에 해당한다. 그러니까 중세국어 'ᄊᆞ다'는 현대국어의 '싸다'와 의미가 다르다. 형태는 'ᄊᆞ다 > 싸다'로 변하였다.

7.3. 안긴문장과 이어진문장

7.3.1. 안긴문장(내포문)

안긴문장의 종류에는 세 가지가 있다. 6.3.2.에서 전성어미에 대해 살펴보았는데, 안긴문장은 전성어미와 결합한 서술어가 이끄는 문장이다. 전성어미는 어미이니까 형태론적 관점에서는 용언의 어간에 결합한다. 하지만 통사적으로는 전성어미가 결합한 용언이 하나의 절을 이끄므로, 전성어미가 단순히 용언에 결합하는 것이 아니라 용언이 이끄는 절 전체에 결합한다고 보는 것이 맞다. 그래서 명사형 전성어미가 결합한 안긴문장은 명사절이 되고, 관형사형 전성어미가 결합한 안긴문장은 관형사절, 부사형 전성어미가 결합한 안긴문장은 부사절이 된다.

(가)	명사형 전성어미: -옴/움, -기, -디	명사절
(나)	관형사형 전성어미: -ᄋᆞᆫ/은, -ᄋᆞᇙ/읈(-ᄋᆞᆯ/을)	관형사절
(다)	부사형 전성어미: -게, -도록/ᄃᆞ록	부사절

각각의 안긴문장의 예는 다음과 같다. 먼저 명사절로 안긴 문장이다. (25)는 명사절로 안긴 문장의 예이고, (25')는 이를 괄호규약분석을 한 것이다.

(25) ㄱ. 하ᄂᆞᆯ히 노ᄑᆞ니 구룸 가미 다ᄋᆞ고<두시15:35b>
ㄴ. 太子(태자)ㅣ 글 ᄇᆡ호기 始作(시작)ᄒᆞ샤<석상3:8a>
ㄷ. 無憂(무우)ᄂᆞᆫ 모미 디드러 아비 보디 슬희여 ᄒᆞ더니<월석25:68a>

(25') ㄱ. 하ᄂᆞᆯ히 노ᄑᆞ니, [[구룸 가미] 다ᄋᆞ고]
ㄴ. [태자ㅣ [e(태자) 글 ᄇᆡ호기] 시작ᄒᆞ샤]
ㄷ. 無憂(무우)ᄂᆞᆫ 모미 디드러 [e(무우) 아비 보디] 슬희여ᄒᆞ더니

(25ㄱ)에서 명사절 [구룸 가미]는 서술어 '다ᄋᆞ다'의 주어이다. 그리고 (25ㄴ)에서 명사절 [(태자) 글 ᄇᆡ호기]는 '시작하다'의 목적어이고, (25ㄷ)에서 명사절 [e(무우) 아비 보디]는 '슬희여ᄒᆞ다(싫어하다)'의 목적어이다.

다음은 관형사절로 안긴 문장이다. (26)은 관형사절로 안긴 안긴문장의 예이고, (26')는 괄호규약분석을 한 것이다.

(26) ㄱ. 仙苑(선원)은 녜 仙人(선인) 사던 鹿苑(녹원)이라<법화 서13a>

ㄴ. 내 이제 네 어믜 간 싸홀 뵈요리라<월석21:21b>

(26') ㄱ. [仙苑은 [녜 仙人 사던] 鹿苑이라]

ㄴ. [내 이제 [네 어믜 간] 싸홀 뵈요리라]

(26ㄱ)에서 [녜 선인 사던]은 '녹원'을 수식하는 관형사절이다. (26ㄴ)의 [네 어믜 간]은 '싸ㅎ'를 수식하는 관형사절이다. 관형사절은 관계 관형사절과 동격 관형사절로 구분한다. 관계 관형사절, 동격 관형사절을 각각 관계화, NP보문이라고도 한다.

(27)이 관계 관형사절의 예이고, (28)이 동격 관형사절의 예이다. (27'), (28')는 각각 (27), (28)을 괄호규약분석을 한 것이다.

(27) ㄱ. 녀름 지슬 사ᄅᆞᄆᆞᆫ 힛 穀食(곡식) 니고ᄆᆞᆯ ᄇᆞ라셔<두시3:56a>

ㄴ. 고기 잡ᄂᆞᆫ 사ᄅᆞᄆᆞᆫ 도로 ᄇᆡ를 ᄢᅵ오고<두시10:34b>

(27') ㄱ. [[e(사ᄅᆞᆷ) 녀름 지슬] 사ᄅᆞᄆᆞᆫ 힛 穀食 니고ᄆᆞᆯ ᄇᆞ라셔]

ㄴ. [[e(사ᄅᆞᆷ) 고기 잡ᄂᆞᆫ] 사ᄅᆞᄆᆞᆫ 도로 ᄇᆡ를 ᄢᅵ오고]

(28) ㄱ. 分段(분단)이 잇ᄂᆞᆫ 젼ᄎᆞ로 方位(방위) 잇ᄂᆞ니<능엄7:76a>

ㄴ. 太子(태자)ㅣ 도라올 ᄠᅳ디 업스실 ᄊᆡ<석상3:32a>

(28') ㄱ. [[分段이 잇ᄂᆞᆫ] 젼ᄎᆞ로 方位 잇ᄂᆞ니]

ㄴ. [[太子ㅣ 도라올] ᄠᅳ디 업스실] ᄊᆡ

관계 관형사절과 동격 관형사절을 구분하는 기준은 관형사절의 수식을 받는 피수식어가 관형사절 서술어의 문장 성분이냐 아니냐이다. (27ㄱ)에서 피수식어 '사ᄅᆞᆷ'은 관형사절 서술어 '짓다'의 주어이고, (27ㄴ)의 피수식어 '사ᄅᆞᆷ'은 관형사절 서술어 '잡다'의 주어이다. 즉 피수식어가 관형사절의 문장 성분이다. (27ㄱ, ㄴ)에서는 관형사절의 주어가 생략된 것은 관형사절의 주어와 피수식어가 같기 때문이다.

반면 (28ㄱ)에서 피수식어 '젼ᄎᆞ'는 관형사절 [分段이 잇ᄂᆞᆫ]의 문장 성분이 아니고, (28ㄴ)의 'ᄠᅳᆮ' 역시 관형사절 [太子ㅣ 도라올]의 문장 성분이 아니다. 의미적으로 '젼ᄎᆞ'의 내용이 '분단이 있다'이고, 'ᄠᅳᆮ'의 내용이 '태자가 돌아오다'이다. 그래서 관형사절과 관형사절의 수식을 받는 피수식어가 의미적으로 같다고 하여 동격 관형사절이라고 한다.

중세국어에서는 현대국어와 달리 속격 조사 '-ㅅ'이 관형사절을 이끄는 것처럼 보이는 문장들이 있다.

(29) ㄱ. 廣熾(광치)ᄂᆞᆫ 너비 光明(광명)이 비취닷 ᄠᅳ디오<월석2:9b>
　　ㄴ. 저 외예 ᄂᆞᆷ 업닷 마리라<금삼1:24a>

(29') ㄱ. [廣熾ᄂᆞᆫ [너비 光明이 비취다]ㅅ ᄠᅳ디오]
　　ㄴ. [저 외예 ᄂᆞᆷ 업다]ㅅ 마리라]

(29)에서 보듯이 속격 조사 '-ㅅ'이 종결어미로 끝난 문장 뒤에 결합하여 후행하는 'ᄠᅳᆮ', '말'을 수식하고 있다. 이때의 '-ㅅ'은 관형사형 전성어미와 같은 기능을 하고 있다.

마지막으로 부사절로 안긴 문장이다.

(30) ㄱ. ᄠᅳᆫ 구루믄 나리 ᄆᆞᆺ도록 녀거늘<두시11:52a>
　　ㄴ. 내 이제 …… ᄒᆞ고 즉재 얼구를 젹게 ᄆᆡᆼᄀᆞ라<월석25:107b>

(30') ㄱ. [ᄠᅳᆫ 구루믄 [나리 ᄆᆞᆺ도록] 녀거늘]
　　ㄴ. 내 이제 …… ᄒᆞ고 [e(내) 즉재 얼구를 [e(얼굴이) 젹게] ᄆᆡᆼᄀᆞ라]

(30ㄱ)에서 [나리 ᄆᆞᆺ도록]은 안은문장의 서술어 '녀거늘'을 수식하는 부사절이다. 그리고 (30ㄴ)에서 [(얼굴이) 젹게]는 서술어 안은문장의 서술어 'ᄆᆡᆼᄀᆞᆯ다'를 수식하는 부사절이다. 안긴문장의 서술어 '젹게'의 주어는 안은문장의 목적어 '얼굴'과 같기 때

문에 생략되었다.

7.3.2. 이어진문장(접속문)

이어진문장은 대등적으로 이어진 문장과 종속적으로 이어진 문장으로 구분한다. 대등적으로 이어진 문장은 선행 문장의 서술어가 대등적 연결어미와 결합한 문장이고, 종속적으로 이어진 문장은 선행 문장 서술어가 종속적 연결어미와 결합한 문장이다. 다시 말해 선행 문장 서술어가 대등적 연결어미와 결합하였으면 대등적으로 이어진 문장이고, 선행 문장 서술어가 종속적 연결어미와 결합하였으면 종속적으로 이어진 문장이다.

그런데 어떤 연결어미가 대등적 연결어미인지 종속적 연결어미인지는 선험적으로 결정되어 있는 것이 아니라, 이어진 두 문장의 의미 관계를 분석하여 귀납적으로 밝혀진 것이다. 그러니까 논리적 순서로는 두 문장의 의미 관계를 파악하는 것이 우선이고, 이를 통해 그 어미가 대등적 연결어미인지 종속적 연결어미인지를 결정할 수 있게 된다. 그런데 이러한 분석 과정을 거쳐 대등적 연결어미와 종속적 연결어미의 목록을 확보하였으므로, 연결어미의 종류를 통해 대등적으로 이어진 문장인지 종속적으로 이어진 문장인지를 판단할 수 있다. 대등적 연결어미와 종속적 연결어미의 목록은 6.3.3.에 정리되어 있다.

이어진 문장은 괄호규약분석을 했을 때 '[ ] [ ]'처럼 두 괄호가 나란히 있는 구조이다. 대등적으로 이어진 문장이든 종속적으로 이어진 문장이든 그 구조는 '[ ] [ ]'으로 같다. 단지 두 문장의 의미 관계가 대등적이냐 종속적이냐로 다를 뿐이다.

1) 대등적으로 이어진 문장

대등적으로 이어진 문장은 두 문장이 의미적으로 대등하게 이어진 구조이다. 선행 문장의 서술어가 대등적 연결어미와 결합하였다. (31)은 대등적으로 이어진 문장의 예이고, (31')는 괄호규약분석을 한 것이다.

(31) ㄱ. 阿闍世王(아도세왕)이 오시거나 彌勒(미륵)이 下生(하생)커시나<석상24:6b>

ㄴ. 理(리)ᄂᆞᆫ ᄇᆞᆰ거니와 뉘 能(능)히 證(증)ᄒᆞ뇨<법화6:59a>

ㄷ. 곶 됴코 여름 하ᄂᆞ니<용가2장>

(31') ㄱ. [阿闍世王이 오시거나] [彌勒이 下生커시나]

ㄴ. [理ᄂᆞᆫ ᄇᆞᆰ거니와] [뉘 能히 證ᄒᆞ뇨]

ㄷ. [곶 됴코] [여름 하ᄂᆞ니]

선행 문장이 (31ㄱ)은 대등적 연결어미 '-거나'로, (31ㄴ)은 '-거니와', (31ㄷ)은 '-고'로 연결되어 있다.

2) 종속적으로 이어진 문장

종속적으로 이어진 문장도 구조적으로는 대등적으로 이어진 문장과 마찬가지로 두 문장이 나란히 이어진 '[ ] [ ]'의 구조이다. 다만 의미적으로 선행 문장이 후행 문장에 종속되어 있다. (32)가 종속적으로 이어진 문장의 예이고, (32')는 괄호규약분석을 한 것이다.

(32) ㄱ. 귀 法(법)을 듣거든 몸과 이비 同(동)ᄒᆞ니<능엄4:105a>

ㄴ. 衆生(중생)이 이런 罪(죄) 지ᅀᅳ면 반ᄃᆞ기 五無間地獄(오무간지옥)애 ᄠᅥ러디여<월석21:41a>

ㄷ. 내 ᄒᆞ마 證(증)ᄒᆞ란ᄃᆡ 너도 證(증)ᄒᆞ야ᅀᅡ ᄒᆞ리라<월석14:31b>

ㄹ. 스승니미 엇던 사ᄅᆞ미시관ᄃᆡ 쥬벼느로 이 門(문)ᄋᆞᆯ 여르시ᄂᆞ니잇고<월석23:84a>

ㅁ. 각시 …… 거우루를 보거늘 그 새 거우루엣 제 그르멜 보고<석상24:20a,b>

ㅂ. 큰 ᄀᆞᄅᆞ미 이쇼ᄃᆡ ᄇᆡ 업거늘<월석8:99a>

(32') ㄱ. [귀 法을 듣거든] [몸과 이비 同ᄒᆞ니]

ㄴ. [衆生이 이런 罪 지ᅀᅳ면] [e(중생) 반ᄃᆞ기 五無間地獄애 ᄠᅥ러디여]

ㄷ. [내 ᄒᆞ마 證ᄒᆞ란ᄃᆡ] [너도 證ᄒᆞ야ᅀᅡ ᄒᆞ리라]

ㄹ. [스승니미 엇던 사ᄅᆞ미시관ᄃᆡ] [e(스승님) 쥬벼느로 이 門ᄋᆞᆯ 여르시ᄂᆞ니 잇고]

ㅁ. [각시 …… 거우룰 보거늘] [e(각시) 그 새 거우루엣 제 그르멜 보고]

ㅂ. [큰 ᄀᆞᄅᆞ미 이쇼ᄃᆡ] [ᄇᆡ 업거늘]

선행 문장의 서술어와 결합한 종속적 연결어미는 (32ㄱ)은 '-거든', (32ㄴ)은 '-(으)면', (32ㄷ)은 '-(으)란ᄃᆡ', (32ㄹ)은 '-관ᄃᆡ', (32ㅁ)은 '-거늘', 32(ㅂ)은 '-오ᄃᆡ' 이다.

참고 문헌

고광모(2004), 「과거시제 '-엾-'의 형성에 대하여」, 『형태론』 6-2, 367-375.

고영근(1997), 『개정판 표준중세국어 문법론』, 집문당.

고영근(2005), 「형태소의 교체와 형태론의 범위 — 형태음운론적 교체를 중심으로 —」, 『국어학』 46, 국어학회, 19-52.

고영근(2020), 『표준중세국어문법론』, 집문당.

구본관(1998), 『15세기 국어 파생법에 대한 연구』, 태학사.

김동소(1998), 『한국어 변천사』, 형설출판사.

김무식(1993), 「「訓民正音」의 음운체계 연구」, 박사학위논문(경북대).

김방한(1983), 『한국어의 계통』, 민음사.

김성규(2001), 「중세국어 음운론의 쟁점」, 『국어사연구』 9, 국어사학회, 41-68.

김영욱(1990), 「중세국어 관형격조사 '익/의, ㅅ'의 기술과 관련된 문제해결을 위하여」, 『주시경학보』 6, 93-97.

김완진(1971), 『국어음운체계의 연구』, 일조각.

김완진(1996), 『음운과 문자』, 신구문화사.

도수희(1987), 『한국어 음운사 연구』, 탑출판사.

박병채(1971), 『고대국어의 연구』, 고려대출판부.

박병채(1989), 『국어발달사』, 세영사.

서정목(1982), 「15세기 국어 동명사 내포문의 주어의 격에 대하여」, 『진단학보』 53 · 54(합병호), 진단학회, 171-194.

석주연(2002), 「중세 국어의 인용문과 선어말어미 '오'」, 『형태론』 4-2, 1-10.

성백인(1999), 『만주어와 알타이어학 연구』, 태학사.

소신애(2009), 『음운론적 변이와 변화의 상관성 — 함북 육진 방언을 중심으로 —』, 태학사.

송기중(2003), 『역사비교언어학과 국어계통론』, 집문당.

송철의(1987), 「십오세기 국어의 표기법에 대한 음운론적 고찰」, 『국어학』 16, 국어학회, 325-360.

송철의(1989), 『국어 파생어 형성 연구』, 태학사.

송철의(1991), 「국어 음운론에 있어서 체언과 용언」, 『국어학의 새로운 인식과 전개』, 김완진선생회갑기념논총, 민음사, 278-296.

신상순 · 이돈주 · 이환묵 편(1988), 『훈민정음의 이해』, 한신문화사.

신승용(2018), 「통시 음운론과 음성학」, 『국어학』 85, 국어학회, 399-426.

신승용(2003), 『음운 변화의 원인과 과정』, 태학사.

신승용·안윤주(2020), 『문법하고 싶은 문법』, 역락.
신승용·안윤주(2021), 『더 문법하고 싶은 문법』, 역락.
안병희(1968), 「중세국어의 속격어미 '-ㅅ'에 대하여」, 『이숭녕박사 송수기념논총』, 을유문화사, 335-345.
안병희(1992), 『국어사연구』, 문학과지성사.
안병희·이광호(1990), 『중세국어문법론』, 학연사.
양주동(1942), 『증정 고가연구』, 일조각.
유창돈(1980), 『국어변천사』, 통문관.
이근용(1994), 「15세기 국어의 특수어간교체에 대한 연구」, 박사학위논문(국민대).
이금영(2000), 「선어말어미 '-거/어-'의 통시적 연구」, 박사학위논문(충남대).
이기문(1963), 『국어 표기법의 역사적 연구』, 한국연구원.
이기문(1972a), 『개정 국어사개설』, 탑출판사.
이기문(1972b), 『국어음운사연구』, 탑출판사.
이기문(1983), 「한국어 표기법의 변천과 원리」, 『한국어문의 제문제』, 일지사, 46-77.
이기문(2003), 『한국사 시민강좌』 32, 일조각, 161-184.
이돈주(1995), 『한자음운학의 이해』, 탑출판사.
이숭녕(1954), 「비교연구의 가능성」, 『국어학개설』, 진문사.
이숭녕(1961), 『중세국어문법』, 을유문화사.
이승욱(1973), 『국어문법체계의 사적연구』, 일조각.
이승재(1983), 「재구와 방언분화 — 어중 '-ㅅㄱ-'류 단어를 중심으로 —」, 『國語學』 12, 213-234.
이익섭(1992), 『국어표기법연구』, 서울대학교출판부.
이현희(1994), 『중세국어 구문 연구』, 신구문화사.
이현희(2002), 「중세 · 근대국어 형태론의 몇 문제」, 『문법과 텍스트』, 서울대학교출판부, 139-155.
임동훈(2005), 「'-오-' 논의의 쟁점들」, 『우리말 연구 설흔아홉마당』, 태학사, 641-669.
장요한(2010), 『15세기 국어 접속문의 통사와 의미』, 태학사.
장윤희(2002), 『중세국어 종결어미 연구』, 태학사.
정연찬(1987), 「欲字初發聲을 다시 생각해 본다」, 『국어학』 16, 11-40.
최명옥(2003), 「과거시제의 형성과 변화」, 『진단학보』 94, 135-163.
최현배(1961), 『고친 한글갈』, 정음사.
최현배(1971), 『우리말본』, 정음사.
한재영(1999), 「선어말어미 '-오/우-'」, 『국어연구 어디까지 왔나』, 동아출판사.
허 용(1997), 「특수어간 교체어 재고」, 『국어학』 30, 65-102.
허 웅(1953), 「병서의 음가에 대한 반성」, 『국어국문학』 7, 국어국문학회, 9-15.

허　웅(1958), 『국어 음운론』, 정음사.

허　웅(1962), 「또 다시 일인칭 대상 활용 어미로서의 오우를 논함」, 『어문학』 10, 한국어문학회, 1-23.

허　웅(1975), 『우리옛말본』, 샘문화사.

허　웅(1985), 『국어 음운학 — 우리말 소리의 오늘 · 어제 —』, 샘문화사.

홍윤표(1993), 『국어사문헌자료연구』, 태학사.

홍윤표(1994), 『근대국어연구(I)』, 태학사.

Antilla, R.(1972), *An Introduction to Historical and Comparative Linguistics*, New York: Macmillan.

Breivik, L. E. & E. H. Jahr(1989), *Language Change: Contribution to the Study of its Causes*, BeHin/NewYork: Mouton de Gruyter.

Bynon, T.(1977), *Historical Linguistics*, Cambridge: Cambridge University Press.

Campbell, L.(2004), *Historical Linguistics —An introduction(second edition)*, Cambridge: The MIT press.

Chafe, W.L.(1959), Internal reconstruction in Seneca, *Language* 35, 477-495.

Goldsmith, J.(1995), Phonological Theory, in *The Handbook of Phonological Theory*, In John A. Goldsmith(ed.), Blackwell, 1-23.

Guy, G.R.(2003), Variationist Approaches to Phonological Change, in *The Handbook of Historical Linguistics*, In Brian D. Joseph & Richard D. Janda(eds.), Blackwell Publishing, 369-400.

Hock, H.H.(1991), *Principles of Historical Linguistics; second revised and updated edition*, Mouton de Gruyter.

Hockett, C.F.(1958), *A Course in Modern Linguistics*, New York: Macmillan.

Hoenigswald, H.M.(1960), *Language Change and Linguistic Reconstruction*, University of Chicago Press.

Jakobson, R.(1931), *Prinzipien der Historischen Phonologie*, [『음운학 원론』, 한문희 옮김(1991), 民音社].

Jeffers, R.J. & Lehiste, I.(1979), *Principles and Methods for Historical Linguistics*, MIT Press.

Josep, B. D. & R. D. Janda(2003), *The Handbook of Historical Linguistics*, Malden: Blackwell.

King, R. D.(1969), *Historical Linguistics and Generative Grammar*, Washington, D.C.: Prentic-Hall.

Kiparsky, P.(1968), Linguistic universals and linguistic change, in *Explanation in phonology*, Kiparsky, P.(1982), 13-43.

Kiparsky, P.(1982), *Explanation in phonology*, Dordrecht: Foris.

Kiparsky, P.(2003), The phonological Basis of Sound Change, in *The Handbook of Historical*

Linguistics, Blackwell Publishing, In Brian D. Joseph & Richard D. Janda(eds.), 313-342.

Labov, W.(1972), *Sociolinguistic Patterns*, Philadelphia: University of Pennsylvania Press.

Labov, W.(1994), *Principles of Linguistic Change: Internal Factors*, Malden: Blackwell.

Lass, R.(1980), *On Explaining Language Change*, Cambridge: Cambridge university press.

Lass, R.(1997), *Historical Linguistics and Language Change*, Cambridge: Cambridge University press.

Milroy, J.(1992), *Linguistic Variation and Change*, Malden: Blackwell, [『언어변이와 변화』, 정영인 외 6인 옮김, 태학사].

Ohala, J. J.(1989), Sound change is drawn from a pool Synchronic variation, In *Language change: Contribution to the Study of its Causes*, ed. Breivik, L.E. & E.H. Jahr(1989), 173-198.

Ohala, J. J.(2003), Phonetics and Historical Phonology, In *the Handbook of Historical Linguistics*, ed. by Joseph, B.D. & R.D. Janda(2003), 669-686.

Poppe, N.(1965), *Introduction to Altaic Linguistics*, Wiesbaden: Otoo Harrassowitz.

Ramstedt(1928), Remarks on the Korean language, *Mémoires dela Société Finno-ougrenne* 58, 441-453.

Saussure, F.de.(1916), *Cours de linguistique générale*, Paris: Payot, [『일반언어학 강의』, 최승언 옮김, 민음사].

Traugott, E., R. Labrum & S. Shepherd(eds)(1980), *Papers from the Fourth International Conference on Historical Linguistics*, Amsterdam: John Benjamins.

Vachek, J.(1973), *Written Language: General Problems and Problems of English*, The Hague: Mouton.

Wang, W.S-Y.(1969), Competing Changes as A Cause of Residue, *Language* 45-1, Linguistic Society of America, 9-25.

찾아보기